立命館大学産業社会学部創設50周年記念学術叢書

社会保障の公私ミックス再論

―― 多様化する私的領域の役割と可能性 ――

松田亮三／鎮目真人

[編著]

ミネルヴァ書房

立命館大学産業社会学部創設50周年記念学術叢書
刊行にあたって

産業社会学部長　有賀郁敏

　21世紀に入り15年が経過した現在，日本社会は混迷に満ちたアポリアに陥った感がある。一部多国籍企業の業績向上，資産家の富の増大とは裏腹に，個人消費をはじめとする実体経済は停滞し，中小企業の経営は冷え込みと悪化を余儀なくされ，非正規雇用の増大，子どもの貧困率の上昇，介護事業所の倒産等，いわゆる貧困と言われる数値がOECDの統計に照らしてみても悪化し続けている。東日本大震災と東京電力福島第1原子力発電所事故によって甚大な被害を被った地域は，被災者の必死の努力と多くのボランティアによる支援にもかかわらず，人々の暮らしや生業が元の姿を取り戻したとは言い難い。こうした富をめぐる非対称性はグローバル資本の動向抜きには説明できず，今や日本社会の細部にまで浸透しつつある新自由主義の猛威を前に，状況はわれわれに学問的対応を要請している。

　産業社会学部は新幹線が開通し，アジア初のオリンピックが東京で開催された翌年の1965年4月に創設された。人々の生活視線が新時代の象徴である東京タワーのように天空高く上向いていた，高度経済成長の時代である。しかしこの時代は，成長の光とともに影，すなわち新しい社会問題と病理を生み出した。産業社会学部は，これら新たな問題の解決を迫られた時代状況に敏感に応えるべく，社会学をはじめ経済学，政治学等，社会諸科学を総合し，ディシプリン相互の共同性を重視した学際学部として誕生したのである。現在，産業社会学部は「現代社会」，「メディア社会」，「スポーツ社会」，「子ども社会」，「人間福祉」の5つの専攻を有する学際学部として不断の発展の道を歩んでおり，グローバル化に対応する斬新な教学プログラム，多彩なPBL・アクティブラーニング，学外に網の目状に張りめぐらされた社会的ネットワークを活かしながら，課題に直面している人々や組織と有機的に連携し，平和にして豊かな社会

の発展を目指し学問研究に取り組んでいる。

　本年，学部創設50周年を迎えるに際し，学部教員による自由闊達な共同討議をふまえ，学際学部に相応しく専攻を横断する執筆陣により，本学術叢書の各巻が編まれることになった。すなわち，社会学のみにとどまらず，政治経済や教育，福祉，スポーツ，芸術といった多岐にわたる教員構成，互いの領域の知見を交換しあう場の創出を可能とする産業社会学部ならではの特長を生かした学問的営為の結晶である。各巻には，それぞれ具体的なテーマが設定されているが，そこにはアクチュアルな理論的，実践的な課題に真摯に対峙してゆく「現代化，総合化，共同化」という，学部創設以来の理念が通奏低音のように響いており，それゆえ本学術叢書は現代社会における複雑にして切実な課題を読み解き，解決するうえで貢献するであろう。産業社会学部の学問がどのように社会状況へ応答しているのかを知っていただくとともに，読者の皆様からの忌憚のないご意見を，学部のさらなる将来への糧とさせていただきたいと願うものである。

　「ミネルヴァのふくろうは，たそがれ時になってようやく飛びはじめる」。このヘーゲルの言葉は，現実を見つめ，知的反芻を積み重ねたうえで，時代の進むべき道筋を照らし出そうとする産業社会学部を象徴しているようにも思う。その意味で，本学術叢書がミネルヴァ書房より刊行されたことは大変意義深いものがある。ここに記して感謝申し上げたい。

社会保障の公私ミックス再論
―― 多様化する私的領域の役割と可能性 ――

目　次

刊行にあたって……有賀郁敏

序　章　社会保障の公私ミックス……………………………松田亮三…1
　　　　──新たな検討に向けて──
　　1　社会保障の公私ミックス再論……………………………………1
　　2　社会保障に関わる公私ミックス検討の注意点…………………5
　　3　本書の構成………………………………………………………7

第Ⅰ部　生活の安心と社会保障の公私ミックス

第1章　福祉国家の変容から見る公私ミックス…………加藤雅俊…17
　　　　──経済的繁栄の実現と政治的正統性の確保を通じた社会統合──
　　1　福祉国家とは何か………………………………………………17
　　2　ケインズ主義的福祉国家における公私関係…………………21
　　3　二つの変容圧力とその影響……………………………………25
　　4　競争志向の福祉国家における公私関係………………………28
　　5　福祉国家の変容と公私関係の再編……………………………34

第2章　年金における公私ミックス………………………鎮目真人…42
　　1　はじめに：公私ミックスの解明に向けて……………………42
　　2　多柱型年金………………………………………………………43
　　3　公私の年金制度の性質と問題点………………………………46
　　4　私的年金制度の多様性…………………………………………52
　　5　公私の年金ミックス……………………………………………62
　　6　むすび：所得階層に配慮した公私ミックスに向けて………68

目　次

第3章　医療財政の公私ミックス…………………………松田亮三…72
　　　　──制度設計論の前提を考える──
　　1　はじめに：医療機構における公私論………………………………72
　　2　医療機構と公私ミックス……………………………………………73
　　3　医療財政制度における公と私………………………………………82
　　4　日本の医療財政における公私ミックスの論点……………………95
　　5　むすび：医療機構の公私ミックス設計論に向けて………………99

第4章　介護における公私ミックス………………………西野勇人…109
　　1　はじめに：介護供給者の多元性と家族と政府の役割……………109
　　2　高齢者介護政策をめぐる多様性……………………………………112
　　3　政府統計から見る各国の位置づけ…………………………………124
　　4　介護の公私ミックスと家族・ジェンダー…………………………127
　　5　おわりに：高齢者介護の公私ミックス研究の方向性……………132

第5章　19世紀フランス社会のメディカリゼーション……小西洋平…137
　　　　──中間集団としての共済組合の役割──
　　1　はじめに：問題の所在………………………………………………137
　　2　連帯主義と共済組合…………………………………………………139
　　3　デュルケムにおける中間集団論……………………………………141
　　4　中間集団としての共済組合…………………………………………144
　　5　フランス社会史研究におけるメディカリゼーション……………149
　　6　共済組合の救済機能…………………………………………………154
　　7　おわりに：強制原理と自主管理の共存可能性……………………159

第Ⅱ部　医療セーフティネット：日仏米における医療保険の検討

第6章　日本における医療のセーフティネットは擦り切れているか
　　　　──雇用と健康保険，そして生活保護──
　　　　　　　　　　　　　　　　　　　　　　　　　　　　長谷川千春…171

1　はじめに：国民皆保険の下での「無保険」問題……171
2　日本の医療保険制度の特徴……172
3　医療費の財源……175
4　無保険状態を生み出す構造的要因……180
5　考察：社会保険方式の医療保険はセーフティネットたり得るか…191

第7章　普遍主義と私的財政
　　　　──普遍的医療給付のフランスモデル──
　　　　　　　　……モニカ・ステフェン／松田亮三監訳，中澤　平訳…197

1　制度設計および関連する知的論争……197
2　社会的包摂：近代化，調和化，中央集権化……203
3　受給者，経費，財政……210
4　フランスの医療セーフティネットへの評価……216

第8章　米国における医療保険とセーフティネット供給者
　　　　　　　　　　　　　　　　　　　　　　　　　　　　髙山一夫…227

1　米国の医療保険制度の概要：医療保障の公私ミックス……227
2　オバマ医療改革：民間保険主導の普遍的医療保障の試み……232
3　米国医療におけるセーフティネット供給者……235

終　章　社会保障の公私ミックスのゆくえ……鎮目真人…243

1　福祉の混合経済（ウェルフェアミックス）の発展……243

  2 福祉の混合経済における各セクターの布置状況……………………246
  3 公私ミックスの変容………………………………………………………250

あ と が き……255
索　　引……259

序　章
社会保障の公私ミックス
―― 新たな検討に向けて ――

松田亮三

1　社会保障の公私ミックス再論

　社会保障制度をどのように維持あるいは改革するかは，現代日本が直面している最も重要な課題の一つである。それは，巨額の資金を用いた，人々の生活に直結している公的な仕組みだからである。社会保障は，人生に生じうる様々な出来事を想定し，人々の生活を安定させようとしている仕組みである[1]。

　思い切って単純化していえば，雇用保険は失業時における所得を安定化し，年金は職業生活引退後の所得を安定化する。医療保険は，疾病を患う人々の医療利用に関する経済負担を縮小し，介護保険は心身の障害をもつ高齢者が介護サービスを利用する経済負担を引き下げる。さらに，様々な生活上の必要を満たすべく，各種の福祉制度が設けられている。

　このように重要な機能を果たしている社会保障制度であるが，その射程が広がるにつれてその経済的規模は拡大し，今日では多くの先進諸国で国内総生産（GDP）の20％を超えた規模になっている（国立社会保障・人口問題研究所 2015）。各国の社会保障の状況を反映している経済協力開発機構（OECD）の社会支出統計では，GDPに占める社会支出の割合（2011年度）[2]は，日本23.6％，アメリカ合衆国19.3％，イギリス22.5％，ドイツ25.9％，スウェーデン26.3％，フランス30.8％であった（国立社会保障・人口問題研究所 2015）。

（1）生活の安定に向けた公私ミックス

　本書は，この社会保障という巨大な仕組みを公私ミックスという論点を軸に

して改めて検討する試みである。本書の表題を見て「社会保障の公私ミックス」という用語そのものがすでに矛盾ではないかと思われた読者もいるであろう。なぜなら，保険的方法あるいは直接の公負担によって行われる経済保障，生活困窮者への国家扶助，公衆衛生と社会福祉の向上を，国家の責任によって行うものというのが，戦後日本の社会保障の方向性を示した社会保障制度審議会（1950）の議論であったからである。

しかし，生活，特に困窮の予防とその対策についての国家責任の強調は，社会保障制度を拡大していく上で重要な役割を担ったと思われるものの，20世紀後半において社会保障の射程が拡大する中で，別の論点が浮上することとなった。すなわち，各種の制度が社会に不可欠のものとして組み込まれている中で，単に困窮だけでなく，健やかで安心できる生活を保障するということが社会保障の目的として提起され，その責任は国家責任というより公的責任であり，国と地方公共団体が社会保障の給付の最終的な責任を負うことが重視されるようになった（社会保障制度審議会 1995）。生活の様々な側面に関わるサービスが社会保障制度として整備される必要性が増す中で，個人・家族が担う部分と社会保障がなすべき部分の境界が問題となるようになった。さらには社会福祉・医療等の私的サービス供給者を含めた実施体制に，むしろ創意工夫を促すという期待が示された。

このように社会保障を困窮を防ぐためだけのものではなく，健やかで安心な生活を保障するものと捉えた場合には，社会保障の給付対象はいよいよ広がり，その給付が実現を目指す安心な生活とそれを超える「豊かな」生活とは単純には区別できなくなってきた。このことは社会保障一般を抽象的に論じるより，各種の制度が対象としている事項を具体的に想起すると分かりやすいであろう。というのは，給付の対象となるものによって，想定される安心の内容が異なるからである。就労年齢における所得の差を一定程度反映する年金と，所得に関わらない病状に応じた利用が目指される医療では，求められる安心は異なってくるし，それぞれにおいて「安心」と「豊かさ」は異なるものとなる。

例えば，年金であれば，もしそもそも経済的に見てゆとりのない人であれば，

就労時の所得と同程度の給付が安心のために必要であろう。しかし，ある程度ゆとりのある人であっても，様々な生活上の難事が生じる可能性を考えると，やはり給付は多いことにこしたことはないであろう。この場合に，社会保障制度としての給付を拡大するのが妥当なのか，あるいは一定部分以上について，私年金保険への加入を助成することのどちらが望ましいのであろうか。

　医療については，病状に応じた治療が安心のためには不可欠であろう。しかし，高額療養費制度等があるとしても，入院時の保険制度上のそして保険外の負担が不安な人について，どのように対するべきであろうか。社会保障制度の給付率を上げるべきか，あるいは私医療保険への加入を促すべきか。

　公私ミックスを考える第一の理由は，社会保障制度が拡張し生活の安心という幅広い射程をもつ中で，公が責任をもつべき境界を広げるべきかどうかが自明とはいえなくなってきていることにある。給付の拡大について簡単には合意が得られそうにない状況を考えると，改めて社会保障のそれぞれの領域における公私ミックスを検討する意義が増しているといえる。というのは，この問題は，それぞれの安心を保障するという目標に対して，公と私のどのような組み合わせがよいのか，という問題として考えられるからである。つまり，本書の表題である社会保障の公私ミックスが意味するところは，公制度として確立している社会保障だけではなく，生活の安定とより充実した生活に向けてフォーマルな形式で行われる公私の諸行為を示している。

（2）重しとしての財源問題

　人々の生活の安定を図るための社会保障は，いくら拡大してもよさそうに思えるが，もちろんそのように簡単に結論づけることはできない。社会保障制度の運営には，そのための財源が不可欠だからである。社会保障に対する巨額の支出は政府からの直接支出とともに，しばしば強制保険を通じて行われる。それゆえ，社会保障支出の増大は，租税あるいは保険料の上昇につながることになる。経済成長を上回るスピードで社会保障費用が増大する場合には，社会保険の収支を合わせるために，また必要とされるサービスへの支出と租税からの

支出をめぐる難しい選択が迫られることとなる。このような意味で、財源問題は、社会保障拡大の重しとなっているともいえる。

　この増大する費用をめぐる財源問題が、本書で社会保障の公私ミックスを検討するもう一つの理由である。生活の安定を確保できる給付を行うためには、強制力をもって税・保険料を徴収しなければならない。つまり、社会保障制度に用いられる公的資金を増加させることが必要である。しかし、この公的資金の増大は、個人が貯蓄、私年金、私保険等の私的手段を用いて資金を減らすことにつながる面もあり、個人の選択の組合せを変えることでもある。それゆえ、ここで社会制度をより多く用いた生活の安定か、私的手段の拡大による生活の安定か、という論点が生じることになる。これは、別の言い方をすれば、「自己責任と社会責任とのバランス」（宮澤 2000：25）をどうとるかという問題といってもよい。

　租税にしても社会保険料にしても、所得再分配機能をもつ公的財政に人々が納付・拠出する場合に避けて通れない難問である。公共投資を含め幅広く用いられる税に比べて社会保険料の用途は明確に限定されており、その拠出の根拠は社会連帯に求められてきた（社会保障制度審議会 1950，1995；社会保障制度改革国民会議 2013）。このように納付・拠出の理念が提示されたとしても、それに見合った安心を社会保障制度がもたらすことに人々の合意がなければ、制度の存続は危うくなる。増大する租税・社会保険料に対する政治的反発が強まるとともに、特定の集団への給付が社会保障の受益者として否定的に捉えられる非人称の連帯の「人称化」が生じ（齋藤 2004）、集団間の軋轢を増すことにつながりかねない。

　とはいえ、既存の財源で不足が見込まれる場合に直ちに社会保障の給付対象を削減するという単純な議論は、基本的人権や人々の生活の安定という現代社会の価値を簡単に手放すことになってしまう。人々が社会保障制度と合わせて、それぞれの私領域においてどのように生活の安定を図ろうとしているか、そしてそれはどの程度有効なのかということを検討せずに、社会保障給付のあり方を考えることはできない。こうした中で、公が責任を負うべき境界を措定する

ことには注意深い社会的議論が必要とされる。

2　社会保障に関わる公私ミックス検討の注意点

（1）保障する領域で異なる公私ミックス

　年金・医療・介護等の社会保障の各領域における公私ミックスを見れば，安心をめぐる個人の選択に関わる論点が浮上する。本書では，年金・医療・介護をめぐる公私ミックスが論じられているが，これらにおける公私ミックスはかなり異なっている。

　多くの国では公年金制度が重層的な構造となっており，普遍主義的な基礎的部分に加えて，稼得に応じた給付が行われる部分を含んでいる。そして，その程度は国によって異なっている。この違いはいわば福祉国家の展開の差を示すものであり，脱商品化と政治的状況の違いを反映しているともされる（Esping-Andersen 1990）。強制加入の公年金制度はベヴァリッジ型とビスマルク型に大別されるが，それに加えて「下から」多様に展開する私保険が第三の階層として存在している（Ebbinghaus 2011）。この私保険は通常任意加入であるが，北欧諸国のように規則の下で加入を義務づけている場合もある。さらに，労働市場・人口構造の変化，グローバル金融危機の影響等により，私年金が一層活用されるような変化が各国で生じている（Ebbinghaus and Gronwald 2011；OECD 2014）。

　年金とは異なり医療では，公の制度においては稼得に応じた給付は通常行われない。むしろ，病状から必要とされる医療そのもの，あるいはその治療に要した費用が給付される。それゆえ，公医療制度が発達している場合には私保険の活用は限定的であり，公医療制度による給付が十分とはいえない場合や，一定のサービスの給付が公医療制度から除外されている場合などに限られる（OECD 2004）。ただし，医療では，特にイギリスなど税に基づく医療機構のある国において，サービス供給体制における公私ミックスが盛んに議論されてきた（Maynard ed. 2005）。そこでは，供給体制における市場的機構の導入や民間

事業者への委託が議論されてきた。福祉サービスの他の分野を含めて，こうした議論は福祉ミックスあるいは福祉多元主義といわれてきた（Johnson 1987；丸尾 1996）。そこでは，先にも述べたような創意工夫を促し，また効率を高めることを期待した市場原理の活用が唱えられ，福祉の市場化とでもいうべき状況が生まれてきた（渋谷・平岡編著 2004）。

高齢者介護は，それ自体は古くからある課題だとしても，社会保障の独自の一分野として検討されるようになったのは，医療，年金に比べて新しい。介護の公私ミックスにおいては，家族等によるインフォーマルなケアが重要な役割を果たしてきた。医療においても家族や本人によるケアは考えられるが，家族介護が長期にわたって必要とされる場合にその負担は重くなることが問題となってきた。一方で，介護サービス供給者によるフォーマルなケアが広がり，経済的にも重要な意味をもつ部門となってきている（Colombo et al. 2011）。なお，フォーマルなケアについてはその財源についても検討がすすんでいるが，家族介護の隠れた費用を含めた公私ミックスの全体像を把握する作業は難しい。

（2）公の責任と私領域への規制

生活の安心に向けた公私ミックスを考える場合に，結果としての安心に関わる状態に公はどのように関わるべきであろうか。この点に関わる論点も，公私ミックスの検討では欠かせなくなっている。社会保障制度の内部あるいは外部で用いられる市場メカニズムを生活の安心という目標と合致させていくにはどのようにすればいいのか，という問題が真摯に問われるべきものになってきているともいえる。別の言い方をすれば，多様な主体が参加する福祉の混合経済においては，国家の直接供給に重心が置かれている場合に優位であった「市場に対する政治（politics against markets）」ではなく，「市場と向き合う政治（politics with markets）」が問題になる（Leisering and Mabbett 2011 : 4）。

歴史的に見れば，社会保障制度は，個人・家族では支えきれないリスクを共有化する自主的な仕組みが，国家によって普遍化されてきたものといえる。この制度は生活の安定のための仕組みが公権力によって社会化してきたものとも

いえる。その意味で，社会保障制度はリスクに対する私の対応を，公の対応の中に組み込んできたものである。ただし，生活の多様性と政府と市場それぞれの限界をふまえるならば，今日においては，単純な政府部門の拡大という形式でもなく，市場に委ねる形式でもなく，むしろ政府部門の活動と私部門への適切な規制の組み合わせを探っていくことが重要になってきている。

この際，生活の安定に向けた仕組みを公のものとして組み込む程度とその仕方が問題となる。Esping-Andersen（1990）が提唱した社会民主主義，保守主義，自由主義という三つのレジームは，この程度の差を類型化して示しているものと解釈することもでき，この程度の問題は結局それぞれの社会が目指すものによって変わってくる。公の対応への組み込みは，その仕方によっては，個人の選択のあり方に大きく影響し得る点に注意が必要である。逆に，複数のものから選ぶという形式だけに注目して選択の自由を捉えると，幅広い可能性の中での自己の価値観による意志決定などの自律性に関わる問題を看過することにもつながる（Burchardt et al. 2015）。

このように考えるべき論点は多く，流動的な社会のあり方と変化する個人・家族をふまえた生活の安定のための仕組みを公私ミックスにおいて考えるという研究課題には，まだまだ検討されるべき点は多い。本書は，そのような問題意識から編纂された。

3　本書の構成

（1）福祉国家と年金・医療・介護の公私ミックス

以上述べたような点が本書の趣旨であるが，本書は社会保障に関わる公私ミックスへの研究の新たなアプローチを体系的に示すものではなく，むしろそれぞれの研究者が各人の先端的な問題意識によって執筆した論文を集めたものである。

内容としては大きく二つに分かれている。まず，第1章から第5章までは，福祉国家における社会保障公私ミックスを福祉国家の理論，年金・医療・介護

についての比較検討，19世紀フランス社会の変容，という三つの主題から論じたものである。第1章で，福祉国家の変容という大きな主題について理論的検討が行われ，続く第2章から第4章までは，年金・医療・介護という社会保障の三つの分野について，主にOECD諸国の状況の検討が行われる。第5章では医療保険に関して独特の公私ミックスの状況にあるフランスにおいて，共済組合が果たしてきた歴史的役割が検討される。

　これらの研究は，筆者が代表を務める日本学術振興会科研費助成研究「変動する社会における社会保障公私ミックスの変容——量質混合方法論による接近」（2014年度から2017年度までの計画，課題番号：26285140）の成果の一部であり，年金・医療・介護といった生活の諸領域についての公私ミックスを社会保障のあり方とそれと関わる私的制度に目配りして検討をすすめているこの研究プロジェクトの，最初のまとまった報告となっている。

　なお，量的・質的研究そしてそれらの相互関連を検討する諸論文が掲載されているものの，方法論については各論文でかなりの違いがあり，量質混合方法論の有効性についてはなお検討を必要とすることをお断りしておかねばならない。

　また，本書で具体的に検討しているのは年金・医療・介護という限られた領域であるため，他の重要な社会保障制度の領域——例えば，公的扶助，子育て支援，雇用保険——は個別には扱われていない。そうした限界から，本書はあくまでも社会保障の公私ミックスという課題に新たに迫っていく試みを示すものとして作成されている。

（2）社会健康保険と医療セーフティネット

　第6章から第8章は，社会保障の公私ミックスの中でも医療に限定し，日本，フランス，アメリカ合衆国における社会保険のあり方を「医療セーフティネット」という視点から検討したものである。この3論文のもとになった報告は，医療のセーフティネットという観点から日仏米の社会保険をどう見るかを主題とした2015年1月16日に立命館大学末川記念会館ホールにて開催された立命館大学産業社会学部創設50周年記念学術企画シンポジウムにて行われたものであ

る（使用言語：英語）[3]。

　主題である「医療セーフティネット」という用語は，学術的に確立しているとはいい難いが，その意味するところは，経済的困難の心配をせずに医療を利用できる状況を創り出すような社会制度のことである。それぞれの章では，基本的な医療保険の仕組みが紹介され，その上で「医療セーフティネット」という点を考慮した考察が行われている。

　この主題が設定されたのは，各国の医療保険が「医療セーフティネット」という観点から見て重要な課題に直面しているからである。つまり，日本においては国民皆保険が維持されているものの国民健康保険の保険料の支払い可能性や利用者負担からの医療利用の格差への懸念があり，フランスでは社会保険の利用者負担を補うべく設けられている補足健康保険に加入しない（あるいはできない）人々の医療アクセスに懸念がもたれてきた。さらにアメリカ合衆国では就労世代への強制医療保険がなく無保険が長年の懸案であり続けている。

　また，3ヶ国ともに課題に応じた独特の対策を行ってきている点も重要である。日本では，国民健康保険の運営・財政改革とともに，健康保険全体の保険者間の財政調整，高額療養費制度など保険料を家計から支払える水準として維持するための，複雑ではあるが重要な施策が取り組まれてきた。フランスでは，低所得者が社会保険に加入するだけでなく，補完健康保険にも加入できるような仕組みが検討されてきた。こうした課題と対策の前提として，この3ヶ国では多かれ少なかれ，労使負担による非リスク対応型強制保険という社会保険の仕組みが用いられる一方で，そのあり方はかなり異なっている。そのため，それらの国の状況を同時に検討することは，それぞれの制度が抱える課題をより深く理解することに役立つ。

（3）各章の内容

　以上のように，本書は大きく二つの部分に分かれているが，各章は独立した論文として構成されている。以下では，読者の方に向けて各章の概要を記載しておく。

社会保障制度は福祉国家が実施する諸制度の一つとして見なされ，公私ミックスの変化は福祉国家の変容と関わって理解され得る。第1章で，福祉国家を経済・政治・社会の三側面から捉える加藤雅俊は，グローバル化とポスト工業化の進展の中で，ケインズ主義的福祉国家が「競争志向の福祉国家」へと変容していると論じている。そこでは家族，福祉供給主体等の公私関係も変化し，中央政府の役割として直接実施より主体間調整や舵取りが重視されるようになる。この分析をふまえて指摘される公私ミックス論の検討課題——複眼的・多面的考察，広い文脈に位置づけた分析，特徴把握と因果分析，規範分析——は，以下の各章の内容を検討する際にも有意義であろう。

　第2章では，年金の公私ミックスをめぐる国際的動向とその分析が検討される。まず，年金の公私ミックスへの関心は国際的に高まっているが，むしろ議論は錯綜していることが示される。多様な私的年金をガヴァナンス戦略により類型化する先行研究をふまえて，鎮目真人は運営・規制の特徴と民営化の程度の両者を用いた独自の類型化を行っている。さらに，18ヶ国における最低保障年金，報酬比例年金，私的年金のミックス・パターンを検討し，日本は報酬比例年金・私的年金に比べて最低保障年金が弱いパターンに属することを示している。最後に，貧困予防に向けて，再分配への効果を重視した年金公私ミックスを検討する可能性が示されている。

　年金とは異なり生活・生命の質に直接関わるサービスである医療は，所得ではなく必要に応じてなされるべき，という理念が一般的であり，公私ミックス論においてもその理念は揺るぎそうにない。第3章では，財政・供給の二側面から医療機構の公私ミックスの分析的枠組が提示され，医療財政制度の公私ミックスが検討されている。その際，規制や保険者組織を織り込んだ新たな類型にも注意が払われている。公私の医療保険，利用者負担，非公式の支払いに関わる論点を，先行研究により検討した上で，松田亮三は公私ミックス論の前提として，政策目標の再確認，財政リスク負担認知の向上による見通しのよい公共の議論の展開，政策アウトカムの評価が必要と論じている。

　多くの先進諸国で重要課題になってきている高齢者介護では，政府・市場・

家族が複雑に絡み合った公私ミックスが形成され，サービス供給，現金給付，介護者支援等多岐にわたる具体的政策が展開されている。第4章において，西野勇人は，多様に展開している先進7ヶ国——日本，スウェーデン，オランダ，イギリス，フランス，ドイツ，イタリア——の介護政策の状況を記述した上で，ケア労働と費用それぞれの社会化の状況をもとに，その類型化——政府主導の脱家族化，市場主導の脱家族化，財政支援のある家族主義，支援不在の家族主義——を提案し，各国の状況を分析している。その上で，複雑な介護の公私ミックス研究の課題が検討される。

社会保障の公私ミックスは歴史的に形成されてきたものであり，ひとたび形成された枠組は簡単には変化しないこと——経路依存性——が知られている（Pierson 2000）。フランスの医療保険は社会保険と任意保険の独特の組み合わせで知られているが，任意保険では共済組合が中心になっている。第5章の小西洋平の論文は今日まで存続しているそのような体制の意味を考えさせるものである。同論文は，個人と福祉国家を媒介する中間集団として共済組合が位置づけられていく過程を描いた後，民衆が医療を利用できるようになる（メディカリゼーション）上で共済組合が果たした役割を，その財政支出，診療契約・報酬，傷病手当金，公衆衛生，について述べている。

先に述べたように，第6章から第8章までは医療のセーフティネットに関わる検討を行った論文である。まず，第6章では，国民皆保険といわれる日本においてなぜ「無保険」が生まれるかが長谷川千春により検討されている。職域・地域の二本柱からなる日本の医療保険制度の要点を振り返った後に，無保険状態を生み出す構造的要因として，被用者であるにもかかわらず職域保険から排除されている人々が非正規雇用者を中心として存在してること，仕事の途絶から生じる加入健康保険の変更が手続きと保険料負担の両面から無保険にいたる危険性をもたらすこと，過重な保険料負担が国民健康保険からの実質的離脱を引き起こす問題があること，が考察され，その対策として職域保険への加入可能性の改善と国民健康保険の保険料負担可能性の向上が提案される。

第7章では，モニカ・ステフェンが，普遍主義という視点からフランスの医

療保険制度を検討している。フランスには，強制・任意の健康保険に加えて，重症・長期疾病者への特別な給付，低所得者を対象とした普遍的医療給付（CMU），主にビザ非保有の移民を念頭に置いて設計された国家医療扶助があり，この中で最後の二つの制度を中心とする検討が行われている。普遍的医療給付と医療扶助の理論的位置づけについての論争，それらの実施過程，受給者・経費・財政の状況が記述された後，著者はそれらについて，事業の目的に照らした評価，制度としての首尾一貫性という点からの評価，政治的な意味での評価を行っている。

第8章で検討される米国では，就労世代については民間医療保険が基軸となっており，先進諸国では例外的な規模で生じている無保険が懸案であり続けている。長年米国の医療制度を研究してきた著者の髙山一夫は，米国の医療保険制度の要点の説明に続いて，無保険者の状況と十分な給付がなされない保険（一部保険）の問題を指摘している。続いて，民間保険主導での普遍的医療保障を志向している2010年医療改革法について，同法が実施された後もなお無保険者は2300万人に及ぶことが推計されているなど，医療保険への普遍的加入という観点から見た限界を指摘している。さらに，無保険という現実に対して供給の側から医療アクセスの向上を試みるセーフティネット医療供給者についても述べられている。

終章では，編者の（そして著者の）一人でもある鎮目真人が，各章の内容に言及しながら福祉の公私ミックスに関する論点と今後の研究課題を提示している。まず，福祉の混合経済における家族（および地域社会），民間，国家の役割と限界に関わる論点が確認される。次いで，年金，医療，介護における公私ミックスの状況，特に各国の状況を分析的に検討するための類型をふまえて，公私ミックスの経路依存性が考察される。最後に，ケインズ主義的福祉国家から新しい福祉国家に移行する中での公私ミックスの変容を解き明かすという課題が残されていることを認めた上で，そのためにアイディア・利益・制度とそれらの相互作用を含めた分析，とりわけ政治的言説の検討が重要になっていることが述べられる。

注
(1) このような生活安定の機能とともに，社会保障には所得再分配と経済安定の機能がある（厚生労働省 2013）。
(2) 社会支出として集計されている支出は，高齢，遺族，障害・業務災害・傷病，保健，家族，積極的労働市場政策，失業，住宅などの社会的目的をもった制度によって行われている支出である。ただし，この制度は所得再分配に寄与するもの，あるいは公的なものである必要がある。これには，年金等の現金給付と医療等のサービス給付が含まれる（国立社会保障・人口問題研究所 2015）。
(3) 企画・座長は筆者が行った。なお，シンポジウムで貴重なコメントをいただいた深澤敦教授（立命館大学）ならびにジェームズ・ワーナー・ビヨルクマン教授（エラスムス大学ロッテルダム校国際社会科学研究所）に感謝する。

参考文献
厚生労働省，2013，『平成24年版厚生労働白書――社会保障を考える――』ぎょうせい。
国立社会保障・人口問題研究所，2015,『平成25年度 社会保障費用統計』国立社会保障・人口問題研究所。
齋藤純一，2004,「社会的連帯の理由をめぐって――自由を支えるセキュリティ――」齋藤純一編著『福祉国家／社会的連帯の理由』ミネルヴァ書房。
渋谷博史・平岡公一編著，2004,『福祉の市場化をみる眼――資本主義メカニズムとの整合性――』ミネルヴァ書房。
社会保障制度改革国民会議，2013,「社会保障制度改革国民会議報告書――確かな社会保障を将来世代に伝えるための道筋――（平成25年8月6日）」社会保障制度改革国民会議。
社会保障制度審議会，1950,「社会保障制度に関する勧告」社会保障制度審議会。
社会保障制度審議会，1995,「社会保障体制の再構築（勧告）――安心して暮らせる21世紀の社会をめざして――」総理府社会保障制度審議会事務局。
丸尾直美，1996,『市場指向の福祉改革』日本経済新聞社。
宮澤健一，2000,「少子高齢社会の社会保障制度のあり方――公私ミックス下の自己責任と社会責任のバランス――」『週刊社会保障』54（2068）: 20-25。
Burchardt, T., M. Evans and H. Holder, 2015, "Public Policy and Inequalities of Choice and Autonomy," *Social Policy & Administration*, 49（1）: 44-67.
Colombo, F., A. Llena-Nozal, J. Mercier and F. Tjadens, 2011, *Help Wanted ?*, Paris: OECD Publishing.
Ebbinghaus, B., 2011, "Introduction: Studying Pension Privatization in Europe," B. Ebbinghaus (ed.), *The Varieties of Pension Governance: Pension Privatization in Europe*, Oxford: Oxford University Press, 3-22.
Ebbinghaus, B. and M. Gronwald, 2011, "The Changing Public-Private Pension Mix in Europe: From Path Dependence to Path Departure," B. Ebbinghaus

(ed.), *The Varieties of Pension Governance : Pension Privatization in Europe*, Oxford: Oxford University Press, 23-53.

Esping-Andersen, G., 1990, *The Three Worlds of Welfare Capitalism*, Cambridge: Polity Press.（＝岡沢憲芙・宮本太郎監訳，2001，『福祉資本主義の三つの世界』ミネルヴァ書房）

Johnson, N., 1987, *The Welfare State in Transition*, Brighton: Wheatsheaf Books.（＝青木郁夫・山本隆訳，1993，『福祉国家のゆくえ——福祉多元主義の諸問題』法律文化社）

Leisering, L. and D. Mabbett, 2011, "Introduction: Towards a New Regulatory State in Old-Age Security ? Exploring the Issues," L. Leisering (ed.), *The New Regulatory State : Regulating Pensions in Germany and the UK*, Basingstoke: Palgrave Macmillan: 1-30.

Maynard, A. (ed.), 2005, *The Public-Private Mix for Health : Plus Ça Change, Plus C'est La Même Chose ?*, Oxon: Radcliffe Publishing.

OECD, 2004, *Private Health Insurance in OECD Countries*, Paris: OECD Publishing.

OECD, 2014, *OECD Pensions Outlook 2014*, Paris: OECD Publishing.

Pierson, P., 2000, "Increasing Returns, Path Dependence, and the Study of Politics," *American Political Science Review*, 94 (2): 251-267.

第Ⅰ部

生活の安心と社会保障の公私ミックス

第1章

福祉国家の変容から見る公私ミックス
――経済的繁栄の実現と政治的正統性の確保を通じた社会統合――

加藤雅俊

1　福祉国家とは何か

(1)　目的と構成

　本章の目的は，福祉国家の変容という観点から公私ミックス論が台頭した文脈・背景を理論的に検討することによって，個別の政策領域に注目するだけでは見落とされてしまう論点や知見を明らかにし，公私ミックスをめぐる諸議論の現状と課題，そして今後の展望を示すことにある．具体的には，①戦後の高度経済成長を支えた段階の福祉国家の特徴，および，そこでの公私関係の特徴は何か，②経済のグローバル化とポスト工業化という社会変容を経験した段階の福祉国家の特徴，および，そこでの公私関係の特徴は何か，③今後の公私ミックス（論）を考える上で，上記の考察がもたらす理論的含意や示唆は何か，という論点を検討する．[1]

　公私ミックス論は，社会保障制度改革をめぐる諸議論において注目を集めてきた．各論者ごとに分析対象とする政策領域や問題意識が異なるため，その内容に完全な一致はないが，これまでの福祉生産・供給のあり方を抜本的に見直し，新たな関係性を検討するという点に関しては共通性があるといえよう．本書の他の章における議論からも分かるように，公私ミックス論の下で多様な現象が論じられてきた．例えば，市場メカニズムの利用，家族福祉の再評価，地方自治体への注目，NPOや第三セクターなどの多様な主体の関与，そして，市民協働による政策形成・実施など，中央政府のヒエラルヒーを中心とした従来的な福祉生産・供給のあり方を見直す動き全般が含まれる．このことは，現

在の社会保障制度改革が多岐にわたる論点や多様な方向性を含むことを示唆する一方で，公私ミックスという同じ用語を用いても，各論者や政策領域ごとに異なるものが想定されるために，議論に混乱が生じたり，検討すべき論点が見落とされてしまう可能性を含意している。これらの状況をふまえて，本章では，公私ミックス論が台頭してきた文脈・背景を理論的に検討することで，現在の諸議論の到達点と今後の展望を示したい。

その際に本章では，福祉国家の変容という観点に注目する。なぜならば，公私ミックス論が従来の福祉生産・供給のあり方を抜本的に見直す一連の試みと関係している以上，戦後どのような経済・社会・政治的文脈の下で，どのような手法を用いて市民に社会的保護が提供されてきたか，そして経済社会環境の変化の中で，それらはどのように変容してきたかを検討することが公私ミックスの変遷を理解する上で不可欠と考えるからである。これに加えてより重要な点として，公私ミックス論を，社会保障制度改革という文脈を越えて，政治経済システムの再編という文脈に位置づけることで，この議論のもつ潜在的価値や射程を示すことができると考えるからである。

本章の構成は以下のとおりである。まず第1節の残りの部分では，政治経済システムとしての福祉国家の定義を紹介し，それがもつ含意を明らかにする。第2節では，戦後の高度経済成長を支えた段階の政治経済システムである「ケインズ主義的福祉国家」の経済・社会・政治的基盤を明らかにした上で，そこでの政策課題，社会統合のあり方，公私関係の特徴を示す。第3節では，ケインズ主義的福祉国家への変容圧力である経済のグローバル化とポスト工業化について簡単に説明した上で，それらがもたらすインパクトを明らかにする。第4節では，上記の変容に直面した後の政治経済システムである「競争志向の福祉国家」の経済・社会・政治的基盤を明らかにした上で，そこでの政策課題，社会統合のあり方，公私関係の特徴を示す。そして，第5節では，これまでの議論をまとめ，公私ミックス論への理論的含意を示した上で，今後の展望について論じる。

（2）福祉国家とは何か

　まず，福祉国家の定義について簡単に確認する。福祉国家を理解するためには，その存立が可能となった経済・社会・政治的状況を整理しておくことが有益となる。そもそも，福祉国家は，ヨーロッパ諸国を中心に19世紀末から20世紀初頭に形成され，第二次世界大戦後に確立した固有の政治経済システムと考えられている（C. Pierson ［2007；2011］，また Lachmann ［2010］，佐藤 ［2014］も参照）。その特徴は，諸国家が対内的な排他的統治権を保持することを相互承認するという国民国家システムの確立という文脈の下，自由権の保障や普通選挙制の確立により諸要求の表出が可能となる一方で，自由放任主義的な資本主義経済の下では十分な社会的再生産がなされないこと，および，近代化・産業化の進展の結果，家族や伝統的な共同体が福祉生産・供給を十分になし得ないことを前提として，それらを代替・補完するため，国家が諸領域へ積極的な介入を行い，市民に社会的保護を提供するという点にある。つまり，福祉生産・供給が主に家族や共同体などによってなされ，国家は救貧法など限定的な社会政策を提供していた夜警国家の時代とは異なり，福祉国家は，国民国家システムを前提として，自由民主主義体制下における市民からの政治的要求の噴出を背景に，市民が最低限の生活を送ることを保障するために権利としての社会的保護を制度化した点に特徴がある（すなわち，社会権の確立）。

　したがって，福祉国家とは，「国家が経済過程に介入し，経済成長と雇用を実現し，公共政策による再分配を通じて，市民に社会的保護を提供することにより統合を図る政治的メカニズム」と定義できる（加藤 2012）。言い換えれば，福祉国家は，経済過程への介入を通じた経済的繁栄の実現（経済）と，間接民主制の下での利益媒介と公共政策による再分配を通じた政治的正統性の確保（政治）により，社会統合を図るシステム（社会）といえる。つまり，福祉国家は，現代社会において経済・社会・政治的機能を果たしている（もしくは，果たすことが期待されている）。

　ここで重要な点として，福祉国家を政治経済システムとして理解することは以下のことを含意する。第一に，上記の定義は抽象度が高いため，福祉国家の

特徴を理解するためには，それが依拠する経済・社会・政治的基盤，固有の政策課題，社会統合のあり方などを把握する必要がある。第二に，上記の定義は福祉国家の多様性を否定するのではなく，むしろ各国の共通性と差異を把握する必要性を示唆している。つまり，ある福祉国家の特徴を理解するためには，各国が直面する経済・社会・政治的文脈には一定の共通性（と差異）があること，市民に社会的保護を提供する手段には多様なものがあること（例，狭義の社会政策だけでなく，雇用政策，労働市場政策など），そして社会的保護の目的は異なること（例，貧困の除去，社会的地位の保全，平等の実現など）を前提として，いかなる形の社会統合を実現してきたかを分析する必要がある。言い換えれば，福祉国家の特徴を把握するためには，特定の経済・社会・政治的文脈における各国に共通した特徴を捉えるための段階論的発想と，一定の共通性を前提とした上で，各国間の差異を捉えるための類型論的発想のそれぞれが必要となる（加藤 2012）。本章では，福祉国家の段階論的特徴を整理し，そこでの公私関係の特徴を明らかにすることで，公私ミックスを考える際の知見を得ることを目的としている。そのため，段階論的発想に注目することになるが，このことは類型論的発想を軽視することを意味しない（むしろ，各国間の公私ミックスの多様性については，別の機会で論じたい）。

　本節では，福祉国家を，経済過程への介入を通じた経済的繁栄の実現と，間接民主制の下での利益媒介と公共政策による再分配を通じた政治的正統性の確保により，社会統合を図る政治経済システムと定義し，具体的な特徴を理解するためには，それが依拠する経済・社会・政治的基盤，固有の政策課題，社会統合のあり方などを明らかにする必要があることを示した。以上をふまえて，次節では，戦後の高度経済成長を支えた段階の福祉国家の特徴と，そこでの公私関係の特徴を明らかにする。

2　ケインズ主義的福祉国家における公私関係

(1) ケインズ主義的福祉国家の諸特徴

　第二次世界大戦後の安定的な経済成長を支えてきた段階の福祉国家は，その政策的特徴からしばしば「ケインズ主義的福祉国家」として定義されてきた（Jessop 2002；小野 2000）。しかし，前節で確認したように，福祉国家の特徴をよりよく把握するためには，政策的特徴だけでなく，諸基盤や社会統合のあり方も考慮する必要がある。以下では，ケインズ主義的福祉国家の諸特徴を経済・社会・政治の各基盤に注目して整理し，政策課題や社会統合のあり方を明らかにした上で，この段階における公私関係の特徴を整理する。

　まずケインズ主義的福祉国家の経済的基盤は，埋め込まれたリベラリズムとフォーディズム的発展様式として整理できる。埋め込まれたリベラリズムとは，自由放任主義が世界恐慌を引き起こし，その後の経済的孤立主義の台頭とともに，第二次世界大戦の遠因となったことへの反省から，多国間協力に基づいた自由貿易体制を形成・維持することによって各国の繁栄を実現する一方で，国際経済の変動により生じるリスクに対応するため，一国レベルでの政策介入の余地を与える国際経済秩序が戦後に形成されたことを指す（Ruggie 1982）。具体的には，国際通貨取引に関してIMFが形成され，国際貿易に関してGATTが形成された（いわゆる，ブレトンウッズ体制）。続いて，フォーディズム的発展様式とは，諸制度間の調整を通じて市場の安定性が確保されることに注目するレギュラシオン学派により提示された概念である。これは，埋め込まれたリベラリズムが示唆するような国際経済体制を前提に，国内的経済編成として，生産性上昇に関する労使間妥協に依拠し，大量生産・大量消費を基盤とした持続的な経済成長を実現し，その果実を国内に広く波及させる一連のメカニズムが形成されたことを指す（山田 1994）。そのメカニズムには，集合的賃金決定制度の導入，労働組合の諸権利の承認，経営者の経営権の確立など，労使妥協を支える諸制度が含まれる。

続いて，社会的基盤は，雇用形態と家族形態の安定性を前提とした性別役割分業と，それに依拠した男性稼得者モデルとして整理できる（Lewis 1992）。男性稼得者モデルとは，結婚（もしくは出産）した女性の労働市場からの一時退出，社会保障制度の受給資格に関する夫の地位への依存，公的保育支援が弱いため家庭中心の育児，公私領域の明確な区分などの諸特徴を前提とした社会政策のあり方を意味する。これらは，1960年代くらいまでの欧米諸国に多かれ少なかれ共通するものであった。この男性稼得者モデルが機能するためには，男性稼得者が上記の経済的基盤の下で生み出された安定的雇用に就き，家庭を支えるのに十分な賃金を得る一方で，女性は家庭で家事・育児・介護などのケア労働に従事する（もしくは，それらを妨げない範囲で家計補助的な雇用に就く）という性別役割分業が定着する必要があった。

そして，政治的基盤は，階級・政党政治レベルにおける，経済成長の実現およびその果実の再分配へのコンセンサスとして整理できる。上述のように，フォーディズム的発展様式の下で階級政治レベルにおいて労使妥協を支える諸制度が確立したことに加え，政党政治レベルにおいては，保守系政党と社会民主主義系政党の間に，経済成長を実現するための政策介入と，その果実を再分配することへの政治的コンセンサスが生まれたのである（小野 2000）。これにより政治対立は，どのような政治経済システムを構築するかという体制をめぐるものから，経済成長を実現した上での分配の程度をめぐるものへと変化した。言い換えれば，政治対立はより穏健的なものとなり，実際の経済成長とその再分配の実現を背景に，ケインズ主義的福祉国家への安定的な支持へとつながった。

ケインズ主義的段階における主要な政策課題は，これらの諸基盤を結びつけ，正の循環を確立することにある。経済政策の領域では，経済成長の実現と完全雇用を達成するためのマクロ需要管理政策が中心に置かれ，社会政策の領域では，経済成長の果実を国内に分配するための諸政策が中心に置かれた（Jessop 2002）。重要な点は，雇用形態と家族形態の安定性を前提とした性別役割分業に依拠することで，狭義の社会政策は，男性稼得者が労働から十分な賃金が得

図1-1 ケインズ主義的福祉国家における社会統合と公私関係

〈ケインズ主義的福祉国家〉

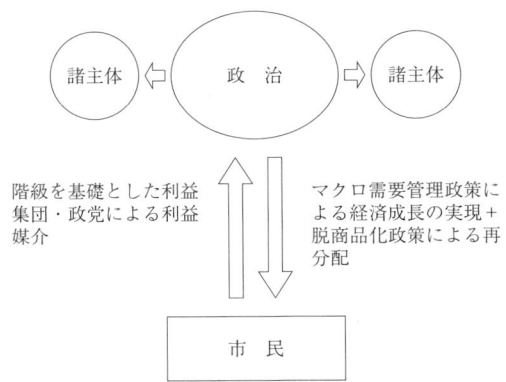

・社会統合：経済的豊かさの実現と再分配，固有のバイアスあり（中央政府の肥大化，経済成長中心主義，画一性，女性やマイノリティーの排除など）
・公私関係：中央政府の中心性（福祉生産・供給およびニーズの表出），家族によるケア負担，その他の主体の役割の軽視

（出所）　筆者作成。

られない場合（つまり，高齢，失業，疾病など）の所得補償プログラムの整備・拡充（脱商品化政策）という形態をとった点にある。言い換えれば，女性の社会進出を支えるための社会サービスの整備・拡充は後手に回ることになった（図1-1）。

　以上をふまえると，ケインズ主義的福祉国家における社会統合は，国民国家を前提として，市民は，階級を基礎とする利益集団・政党を媒介として，自らの利益を表出・集約し，中央政府は，マクロ需要管理政策を通じて経済成長と完全雇用を実現し，脱商品化政策を通じて再分配を行うことによって，安定的な支持調達を果たすという特徴をもっていた。したがって，市民─政治関係に注目すれば，政治へのインプット側に関して，階級を基礎とした利益集団・政党による利益媒介（市民の政治への関与は間接的・限定的にとどまる），政治からのアウトプット側に関しては，経済・社会政策領域における中央政府の主体的役割という特徴をもっている。また，理念面に注目すれば，中央政府の介入によ

る経済的豊かさの実現と社会全体への波及という特徴をもっている。言い換えれば，権利主体としての市民に，豊かな生活を幅広く提供していくことを目的としていた。

（2）ケインズ主義的福祉国家における公私関係

　最後に，ケインズ主義的福祉国家における公私関係の特徴について検討する。これまで確認してきた諸基盤，政策課題，社会統合のあり方を前提とすると，ケインズ主義的福祉国家における公私関係の特徴は，まず第一に，マクロ需要管理政策にせよ，脱商品化政策にせよ，政策実施という点に関して中央政府が主体的役割を担っていた。言い換えれば，中央政府の重要性と比べると，福祉生産・供給における市場，市民社会の諸組織，地方政府などの役割は相対的に小さかったといえる。しかし，第二に重要な点として，性別役割分業を前提とした男性稼得者モデルに依拠し，女性が家庭でケア労働を担うことを前提としていたため，福祉生産・供給における家族の役割は重要であった。第三に，階級を基礎とした利益集団・政党による利益媒介が中心となっているため，福祉に関するニーズの表出という点で，市民個人の主体的役割は小さかった。言い換えれば，人々のニーズは，階級を基礎とした利益集団・政党（もしくは，彼らの委任を受けた官僚機構）によって，画一的に解釈されてきた。

　以上のように，ケインズ主義的福祉国家では，福祉生産・供給だけでなく，ニーズの解釈という点でも中央政府の役割が重要であったのに対して，家族はケア労働の担い手として重要であったが，市場や市民社会の諸組織の役割は相対的に小さかったといえる。したがって，ケインズ主義的福祉国家は，マクロ需要管理政策により経済成長を実現し，階級を基礎とした利益集団・政党による利益媒介と脱商品化政策による再分配を通じて政治的正統性を確保するという，豊かさの実現と再分配に依拠した社会統合を実現したといえる。しかし，重要な点として，そこには固有のバイアスが存在していた。例えば，中央政府の肥大化（市場メカニズムや市民社会諸組織の軽視），経済成長中心主義（非経済争点の排除），画一性（市民の多様性を軽視），女性やマイノリティーの軽視などが

挙げられる（福祉国家への批判に関するレビューとして，Mishra［1984］；C. Pierson［2007］；西岡［2011］；田村［2012］）。

　本節では，ケインズ主義的福祉国家の特徴が，マクロ需要管理政策による経済的繁栄の実現と，階級を基礎とした利益集団・政党による利益媒介および脱商品化政策による再分配を通じた政治的正統性の確保という，豊かさの実現と再分配に依拠した社会統合を図る点にあることを示した。その上で，この段階の公私関係の特徴として，中央政府の中心性を指摘した。次節では，ケインズ主義的福祉国家への変容圧力（すなわち，グローバル化とポスト工業化）とその影響を整理する。

3　二つの変容圧力とその影響

（1）グローバル化とポスト工業化

　上述の定義が含意するように，福祉国家は固有の経済・社会・政治的文脈の下で，ある特定の形態の社会統合を実現してきた。言い換えれば，福祉国家が前提とする諸文脈が変化すれば，福祉国家それ自体も変容せざるを得ない。1970・80年代以降，ケインズ主義的福祉国家が前提としてきた諸文脈への変容圧力となったのが，経済のグローバル化の進展とポスト工業社会への移行である。

　グローバル化とは，一般的に，ヒト・モノ・カネ・情報などが，国境を越えて大規模に移動する傾向を指す（cf. Held ed.［2000］；Steger［2009］；新川ほか［2004］）。そのため，経済的側面に限らず，政治・社会・文化的側面などの多面性をもつといえる。比較福祉国家論の中で特に検討されてきたのは，経済のグローバル化の影響（例えば，資本移動の自由化，国際貿易競争の激化，生産体制の国際化，労働力の国際移動の高まりなど）である。グローバル化が福祉国家に与える影響については，一般的な福祉縮減につながることを主張する論者から，媒介する制度や主体によって縮減の効果が異なることを指摘する論者まで多様な見解が提出されているが[3]，ケインズ主義福祉国家が前提としてきた諸文脈が変

化してきたという点に関して異論は少ない。例えば，資本移動の自由化は，一国レベルのマクロ需要管理政策の有効性を低下させた。国際貿易競争の激化や生産体制の国際化の中で，人件費はコストと見なされ，国内における安定的な雇用は減少し，労働勢力に対する資本の発言力を高めることにつながった。労働力の国際移動の高まりは，国民国家の自明性を揺るがす一方で，ホスト社会に適応していくための社会政策へのニーズをもたらした。そして，これらの実体的な変化に加えて，重要となるのは理念面の変化である（cf. Hay [2002]）。この点については，経済思想に関して，市場の失敗をふまえて，政府による介入の必要性を説いたケインズ主義に対して，個人の選択の自由を強調し，市場メカニズムへの信頼に依拠したネオリベラリズムの影響力が強まったといえる（cf. Steger and Roy [2010]）。そのため，中央政府が経済・社会政策領域において主体的役割を担うことは，非効率なだけでなく不適切とされた。また，政策目標も，経済的豊かさの実現と社会全体への波及から，国際競争力の確保とそれへの貢献へと変化した。以上のように，経済のグローバル化の進展は実体・理念の両面において，ケインズ主義的福祉国家が前提としてきた諸文脈に大きな影響を与えたといえる。

　ポスト工業社会への移行とは，福祉国家の成熟にともない生じる国内的な経済社会変容を意味している。具体的には，サービス産業中心経済への移行，少子高齢化などの人口構造の変化，社会政策プログラムの成熟化，女性の社会進出の増大などを指す（P. Pierson ed. 2001：chapter 3）。これらは，福祉国家が前提としてきた文脈に大きな影響を与える。例えば，サービス経済化は，製造業と比べて生産性が低いために経済成長への貢献が期待しにくいだけでなく，景気変動の影響を受けやすく，労働者の失業リスクを高める。少子高齢化は，高齢者向けの社会政策のニーズを高める一方で，それらを負担する生産人口の減少をもたらすことで財政的基盤を浸食する。社会政策の成熟化は，公的社会支出の自然増につながり，財政的基盤を脅かす。女性の社会進出は，女性がケア労働に従事することに依拠してきた男性稼得者モデルの維持を困難にする一方で，介護・保育などの公的社会サービスへのニーズを高める。そして，これら

の経済・社会変容に加えて重要となるのが,福祉国家の成熟がもたらす政治的インパクトである。具体的には,経済的豊かさが実現したという文脈で生じた価値観の多様化や自己実現への注目などの脱物質主義的価値観の高まりと,それを担う新たな政治主体(例えば,新しい社会運動や左右の新しい政党)の台頭である(賀来・丸山編 2000;小野 2000)。言い換えれば,福祉国家の成熟にともない,従来的な階級を基礎とした利益集団・政党による利益媒介が十分に機能しなくなっただけでなく,その正統性にも疑問が呈されている。以上のように,ポスト工業社会への移行も実体的・理念的の両面において,ケインズ主義的福祉国家が前提としてきた諸文脈に大きな影響を与えたといえる。

(2) 二つの変容圧力の影響

　確認してきたように,経済のグローバル化の進展とポスト工業社会への移行は,それぞれケインズ主義的福祉国家が依拠してきた諸文脈に大きな影響を与えてきた。これらの変容圧力は相互作用する中で新たな政策課題をもたらし,また新しい社会統合の模索を促した。

　経済政策に関しては,資本移動の自由化や国際競争の激化という文脈の下で,大量生産・大量消費に依拠した製造業中心の経済から,新たな成長モデルに依拠した経済への移行を促すための諸政策が求められている(山田[2008];ボワイエ[2007])。具体的には,新たな成長産業の育成,技術革新の支援,規制緩和や自由化の促進による経済の活性化などが挙げられる。社会政策に関しては,グローバル化とポスト工業化によりもたらされる「新しい社会的リスク」への対策が課題となる(Armingeon and Bonoli eds.[2005];Taylor-Gooby ed.[2004])。具体的には,家族福祉への依存からの脱却(女性の社会進出の促進),若年失業者への対応,失業期間の長期化への対応など,新たな社会問題への対応である。言い換えれば,二つの変容圧力は,雇用形態の流動化と家族形態の多様化を引き起こし,性別役割分業を前提とした男性稼得者モデルに依拠することを困難とした。その結果として,再商品化や脱家族化を進めることが課題となった。そして,新しい社会統合のあり方に関して,階級を基礎とした利益集団・政党

による利益媒介が十分に機能しなくなる中で，市民の利益を表出・集約するための新たな回路の構築，政策実施における中央政府の役割の相対化，再分配とは異なる形での支持調達の実現などが目指されている。

　本節では，経済のグローバル化の進展とポスト工業社会への移行という二つの変容圧力が，実体的にも理念的にもケインズ主義的福祉国家が前提としてきた諸文脈に対して大きな影響を与えたことを確認した上で，新たな政策課題に直面するだけでなく，新しい社会統合のあり方が求められていることを指摘した。次節では，新たな時代における福祉国家の特徴を確認し，そこでの公私関係の特徴を整理する。

4　競争志向の福祉国家における公私関係

（1）競争志向の福祉国家の諸特徴

　グローバル化とポスト工業化という二つの変容圧力に直面した後の政治経済システムをどのように捉えるかは，各論者が注目する点によって異なる。例えば，福祉国家から別の形態への移行を説く論者から，福祉国家という枠組の維持・持続，福祉国家内部での変化を説く論者まで多様な見解が提示されている[(4)]。本章では諸基盤，政策課題，社会統合のあり方において，競争という要素が重視されていることに注目して，「競争志向の福祉国家」として捉える（加藤 2012）。以下では，競争志向の福祉国家の諸特徴を，経済・社会・政治の各基盤に注目して整理し，政策課題や社会統合のあり方を明らかにした上で，この段階における公私関係の特徴を整理する。

　まず経済的基盤は，経済自由主義優位の国際経済体制とポストフォーディズム的発展様式として整理できる。自由貿易体制を前提としつつ，一国レベルの政策介入を可能にした埋め込まれたリベラリズムは，市場メカニズムへの信頼を強調するネオリベラリズムが台頭する中で大きく揺らいでおり（Steger 2009），国際通貨に関しては変動相場制への移行がなされ，国際貿易に関してはWTOが成立し，また国家・地域間の経済統合や経済連携も深化している。

これらは，国際経済における市場メカニズムが作動する範囲を広める動きと捉えることができ，全体として経済自由主義優位の国際経済体制が形成されたといえる。一方，レギュラシオン学派によれば，新たな経済成長のあり方を模索する中で，ポストフォーディズム的発展様式が形成されつつある（山田 2008；ボワイエ 2007）。例えば，知識基盤経済の下で，金融セクターや情報技術産業を中心とした発展様式が注目を集め，製造業でも多品種・少量生産への移行が指摘されている。ここでは，グローバル化が進展する中で，新しい成長モデルを構築し，国際競争力を改善していくことが課題となっている。

　続いて，社会的基盤は，雇用形態の流動化と家族形態の多様化を背景として，男性稼得者モデルからの離脱として整理できる。男性稼得者の安定的な雇用と，女性によるケア労働の負担を前提としてきた男性稼得者モデルは，経済のグローバル化の進展とポスト工業社会への移行に直面する中で，維持することが困難となった。例えば，安定的雇用は減少し，男性稼得者が家庭を支えるのに十分な賃金を得るのが困難となるだけでなく，失業リスクも高まっている。また，女性の社会進出が進むことで，家族福祉に依存することは困難となっている。「新しい社会的リスク」が示しているように，社会的に排除されている人を労働市場に包摂する再商品化や，家族福祉への依存からの脱却を目指す脱家族化が課題となっている（Armingeon and Bonoli eds. 2005；Taylor-Gooby ed. 2004）。

　そして，政治的基盤は，階級を基礎とした利益集団・政党による利益媒介の衰退と，多様化する個人を前提とした新たな利益媒介のあり方の模索として整理できる。階級政治レベルでは，雇用形態の多様化を背景に，労働組合が多様な労働者の利益を代弁することが困難となる一方で，資本移動の自由化を背景に資本の発言力が高まるなど，労資の権力バランスが大きく揺らいでいる。政党政治レベルでは，既存政党は衰退傾向に歯止めをかけるために自己刷新を続ける一方で，左右の新しい政党（左翼リバータリアン政党や右翼ポピュリズム政党）などが台頭しつつある（小野 2000；賀来・丸山編 2000）。言い換えれば，階級を基礎とした利益集団・政党による利益媒介が相対化され，多様化する個人の利益を媒介するために，新しい社会運動や新しい政党が台頭しつつある一方で，

既存政党も自己刷新を遂げている。ここでは多様化する個人の利益をどのように表出・集約していくかが課題となっている。

　競争志向段階における主要な政策課題は，これらの諸基盤とそこにおける諸課題を前提として，新しい社会統合を確立することにある。まず経済政策に関して，マクロレベルにおける経済の安定性を確保しつつ，ポストフォーディズム的発展様式の確立を促すことが課題となった。言い換えれば，国際競争力をもった産業を育成し，新たな成長の基盤を生み出すために，ミクロレベルでの競争力政策が重要となる。ここには，規制緩和や自由化・民営化の促進など市場メカニズムの導入を促す政策から，技術革新や企業間協働を促すための諸支援など政府の主体的役割を重視する政策まで，多様な選択肢が存在する（Hay 1996；Jessop 2002；加藤 2012）。次に社会政策に関しては，上述のように，若年失業者，長期失業者，女性など社会的に排除されてきた人々を労働市場へと包摂することに重点が置かれた。言い換えれば，社会的包摂が重要な政策課題となり，失業者や女性の労働市場への参加を促すための再商品化政策と，女性がケア労働を負担する状態からの脱却を目指す脱家族化政策が実施されることになった。ここでも多様な選択肢が存在している（Jessop 2002；宮本 2013；加藤 2012）。例えば，再商品化に関して，就労を福祉の条件とする狭義のワークフェアから，福祉による就労支援を促進するアクティベーションまで，脱家族化に関して，児童手当や家族給付などの現金給付の拡充から，介護や保育などの社会サービスの拡充まで，多様な選択肢が存在している。

　ここで重要な点は，これらの新しい経済・社会政策を実施する上で，中央政府の役割は大きく変容せざるを得ないことにある。例えば，ミクロレベルの競争力政策が有効性を発揮するためには，対象となる産業や企業を設定し，現状の課題や問題点をふまえ，文脈に応じた細かい調整が不可欠となる。また，再商品化政策にしろ，脱家族化政策にしろ，これらの政策を必要とする人々の置かれている状況・課題は多様であるため，個々の状況に応じた細やかな対応が必要となる。言い換えれば，マクロ需要管理政策や脱商品化政策とは異なり，新しい政策課題は，中央政府による画一的・一方向的な介入という従来型の対

第1章　福祉国家の変容から見る公私ミックス

図1-2　競争志向の福祉国家における社会統合と公私関係

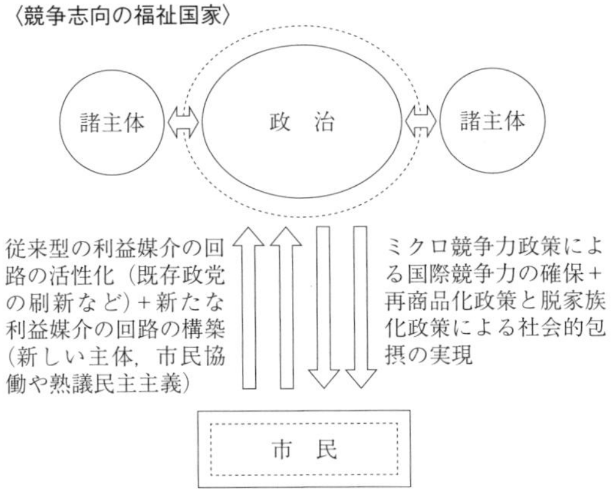

〈競争志向の福祉国家〉

諸主体　⇔　政　治　⇔　諸主体

従来型の利益媒介の回路の活性化（既存政党の刷新など）＋新たな利益媒介の回路の構築（新しい主体，市民協働や熟議民主主義）

ミクロ競争力政策による国際競争力の確保＋再商品化政策と脱家族化政策による社会的包摂の実現

市　民

・社会統合：市民の政治・経済・社会的主体性を重視，固有のバイアスあり（主体性の強調，個人責任の強調，女性やマイノリティーの排除など）
・公私関係：福祉生産・供給に関する直接的役割を諸主体間で共有，中央政府のメタレベルにおける調整や舵取り，市民個人によるニーズ表出

（出所）　筆者作成。

応では十分な効果が期待できない。つまり，有効かつ適切な政策を実現するためには，様々な主体と調整を繰り返し，多様なニーズを掘り起こし，政策形成・実施の際に協働する（もしくは委ねる）など，個別的・双方向的な対応が求められるのである。ここにおいて，中央政府の役割は抜本的に見直し・再定義され，経済・社会政策領域における政策形成・実施の中心的主体から，諸主体間の調整やメタガヴァナンスの実現へと変化していくのである（Bevir 2012 ; C. Pierson 2011 ; Jessop 2002 ; Dryzek and Dunleavy 2009 ; Pierre and Peters 2000 ; Bell and Hindmoor 2009）（図1-2）。

　以上をふまえると，競争志向段階における社会統合は，国民国家が揺らぐ中で，市民は，既存の利益媒介の回路の活用だけでなく，新たな回路を構築することで自らの利益を主体的に表出・集約する一方で，中央政府は，ミクロレベルの競争力政策を通じて国際競争力を高め，再商品化政策と脱家族化政策を通じて市民の社会的包摂を図ることによって，安定的な支持調達を目指すという

31

特徴をもつ。したがって，市民—政治関係に注目すれば，政治へのインプット面に関して，既存の利益媒介の回路を再活性化するだけでなく，政策形成の場への市民参加や熟議民主主義の諸実践など，多様な形での市民の主体的な関与が期待されている（Dryzek and Dunleavy 2009；田村 2008；2012）。政治からのアウトプット面に関して，厳しい財政的制約と新自由主義的理念の台頭という文脈の下，上述のように，中央政府の役割は，福祉生産・供給における従来の主体的役割から，市場メカニズムを活用するための条件の整備，地方政府への権限の委譲，市民社会組織や諸個人の潜在力を引き出すための環境の整備など，諸調整の舵取り役やメタガヴァナンスの実現へと変化している（C. Pierson 2011; Jessop 2002; Bell and Hindmoor 2009）。また，理念面に注目すれば，ミクロ競争力政策による国際競争力の改善と，再商品化政策と脱家族政策を通じた市民の主体的貢献の強調として整理できる。言い換えれば，市民は，権利主体として政策を享受するだけでなく，責任主体として競争力への貢献や自律が求められている。

（2）競争志向の福祉国家における公私関係

最後に，競争志向の福祉国家における公私関係の特徴について整理する。これまで確認してきた諸基盤，政策課題，社会統合のあり方を前提とすると，競争志向の福祉国家における公私関係の特徴は，まず第一に，政策実施という点に関して，中央政府は主体的役割から，様々な主体間の調整を行い，全体として社会的保護が提供されている状態を確保するための条件・環境を整備する舵取りやメタガヴァナンスの実現へと大きく変化している。言い換えれば，中央政府は，福祉生産・供給を担う直接的主体としての役割を，市場，市民社会の諸組織，地方政府，家族などと共有することになる一方で，諸主体間の調整や舵取りというメタレベルの役割を担うことになる。第二に，女性の社会進出にともない，男性稼得者モデルからの離脱が進むという点で，家族の果たす役割も変化することになる。しかし，脱家族化政策が導入されたとしても，これまで家庭で女性が担ってきたケア労働が完全に代替されるわけではないため，福

祉生産・供給において家族が果たす役割は引き続き重要といえる。第三に，ケインズ主義的段階において，中心的な役割を果たしてきた中央政府と家族の役割が変容する中で，上述のように，市場，市民社会組織，地方政府などの役割が重要となっている。これらの背景には，厳しい財政的制約や新自由主義的理念の台頭の下で，中央政府を中心とした政策形成・実施の有効性と適切性に疑問が呈されたことに加え，政策課題の変化（中央政府による画一的・一方向的な対応では十分な効果が期待できない），および，諸主体のもつ長所（例，市場のもつ効率性，市民社会組織や地方政府のもつ利用者との近さ，中央政府のもつ調整機能，家族のもつ親密性など）が認識されたことがある。第四に，多様化する個人の利益をより適切に媒介するために，従来的な階級を基礎とした利益媒介の回路を活性化するだけでなく，新たな回路の構築が模索されており，市民が多様な形で政治に関与することが期待されている。言い換えれば，市民個人が主体性を発揮することが求められている。

以上のように，競争志向の福祉国家は，福祉生産・供給に関して，中央政府，市場，家族，市民社会組織，地方政府など，様々な主体が関与することによって，市民の社会的保護を確保するという特徴をもっている。その中で，中央政府は，直接的主体としての役割を他の主体と共有する一方で，諸主体間の調整や舵取りというメタレベルの役割を担うことになった。また，市民個人は，ニーズの表出に関して，より主体的な役割を担うことが期待されている。公私関係におけるこれらの変化の背景には，厳しい財政的制約と新自由主義的理念の台頭による中央政府の役割への疑問，政策課題の変化，諸主体のもつ長所の認識などがある。そのため，競争志向の福祉国家は，マクロレベルの経済的安定性を確保し，ミクロレベルの競争力政策を通じて国際競争力を高めることで経済的繁栄を実現し，従来的な回路の活性化と新たな回路の構築による利益媒介と，再商品化政策と脱家族化政策による社会的包摂を通じて政治的正統性を確保するという，市民の政治・経済・社会的主体性の重視に依拠した社会統合を目指しているといえる。しかし，重要な点として，そこには固有のバイアスが残されている。例えば，市民の主体性が強調されるため，それを発揮できない

（もしくは発揮したくない）市民は生きづらさを感じざるを得ない。また，新自由主義的理念の台頭の下，個人の選択や自律性が強調されており，本来ならば個人に帰すべきではない諸事象も個人の責任とされてしまう可能性がある。また，女性やマイノリティーの排除については，引き続き課題が残されている。

次節では，本章のまとめとして，これまでの議論をふり返り，公私ミックス論への理論的示唆を整理する。

5　福祉国家の変容と公私関係の再編

（1）ここまでの議論と公私ミックス論への示唆

本章の目的は，福祉国家の変容という観点から，公私ミックス論が台頭した文脈・背景を理論的に検討することによって，公私ミックスをめぐる諸議論の現状と課題，そして今後の展望を示すことにあった。

まず，政治経済システムとしての福祉国家が，経済的繁栄の実現と政治的正統性の確保を通じた社会統合を図るメカニズムであることを確認した。そして，第二次世界大戦後の高度経済成長を支えた段階の福祉国家は，埋め込まれたリベラリズムとフォーディズム的発展様式，雇用形態と家族形態の安定性を前提とした性別役割分業とそれに依拠した男性稼得者モデル，階級・政党政治レベルの経済成長の実現およびその果実の再分配へのコンセンサスに依拠した「ケインズ主義的福祉国家」であることを指摘した。さらに，社会統合の特徴として，マクロ需要管理政策により経済成長を実現し，階級を基礎とした利益集団・政党による利益媒介と脱商品化政策による再分配を通じて政治的正統性を確保するという，豊かさの実現と再分配に依拠していることを確認した。

経済のグローバル化の進展とポスト工業社会への移行という変容圧力に直面したケインズ主義的福祉国家は大きく変容し，現在では，経済自由主義優位の国際経済体制とポストフォーディズム的発展様式，雇用形態の流動化と家族形態の多様化を背景とした男性稼得者モデルからの離脱，多様化する個人を前提とした新たな利益媒介のあり方の模索に依拠した「競争志向の福祉国家」と整

理できることを指摘した。この段階の社会統合の特徴として，マクロレベルの経済的安定性を確保し，ミクロレベルの競争力政策により国際競争力を高めることで経済的繁栄を実現し，従来的な回路の活性化と新たな回路の構築による利益媒介と，再商品化政策と脱家族化政策による社会的包摂を通じて政治的正統性を確保するという，市民の政治・経済・社会的主体性の重視に依拠していることを明らかにした。

そして，福祉国家の変容にともない，公私関係も変容していることを明らかにした。ケインズ主義的段階では，福祉生産・供給だけでなく，ニーズの表出という点でも中央政府の役割が大きく，市場，市民社会の諸組織，地方政府，個人の役割は相対的に小さかった。例外は，男性稼得者モデルの下でケア労働を担ってきた家族（より正確にいえば，女性）である。他方，競争志向段階では，福祉生産・供給に関して，市場，家族，市民社会の諸組織，地方政府など，多様な主体が関与するようになり，中央政府は直接的な役割を他の主体と共有することになった。しかし，重要な点として，中央政府は直接的な役割を減らす一方で，主体間の調整や舵取りというメタレベルの役割を担うことになった。また，ニーズの表出に関して，個人の主体的役割が期待されている。そして，この公私関係の変化の背景には，厳しい財政的制約と新自由主義的理念の台頭の下での中央政府の役割への疑問（有効性や効率性だけでなく，妥当性や適切性についても），政策課題の変化（ミクロ競争力政策，再商品化政策および脱家族化政策は中央政府の画一的・一方向的な対応になじまない），諸主体の長所の把握（市場のもつ効率性，市民社会の諸組織や地方政府のもつ利用者との近さ，中央政府のもつ調整機能，家族のもつ親密性など）がある（表1-1）。

それでは，最後に，以上の議論が公私ミックス論にもたらす示唆を整理する。まず第一に，諸主体の果たしてきた役割の変化を立体的に捉える必要がある。例えば，福祉国家の変容にともない，中央政府は，福祉生産・供給の直接的役割を他の主体と共有するようになった。しかし，このことは，中央政府の撤退を意味しない。なぜならば同時に，中央政府はメタレベルの役割を強化しているからである。言い換えれば，諸主体は，ある役割を放棄する一方で別の役割

表 1-1 これまでの議論のまとめ

	ケインズ主義的福祉国家		競争志向の福祉国家
	福祉国家：国家が経済過程に介入し，経済成長と雇用を実現し，公共政策による再分配を通じて，市民に社会的保護を提供することにより統合を図る政治的メカニズム（＝経済的繁栄の実現と政治的正統性の確保を通じた社会統合を図るメカニズム）		
基盤	①埋め込まれたリベラリズムとフォーディズム的発展様式，②雇用形態と家族形態の安定性を前提とした性別役割分業とそれに依拠した男性稼得者モデル，③階級・政党政治レベルの経済成長の実現およびその果実の再分配へのコンセンサス	○二つの変容圧力（①経済のグローバル化の進展と②ポスト工業社会への移行）の影響 ・ケインズ主義的段階を支えた実体的・理念的な諸文脈を変化させ，競争志向段階へと移行する ・公私関係に変化をもたらす（例，諸主体間で直接的役割を共有，中央政府による調整や舵取り，市民自らのニーズの表出）→背景：中央政府の役割への疑問，政策課題の変化，諸主体の長所の認識 ○公私ミックス（論）の今後の課題 ・複眼的・多面的に考察する必要性（＝公私ミックスの特徴の全体把握につながる） ・広い文脈に位置づけて考察することの重要性（＝公私ミックス論の政治性やバイアスを考慮し，現状批判につながる） ・特徴把握と因果分析の必要性（＝公私ミックスの理論化の基礎となる） ・規範分析の必要性（＝現状を変革していく際の基礎となる）	①経済自由主義優位の国際経済体制とポストフォーディズム的発展様式，②雇用形態の流動化と家族形態の多様化を背景とした男性稼得者モデルからの離脱，③多様化する個人を前提とした新たな利益媒介のあり方の模索
政策	経済：マクロ需要管理政策 社会：脱商品化政策		経済：ミクロ競争力政策 社会：再商品化政策と脱家族化政策
社会統合	①マクロ需要管理政策により経済成長を実現し，階級を基礎とした利益集団・政党による利益媒介と脱商品化政策による再分配を通じて政治的正統性を確保する（＝豊かさの実現と再分配），②固有のバイアスあり（中央政府の肥大化，経済成長中心主義，画一性，女性やマイノリティーの排除など）		①マクロレベルの経済的安定性を確保し，ミクロレベルの競争力政策を通じて国際競争力を高めることで経済的繁栄を実現し，従来的な回路の活性化と新たな回路の構築による利益媒介と，再商品化政策と脱家族化政策による社会的包摂を通じて政治的正統性を確保する（＝市民の政治・経済・社会的主体性を重視），②固有のバイアスあり（主体性の強調，個人責任の強調，女性やマイノリティーの排除など）
公私関係	①中央政府の中心性（福祉生産・供給およびニーズの表出），②家族によるケア負担，③その他の主体の役割の軽視		①福祉生産・供給に関する直接的役割を諸主体間で共有，②中央政府のメタレベルにおける調整や舵取り，③市民個人によるニーズ表出

（出所）　筆者作成。

を強化することで，むしろその重要性を増すことさえある。第二に，第一の点と関連するが，諸主体の果たしてきた役割の変化を水平的に捉える必要もある。例えば，中央政府は，福祉生産・供給のみならず，ニーズの表出という点でも重要な役割を果たしてきたが，現在では，前者に関して多様な主体間の協働が模索され，後者に関して市民の主体的役割が期待されている。公私ミックスといった際に，従来の議論が注目してきた福祉生産・供給の側面のみに焦点をあててしまうと，ニーズの表出における重要な変化を見落としてしまう。言い換えれば，公私ミックス論の射程を広げる必要がある。第三に，上記の点とも関連するが，政策領域の特徴や他領域との関係性もふまえる必要がある。ある個別政策における公私関係の変化は，近接する政策領域のそれと同じ傾向をもつとは限らないし（むしろ異なる場合が多いであろう），また個別政策がその一部を構成する政策群における一般的変化を考慮する必要もある。これら三つの点は，公私ミックスに関する複眼的・多面的思考の重要性を示唆している。言い換えれば，ある個別の政策領域に関して，ニーズや利益の表出などのインプット面と，福祉生産・供給などのアウトプット面のそれぞれに関して，直接的役割とメタレベルの役割を，どのような主体が，どのような形で担ってきたかを整理した上で，それらがより広い政策群の文脈ではどのような意味をもつか，そして，環境変化の中で，公私ミックスのあり方に変化は生じているか，などを考察する必要がある。そうすることで，公私ミックスの全体像をより適切に捉えることにつながる。そして，第四に，政治経済システムとしての福祉国家の変容など，公私ミックス論に注目が集まってきた経済・社会・政治的文脈を考慮することで，現状への批判的分析が可能となる。公私ミックス論が，経済的繁栄を実現し，政治的正統性を確保することで社会統合を実現する福祉国家というシステムの変容（をめぐる争い）と密接に関係していることを意識すれば，公私ミックス論のもつ政治性やバイアスに敏感になるだけでなく，現状に対する批判的考察への端緒ともなり得る。

（2）今後の展望

　最後に，本章の考察から得られる公私ミックス論の今後の展望について簡単に整理しておこう。今後の課題として，公私ミックスを複眼的・多面的に考察する必要性，そして，より広い文脈に位置づけて考察することの重要性を指摘した。これらの課題に加えて，残された課題として，公私ミックスに関する特徴把握と因果分析の必要性，および，規範分析の必要性を指摘したい。

　まず，公私ミックスに関する理論的考察を深めていくためには，特徴把握と因果分析という二つの課題に取り組むことが必要となる。比較福祉国家論が二つの課題に並行して取り組むことで理論的に大きく発展してきたように（加藤2012），公私ミックス論も，現在の公私ミックスはどのような形態か，また過去の公私ミックスはどのような形態であったかという特徴把握に加え，なぜそのような形態が作られたのかという因果分析を行う必要がある。前者の課題は，公私ミックスの複眼的・多面的考察の必要性で論じたように，段階論的発想と類型論的発想を駆使することで，より適切に把握することができる。後者の因果分析については，やはり比較福祉国家論の知見が有効となる。紙幅の関係上，ここで詳しく論じることはできないが，因果分析に関しては，ある経済社会環境および過去の政策遺産と政治制度の下で，①ある政治アクターが現状をどのように解釈し，②政策案への支持調達を行ったかを考察する必要がある（詳しくは，加藤 2012）。言い換えれば，公私ミックスをめぐる，アイディア・利益・制度の相互作用を分析する必要がある。

　そして，これからの展望を考える上では規範分析も必要となる。比較福祉国家論の重要な知見の一つは，政治経済システムとしての福祉国家が固有のバイアスをもつことを明らかにした点にある。上述のように，ケインズ主義的段階には，中央政府の肥大化（市場メカニズムや市民社会の諸組織を軽視），経済成長中心主義（非経済争点の排除），画一性（市民の多様性を軽視），女性やマイノリティーの軽視といったバイアスがあった。競争志向段階では，中央政府の役割が相対化され，多様な主体の役割に注目が集まり，また多様化する個人への配慮がなされるなど，一定の改善が見られる。しかし，市民の主体性の強調，個人

の責任の強調(政府,市場,市民社会など,各主体の失敗の可能性を軽視),マイノリティーや女性の排除などといったバイアスも残されている。現実社会においては,これらの問題点を改善し,自由で公正な社会を作り上げていくことが必要となる。そのためには,政治哲学や社会理論の知見を手がかりに,自由で公正な社会がどのようなものであるかに関する規範的考察を行うことが不可欠となる。

　本章では,政治経済システムとしての福祉国家が変容する中で,公私関係がどのように変化してきたかを考察した上で,公私ミックス論への理論的含意や示唆を検討してきた。これまでの考察から,公私ミックス論を今後深めていく上での何らかの知見が得られるならば,本章の目的は達成されたことになる。

［追記］　本研究は,科学研究費補助金(課題番号26285140,15H03307,15K03314,23243021)の研究成果の一部である。ここに記して感謝したい。

注
(1) 本章は,政治経済システムとしての福祉国家の再編に関する筆者のこれまでの考察(加藤 2012,第二章)を基礎として,公私ミックス論の課題と展望を論じたものである。そのため,本章の内容には,上記の研究と一部重複がある。福祉国家再編をめぐる諸議論に関する批判的レビューや,本章の基礎となっている理論研究の詳細については,加藤(2012)を参照。
(2) 福祉国家の定義と近年の変容に関しては,以下の研究も参照(新川 2014；宮本 2013；小野 2000；近藤 2008；鎮目・近藤編 2013；富永 2001；武川 2007；圷 2012；Torfing 1998, C. Pierson 2007)。
(3) グローバル化の福祉国家に与える影響に関しては,福祉縮減への圧力が強まることを主張するものとして,以下を参照(Ellison 2006；Mishra 1999)。社会政策への新たなニーズを生むために一般的傾向としては縮減にならず,むしろ主体や制度の差異が重要であることを指摘するものとして,以下を参照(Garrett 1999；Swank 2002)。一般的なレビューとして,以下を参照(Sykes et al. eds. 2001；Bonoli et al. 2000；加藤 2012)。
(4) 例えば,ジェソップは,経済政策および社会政策の介入パターン,政策が実施される規模や単位,および経済社会問題への調整形態という四つの観点から,「ケインズ主義的福祉国民国家」から「シュンペーター主義的ワークフェアポスト国民的レジーム」(Jessop 2002)への移行と捉える。福祉国家の持続性を主張した議論として代表的なものは,(とりわけ初期の)福祉国家の新しい政治論である(P. Pier-

son 1994；2001）。「新しい社会的リスク」に注目する論者は，直面する社会問題の変化を重視し，「工業化時代の福祉国家」から「ポスト工業化時代の福祉国家」として捉える（Armingeon and Bonoli eds. 2005；Taylor-Gooby ed. 2004）。近年では，再分配ではなく，社会的投資に重点を置いた新たな国家形態が登場していることを指摘する研究もある（Morel et al. 2012）。

参考文献
圷洋一，2012，『福祉国家』法律文化社。
小野耕二，2000，『転換期の政治変容』日本評論社。
賀来健輔・丸山仁編，2000，『ニュー・ポリティクスの政治学』ミネルヴァ書房。
加藤雅俊，2012，『福祉国家再編の政治学的分析』御茶の水書房。
近藤康史，2008，『個人の連帯』勁草書房。
佐藤成基，2014，『国家の社会学』青弓社。
鎮目真人・近藤正基編，2013，『比較福祉国家』ミネルヴァ書房。
新川敏光，2014，『福祉国家変革の理路』ミネルヴァ書房。
新川敏光・井戸正伸・宮本太郎・眞柄秀子，2004，『比較政治経済学』有斐閣。
武川正吾，2007，『連帯と承認』東京大学出版会。
田村哲樹，2008，『熟議の理由』勁草書房。
─── ，2012，「福祉国家の変容とデモクラシー」齋藤純一・田村哲樹編『アクセスデモクラシー論』日本経済評論社。
富永健一，2001，『社会変動の中の福祉国家』中公新書。
西岡晋，2011，「福祉国家論とガバナンス」岩﨑正洋編『ガバナンス論の現在』勁草書房。
ボワイエ，ロベール（井上泰夫監訳），2007，『ニュー・エコノミーとは何か』藤原書店。
宮本太郎，2013，『社会的包摂の政治学』ミネルヴァ書房。
山田鋭夫，1994，『レギュラシオン・アプローチ（増補新版）』藤原書店。
─── ，2008，『さまざまな資本主義』藤原書店。
Armingeon, Klaus and Giuliano Bonoli (eds.), 2005, *The Politics of Post-industrial Welfare States*, Routledge.
Bell, Stephen and Andrew Hindmoor, 2009, *Rethinking Governance*, Cambridge University Press.
Bevir, Mark, 2012, *Governance*, Oxford University Press.（野田牧人訳，2013，『ガバナンスとは何か』NTT出版）
Bonoli, Giuliano, Vic George and Peter Taylor-Gooby, 2000, *European Welfare Future*, Polity Press.
Dryzek, John S. and Patrick Dunleavy, 2009, *Theories of the Democratic State*, Palgrave.
Ellison, Nick, 2006, *The Transformation of Welfare State ?*, Routledge.

Garrett, Geoffrey, 1999, *Partisan Politics in the Global Economy*, Cambridge University Press.
Hay, Colin, 1996, *Re-stating Social and Political Change*, Open University Press.
———, 2002, *Political Analysis*, Palgrave.
Held, David (ed.), 2000, *A Globalizing World ?*, Routledge.（中谷義和監訳, 2002,『グローバル化とは何か』法律文化社）
Jessop, Bob, 2002, *The Future of the Capitalist State*, Polity Press.
Lachmann, Richard, 2010, *States and Power*, Polity Press.
Lewis, Jane, 1992, "Gender and the Development of Welfare Regimes," *Journal of European Social Policy*, 2: 159-173.
Mishra, Ramesh, 1984, *The Welfare State in Crisis*, Wheatsheaf Books.
———, 1999, *Globalization and the Welfare State*, Edward Elger.
Morel, Nathalie, Bruno Palier and Joakim Palme, 2012, *Towards a Social Investment Welfare State ?*, Policy Press.
Pierre, Jon and Guy B. Peters, 2000, *Governance, Politics and the State*, Macmillan.
Pierson, Christopher, 2007, *Beyond the Welfare State ?* [3rd], Polity Press.
———, 2011, *The Modern State* [3rd], Routledge.
Pierson, Paul, 1994, *Dismantling the Welfare States ?*, Cambridge University Press.
Pierson, Paul (ed.), 2001, *The New Politics of Welfare States*, Oxford University Press.
Ruggie, John G., 1982, "International Regimes, Transactions, and Change: Embedded Liberalism in the Postwar Economic Order," *International Organization*, 36: 379-415.
Steger, Manfred B., 2009, *Globalization* [2nd], Oxford Univerity Press.（櫻井公人ほか訳, 2010,『新版・グローバリゼーション』岩波書店）
Steger, Manfred B. and Ravi K. Roy, 2010, *Neoliberalism*, Oxford University Press.
Sykes, Robert, Bruno Palier and Pauline M. Prior (eds.), 2001, *Globalization and European Welfare States*, Routledge.
Swank, Duane, 2002, *Global Capital, Political Institutions, and Policy Change in Developed Welfare States*, Cambridge University Press.
Taylor-Gooby, Peter (ed.), 2004, *New Risks, New Welfare ?*, Oxford University Press.
Torfing, Jacob, 1998, *Politics, Regulation and the Modern Welfare State*, Macmillan Press.

第2章

年金における公私ミックス

鎮目真人

1 はじめに：公私ミックスの解明に向けて

　OECD諸国を始めとする少子高齢化が進展した諸国では，公的年金制度の持続可能性が問題となる中で，高齢期の所得保障における公平性，安定性，効率性などに配慮しつつ，公的年金と私的年金（職域年金，個人年金）をどのように配分するのかということが課題になっている。公的年金については，支給開始年齢の引き上げ，給付乗率の削減，給付スライドのカットなどが「非難回避の政治」手法により，縮減される方向にある。他方，それを埋め合わせるために，個人年金や企業（職域）年金などの私的年金については拡充に向けた施策が相次いでいる。

　本章では，公的年金制度と私的年金制度の混合形態について，国際機関ではどのような形のものが提唱されているのかということを概観し，そのメリットやデメリットに関する議論を整理する。そして，それらをふまえ，18ヶ国（オーストラリア，オーストリア，ベルギー，カナダ，デンマーク，フィンランド，フランス，ドイツ，アイルランド，イタリア，日本，オランダ，ノルウェー，ニュージーランド，スウェーデン，スイス，イギリス，アメリカ）を対象に，私的年金制度について，その給付水準や規制をもとに類型化を行い，特徴を把握する。さらに，私的年金制度と公的年金制度との混合形態をFuzzy Sets Ideal Type Analysisにより明らかにし，最終的には，私的年金と公的年金との組み合わせの如何によってどのような問題が生じ，それを克服するためにどのような施策が日本で必要であるかということについて論じたい。

2 多柱型年金

　各国において年金制度の形態は多様であるが，世界銀行と ILO といった国際機関は年金制度の機能や財源，運営形態などを考慮に入れ，様々な形式の所得保障を組み合わせて老後の生活資金を保障すべきであると提唱している。

(1) 世界銀行

　世界銀行は，高齢化リスクや経済リスクを分散し，高齢期の生活保障を確実にするということを基本的な目標にすえて，公私の所得保障の混合形態を提唱している（表 2-1）。その中で，年金については，再分配機能と貯蓄機能を分離し，二つの別個の強制加入による柱で，それぞれ異なる金融組織と管理組織の下で運営するとしている（World Bank 1994：238-239）。さらに，より多くの給付を望むものについては，任意の所得保障制度によって，その充足がなされる必要がある。

　二つの柱のうち一つは，高齢期の貧困を回避し，民間市場の失敗などに対して共同保険を行うという限定された目的をもつ。それは，公的に管理され，税によって資金が調達され賦課方式で運営される。その形式は全ての年齢の貧困者を対象としたミーンズテスト付き年金，最低保障年金（minimum pension guarantee），広範な集団に対して共同保険を行う普遍的，あるいは，雇用と関連した均一給付型年金などの形態をとり得ると想定されている（World Bank 1994：239-242）。

　もう一つの柱は，給付はそれに要する費用と結びつけられ，全ての所得集団に対して所得の平準化または貯蓄機能の役割を果たす。それは強制加入で規制されてはいるが，民間で管理された完全積立方式である。その形式は個人貯蓄勘定または職域プランである。どちらの場合でも，強制加入の導入には慎重な規制が必要であるとされている（World Bank 1994：244-246）。

　最後の柱は，高齢期により多くの所得と保険を望む人々に対して付加的な保

表2-1 世界銀行の多柱プラン

	第1の柱	第2の柱	第3の柱	第4の柱
形式	ミーンズテスト付き年金、最低保障年金、定額給付年金	個人貯蓄プラン、職域年金プラン	個人貯蓄プラン、職域年金プラン	年金以外の公的な制度、インフォーマルな所得援助、個人的な金融資産や金融資産以外の財産
財源	税方式	規制措置のとられた完全積立方式	完全積立方式	公的財源／個人負担
運営	強制加入で公的運営	強制加入で民間運営	任意加入で民間運営	―

(出所) World Bank (1994：15) を一部改変。

障を提供するものである。具体的には、それは任意加入の職域または個人貯蓄プランとして位置づけられている (World Bank 1994：247-248)。

世銀は、既存の年金制度をふまえ、実行可能なプランとして、四つの形態の年金プランを推奨している（公的な定額年金＋強制加入の個人貯蓄勘定、公的な最低保障年金＋強制加入の個人貯蓄勘定、公的な定額年金＋職域年金、ミーンズテスト付き年金＋職域年金）(World Bank 1994：248-249)。

さらに世銀は、年金に限らず、他の所得保障のシステムを含んだ五つの柱からなる公私の所得保障の混合形態を2005年に提唱している。最初のゼロ番目の柱は、高齢者の貧困を防止するための基礎的な所得保障として位置づけられ、普遍的もしくは残余的な制度形態をとり、財源は税である。次の一番目の柱は、高齢者の貧困防止と消費の平準化 (consumption smoothing) のために、従前所得の一部を保障する所得保障制度として強制加入の所得比例の年金制度が構想されている。その財源は保険料で、運営形態は積立方式もしくは賦課方式である。続く二番目の柱は、消費の平準化を目的とした強制加入の職域年金、もしくは、個人年金プラン (personal pension plan) とされ、具体的には、完全積立方式による確定拠出年金か確定給付年金が想定されている。さらに三番目の柱として、第二の柱と同じく消費の平準化のために、任意加入の職域年金や個人年金プランとして、完全積立方式の確定拠出か確定給付の年金が位置づけられている。最後の四番目の柱は、高齢者の貧困防止と消費の平準化を目的に、任意の財政支援として、家族などによるインフォーマルな所得援助、年金以外の

表2-2　ILOの多柱プラン

3 階	形　式	個人貯蓄，稼働所得，家族からの援助，慈善的寄付，持ち家という形での資産
	財　源	個人負担
	運　営	任意加入で民間運営
2 階	形　式	部分積立制度，職域年金，個人年金勘定
	財　源	積立方式
	運　営	強制加入もしくは任意加入で国か民間運営
1 階	形　式	確定給付型年金，もしくは，観念的確定拠出型年金制度
	財　源	賦課方式
	運　営	強制加入で公的運営

公的な制度（ヘルスケアなど），個人的な金融資産や金融資産以外の財産（持家など）が想定されている（Holzmann et al., 2005：10-12；Holzmann et al., 2008）。

　全体として，世界銀行の多柱型年金は，すでに公的年金制度が発達した国における公的な所得比例年金への批判を出発点に，個人積立年金は効率的で資本市場の発展に寄与するインセンティブを付与するものとして，それに比重が置かれている（Hinz 2012）。

（2）ILO

　他方，ILOの所得保障に関する基本的な考えは，高齢者の貧困の防止と引退後の所得を低リスクで保障することであり，そのために，退職後の所得は再分配的な要素をもち，かつ，多様な財源によって支えられる必要があるとされている（表2-2）（Gillion et al. eds. 2000=2001：465-468=228-233）。

　ベースとなる社会的セーフティネットは貧困防止を目的とし，その形式としては，低所得高齢者のための資力調査，所得調査付給付，全ての者を対象とした普遍的定額型年金などが含まれる。一階部分の年金制度は伝統的な賦課方式の年金制度で，経済的リスクを全人口で分散するものであり，強制加入の確定給付型年金，もしくは，観念的確定拠出型年金制度である。これは，退職後の所得保障として最も重要な役割を果たすことが想定されている。二階部分の年

金制度は，強制加入もしくは任意加入（ただし多くは強制加入）で国か民間セクターによって運営される積立方式の年金制度である。その形式としては，一階部分の年金制度に上乗せされる部分積立制度，あるいは，職域年金や個人年金勘定などがあり得る。三階部分の年金制度は任意で補足的な非年金形式の退職所得保障である。これには，個人貯蓄，稼働所得，家族からの援助，慈善的寄付，持ち家という形での資産などが含まれる。

　ILOの多層型年金制度の世界銀行との違いは，賦課方式の年金制度に大きな比重が置かれている点だろう。ILOは賦課方式の年金制度は資本市場リスクに侵されないため，積立方式による諸年金と組み合わされることにより，退職後の所得のポートフォリオを分散させ，所得保障上のリスクを減じることができると主張している（Gillion et al. 2000=2001：468=233）。

3　公私の年金制度の性質と問題点

（1）世界銀行による公的年金制度の問題点

　私的年金制度の導入に最も影響を与えたのは世界銀行であろう。世界銀行は上記の通り，1994年に"Averting the old age crisis"（高齢化の危機を回避する）を公刊し，私的年金を所得保障の柱の一つに位置づけ，その導入を唱えた。そこで，世界銀行は「高齢者への保障の神話と現実」として，公的な年金保障を以下の視点から批判している（World Bank 1994：13）。

　神話1：高齢者は貧困であり，したがって，貧困を避けるための政府の計画は高齢者に向けられなければならない。

　現実：多くの国で，貧困率は高齢者より若年者の間で高く，小さな子どものいる家庭はその中でも最も貧困におちいっている。高齢者は，現在所得でなく生涯所得で見た場合，一層裕福である。その理由は高所得の者は高齢になるまで長生きし，他方，低所得の者は多くの子どもをもち，早死にする傾向があるからである。高齢者よりも，子どもをもつ若い家族をターゲットとすることのほうが，貧困を回避する上で適切な手段である。

神話2：公的な社会保障計画は累進的であり，所得を貧困高齢者に再分配している。

現実：給付の形式が累進的に見えても，以下の四つの要因が累進的な効果を無効にしている。①新しいプランがスタートした時に最初に対象となる人は通常，中・高所得者集団であり，彼らは概して巨額の移転を受けている。②再分配が1年を単位として計算される場合よりも，生涯期間を単位として計算される場合，富者が長生きする可能性が高いということによって，累進性が減じられたり，取り除かれたりする。③課税対象所得に上限が設定されることによって，貧者と富者との租税負担額の格差はそれほど大きくならなくなる。④多くの国で一般的であるが，給付の形式が所得比例であるような場合，高所得集団はより多くの給付を受給することが場合によっては可能なため，ネットの再分配効果は逆進的になり得る。

神話3：社会保障計画は，事前に確定した給付を保証することによって，年金受給者をリスクから救っている。

現実：給付の形式はしばしば変更されるので，実質的には政治的なリスクが残される。

神話4：政府だけがインフレなどの集団的リスクから年金受給者を守ることができ，多くの国がそうしている。

現実：多くの途上国で公的に管理されている高齢者に対する対策では，その給付がインフレスライドすることはない。そして，OECD諸国の多くも，過去には生計費に応じた数種の調整をしない場合もあった。インフレスライドを行わないことによって，実質給付価値を目減りさせ，実現不可能な給付の約束から逃れるのは，政府の常套手段である。インフレ傾向の強い国では，最もよい保険は年金基金の投資先が国際的に分散しているものである。それは，投資の決定が政府ではなく民間管理者によってなされる場合に可能となることが多い。

神話5：個人は近視眼的だが政府は長期的視点に立っている。

現実：政府は，長期的な給付を見越してというよりは，短期的な要求に基づ

いて高齢者対策についての決定を繰り返している。一つの例は，失業に対する一時的な解決手段として，早期引退計画を用いることである。それは，長期的には，労働力が失われることによって経済に負担をもたらし，また年金の支払いに要する巨額の費用といった形で公的に負担を負わせることになる。もう一つの例は，完全積立方式のかわりに賦課方式を用いることに示される。賦課方式は最初は寛大な給付を保障するが，長期的には貯蓄と成長を減退させ，年金額を低くする。

　神話6：政府の活動はまだ生まれていない世代の利益を守るために必要とされている。

　現実：多くの公的賦課方式は制度が導入された時に30歳から50歳までの年齢の勤労者に対して，ネットで見て最も多くの給付を保証する。これらの勤労者の子どもや孫は，制度が成熟し，人口統計上の変化が進展するにつれて，マイナスの移転を受けることになるであろう。

　以上から，公的年金制度は，高コスト労働，資本市場の歪みや高所得集団への不当な再分配，高齢者に対する保障の失敗という事態を生み出し，その結果，それは，効率的でも公正でもなく，また制度の維持も可能ではないと結論づけられている。

　他方，完全積み立てによって民間で管理・運営される年金制度では，①保険数理を考慮した上で，給付はそれに要する費用と結びつけられるため，拠出への誘引が高まる，②全ての所得集団に対して所得の平準化または貯蓄機能の役割を果たす，③公的な柱に生じる傾向のある経済や政治上の歪みが回避できる，④完全積み立ては資本蓄積を促進して金融市場が発展するため，経済成長が生じて，公的な柱の資金調達が容易になる，とその利点が挙げられている。

（2）私的年金制度の問題点

　世界銀行は上記のように公的年金制度に異を唱え，二階部分の年金を民営化すべきだと主張したが，私的年金制度（個人年金，職域年金）についても経済的な視角，あるいは，社会的な視角から様々な問題が指摘されている。

ILO の Beattie と ISSA の McGillivaray は，その問題点として，市場収益率の変動等にともなう給付の不確実性，年金積立金が資本市場で有効に吸収されない可能性，インフレリスク，民間年金における管理費用の高さや規制の欠如の可能性，低賃金労働者について政府の最低保障がなされずに給付の不十分性が生じる可能性，賦課方式から積立方式への移行に際して生じる「二重の負担」などの問題を指摘している (Beattie and McGillivaray 1995)。また，ケンブリッジ大学の Singh は，チリの年金改革の結果生じている問題点（制度加入者の拠出金未納率の高さ，管理費用の高さなど）を整理した上で，年金積立金と資本市場の発達や経済成長との結びつきにも疑問を呈している (Singh 1996)。

世界銀行の説く私的年金制度の有効性に対して，最も包括的に反論しているのは Orzag と Stigliz であろう (Orzag and Stigliz 2001)。彼らは，完全積み立てで民間で管理・運用される個人勘定を備えた確定拠出年金制度を以下の点から批判している。

①マクロ経済的な神話

神話1：個人勘定による年金は国民貯蓄を増加させる。

批判：個人勘定を新たに創出しても，従来まで貯蓄として蓄えられていた分がそれに振り替えられるだけで，私的貯蓄の総量に変化は生じない。また，公的な賦課方式から積立方式の年金制度に移行する場合，積立金の財源調達のために国債を発行しなければならない。そうした場合，潜在的な年金債務が顕在化するだけで国全体の貯蓄量に変化は生じない。

神話2：個人勘定は収益率が高い。

批判：個人勘定での高額な管理費用は収益率を低くさせる。また，個人勘定制度に移行したとしても，当面は現行の制度を維持しなければならず，そのための費用がかかるため，収益率が低下する。賦課方式の年金制度から個人勘定の制度に移行する場合，積立金の原資を国債発行に頼っても，そのための利払い費が生じるため，個人勘定の収益率はその分低下する。

神話3：賦課方式の下での収益率の低下は，年金制度に根本的な問題を引き起こす。

批判：賦課方式の制度導入初期にすでに高齢になっていた者に対して，生活保障の途を政府が講じることは政治的に避けられない。その結果，前の世代ほど通常よりも高い収益率を保障せざるを得ない。こうした事実は，新たに個人勘定制度を導入したとしても，打ち消すことはできない。

神話4：証券市場における公的な信託投資はマクロ経済的な効果や経済厚生上の効果をもたらさない。

批判：情報収集コストなどに起因する市場の不完全性を前提とすれば，公的な投資信託による証券市場における分散投資は経済的な厚生を増加させる。例えば，資本市場へのアクセスが制限されている家計にとっては，政府による公的な投資信託は経済的な厚生を増加させる。さらに，部分積立制度──収益率は，非積立によって決まる収益率（収益率が賃金上昇率によって決定される）と積立によって決まる収益率（収益率が市場によって決定される）からなる──は，完全積立制度の場合よりもリスクが小さくなる。

②ミクロ経済的な神話

神話5：個人勘定の下では労働市場における労働供給に関する誘引がより強い。

批判：例えば退職時に重税を課すなどの形で，そのリスクを高めることによって，労働供給へのインセンティブを高めることがことできるが，それは福祉的な厚生を犠牲にすることになる。したがって，労働供給への誘引の増加そのものを目的にすべきではない。また，そもそも，労働市場に存在する歪みを前提とすれば，年金制度が労働供給に対してどのような影響を与えるかはっきりしない。さらに，個人勘定に移行する際にその費用を国が借り入れで賄おうとすれば，税の引き上げが必要となり，労働供給への誘引が減じる可能性がある。

神話6：確定給付制度の下では早期退職への誘引が必然的に強くなる。

批判：早期退職に影響を与えるのは，次の3点──追加的な労働に対する給付の増加率（追加的な給付に対する税や保険料のあり方），年金の受給を遅らせた場合の保険数理的な給付調整の仕組み，収入に応じて給付を減少させる仕組み──である。そのため，早期退職は公的な確定給付によって必然的にもたらさ

れるわけではない。

神話7：個人勘定の下では競争によって管理コストが安くなる。

批判：個人勘定の管理コストはその仕組みによって決まるのであって，競争によって必然的に安くなるわけではない。分散したファンドの運営よりも統一した大きなファンドの方がスケールメリットが生じるため管理コストは安くなる。

③政治経済的な神話

神話8：腐敗した非効率な政府の存在によって，個人勘定による制度は正当化される。

批判：政府にとっては，民間企業の投資行為を監視するよりも，公的なファンドによる国債や証券投資の方が不正を監視しやすい。民間企業の投資を監視するには複雑な制度を作らざるを得ず，そうした中にあっては，民間企業が政府を贈賄して非透明な制度を認めさせる行為が生じ，腐敗した政治がもたらされる可能性がある。また，そもそも根本的な問題として，不正行為や非効率は個人勘定でも政府による確定給付制度と同様に生じ得る。

神話9：公的な確定給付制度の下での政府支出に対する圧力は私的な確定拠出制度より大きい。

批判：公的な確定給付制度と比べて私的な確定拠出制度がどの程度政府支出を必要とするかは，前もって分からない。それは複雑な政治的合意によって決まり，国によって違う。例えば，政府が個人勘定に対して利回り保証をしている場合には，政府支出への圧力が高まる。

神話10：公的な投資信託は常に浪費され，健全には運営されない。

批判：そもそも，この神話は完全な資本市場が成立する場合に成立し得るが，完全な資本市場は実際には存在しない（特に途上国において）。現実には全ての公的投資信託の運営がうまくいっていないわけではない。競争的な収益率を追求する義務が法制化され，資金調達において独立した組織と財源をもつ健全なコーポレートガヴァナンスの整った公的年金基金は年金基金の投資の際に発生する陥穽を避けることができるだろう。

以上の批判を整理すると，批判の内容は次の4点に整理することができるだろう（山本は批判の内容を，理論的にも実際上も決定的に違う，理論的には違うが実際上は程度の差でしかない，理論的にも差がなく，実際上には差が出る，理論的にも実際上も差がない，の4つに分類している［山本2001］）。それは，①私的年金のメリットとされているものが理論的に検討すると疑わしいもの（神話1，4，7），②私的年金のメリットが発生するかどうか現実に私的年金が運営される諸条件を考慮すると疑わしいもの（神話2，3，5，7，8，9），③私的年金で生じるとされるメリットは制度の設計次第では公的年金でも生じ得るもの（神話6，8，10），④私的年金のメリットとされるものが公的年金への移行を考慮すると帳消しにされるもの（神話1，2，5），である（鎮目 2010a : 31-40）。私的年金は公的年金を単純に代替できるものではなく，公的年金制度と組み合わさった場合に，どのような結果がもたらされるかについて留意する必要がある。本章では，そうした公私の年金ミックスのタイプとそれによる貧困防止効果というアウトプットに着目して考察をすすめる。

4　私的年金制度の多様性

本章で取り上げる私的年金は各国において主要な位置を占めるもので，職域年金，個人年金など多様な形態がある。そこで，そうした私的年金を概観し，それについて類型化することによって，その特徴を把握したい（鎮目 2011 : 93-107）。

（1）各国の私的年金制度

私的年金といわれるものは，大別すれば，職域年金と個人年金に区分することができる。国によって状況は異なるものの，職域年金は私的年金の中で大きな位置を占める。職域年金は企業が従業員に対して加入を認めるもので，公的年金を補完する役割をもつとされる（OECD 1997＝1997）。他方，個人年金には自営業者など事業主による職域年金が提供されない者が加入するものや個人で公的年金や職域年金を補完するために加入するものなどがあり，多様な役割を

果たす。18ヶ国の制度の概観は以下の**表2-3**のとおりである（OECD 2008）。

　デンマーク，フィンランド，ノルウェー，スウェーデン，オランダなどの職域年金には産業広域年金制度（Industry-wide pension plan）と呼ばれる制度がある。この制度はある産業に従事する従業員を広くカバーして労使団体によって運営され，給付も確定拠出型のものが比較的多い。これと対照的なのが，アメリカやイギリスの制度で，ここでは税制上の優遇措置を受けて掛け金を拠出し，個人ベースで資産の運用を図るという形式をとっている。

　他方，オーストリアやベルギー，ドイツなどでは，企業が中心となり（複数の企業で共同することもある），従業員のために複数のプランの中からいくつかのプランを選択して提供する形が一般的である。複数のプランとしては，引当金制度（Book Reserve：企業が企業資産の中から引当金をバランスシートに計上して直接給付するもの），共済ファンド（Support funds：有限会社形態の独立機関である共済ファンドを企業が設立するもの），年金金庫（Pension institutions：労使双方が拠出する独立機関である金庫［基金］を企業が設立するもの），年金ファンド（Pension funds：企業が独立機関としてファンドを設立するもの），直接保険（Direct insurance：企業が従業員を被保険者として生命保険会社と保険契約を結ぶもの）などがある。日本の制度も従来はこれに類似して，企業が年金ファンド形式の厚生年金基金や直接保険形式に近い税制適格退職年金などの確定拠出型プランを従業員に対して提供してきた。しかし，2001年に「日本版401K」と呼ばれるアメリカの制度に近い確定拠出型年金（企業が従業員を加入させる企業型と個人が自由に加入する個人型）が制度化され，多様化が進んでいる。

　その他，特徴的な制度としては，フランスの職域年金制度（AGIRC, ARRCO）がある。この制度は所得比例の一階部分の公的年金（一般制度）を補完するものと位置づけられて加入が強制される上，運用が公的年金と同様に賦課方式で行われている。

第Ⅰ部　生活の安心と社会保障の公私ミックス

表2-3　18ヶ国の私的年金制度

国　名	制度概要
オーストラリア	企業による強制積立制度（スーパーアニュエーション）で，スーパーアニュエーションファンドを通じて給付を保障。 給付形態の多くはDC型であるが，ごく少数DB型もある（ただし，多くのDB型では新たな加入者に対し給付停止）。
オーストリア	年金ファンド，職域団体保険，引当金制度，共済ファンドなど複数の制度から企業がいくつかを選択し従業員に提供。 加入は任意，給付形態は制度に応じDC型とDB型。
ベルギー	年金ファンド，団体保険などがあり，企業が選択し従業員に提供。団体保険は複数の企業が共同で職域年金を設立することグループで契約する形式を採用。 給付形態はDC型とDB型両方あるが，最近はDC型が増加。
カナダ	職域年金は企業単数か複数の企業単位で提供され，登録型年金（RPP：Registered Pension Plan）と非登録型年金がある。 RPPはカナダ歳入庁に登録することで税制上の優遇措置がある。 非登録型年金の多くは，退職補償，補足年金等で高給者に補足的プランを提供。その他，個人年金として個人登録退職貯蓄（PRRSP：Private Registered Retirement Savings Plans）がある。 給付形式はRPPにはDC型とDB型があり，ほとんどがDB型，RRSPはDC型。
デンマーク	産業単位で提供される産業年金と企業単位で提供される企業年金がある（ただし，従業員の50％以上をカバーする必要）。 産業年金は強制加入，給付形態はDC型とDB型の両方あり，ほとんどがDC型。
フィンランド	職域年金は被用者年金保険法で強制的な所得比例年金の設立が義務づけられる。 設立形式は事業主による産業年金，企業年金，事業主が保険会社と契約を結ぶ保険型年金などがある。 給付形式はDB型。
フランス	職域年金（補足制度）は，給与が一定以上の被用者（幹部職員）を対象としたAGIRC，それ以外の一般被用者を対象としたARRCOがある。両者は公的年金（一階部分）を補完する部分と位置づけられ，強制加入。個人年金は三階部分の保障。 給付形態はAGIRCとARRCOがDC型，それ以外はDC型もしくはDB型の両方。
ドイツ	職域年金は引当金制度，直接保険，年金金庫，年金ファンド，共済ファンドの中から企業が二つ以上の制度を選択する。 リースター年金は企業年金のほか個人年金でも加入可能。 給付形式はリースター年金はDC型，それ以外はDC型，RRSPはDC型。
アイルランド	企業提供の職域年金と職域年金をもたない者の個人退職貯蓄年金がある。 給付形式はDC型，DB型の両方あり，最近はDC型が主流。
イタリア	職域年金として企業が従業員に提供するクローズド年金ファンドと金融機関によるファンドで誰でも加入できるオープン年金ファンドがある。 給付はDC型。
日　本	企業提供の厚生年金基金，確定給付企業年金（規約型，基金型），企業型確定拠出年金，税制適格退職年金，個人で加入する個人型確定拠出年金などがある。給付形式はDB型を除き，DC型もしくはDB型。ただし，税制適格退職年金では一括払いが主流。
オランダ	産業単位の合意で設立する産業年金と，企業が生命保険会社と契約しグループ保険を提供する企業年金がある。産業年金は準強制的加入である。 給付形式は，産業年金はDC型，企業年金はDC型もしくはDB型。
ノルウェー	企業設立の確定給付型年金，企業と保険会社による確定拠出保険，企業による年金ファンド（pension fund），企業と金融機関による確定拠出貯蓄などがある。企業は必ずこのうちのどれかを提供しなければならない。 給付はDB型もしくはDC型。
ニュージーランド	職域年金はスーパーアニュエーション計画法（1989年）に合致した登録型スーパーアニュエーション（信託型）と法定外任意設置の非登録型スーパーアニュエーションがある。 給付形式はDB型とDC型の両方あり，登録型スーパーアニュエーションはDC型で一括払いが一般的，2007年から18歳以上（勤労者）が自動加入するDC型の年金（キュイウ貯蓄）を導入（自営業者やその他個人も加入可能）。
スウェーデン	中心的職域年金はホワイトカラー対象のITP，ITPを補足するITPK，ブルーカラーを対象にしたSAF-LOがある。公務員独自の制度もある（地方公務員―KAP-KL，国家公務員―PA03）。 ITPは，スウェーデン企業連盟に加入する団体の月給従業員がいる企業にITP団体協約制度を保有することを義務づけている。 給付形式は，ITPはDB型，ITPKとSAF-LOはDC型，その他はDB型もしくはDC型。
スイス	職域年金（BVG）が中心的な制度で，企業は年金金庫を通じて，従業員に保障することが義務づけられている。その他，企業が任意で従業員に適用するZBGもある。 給付形式はBVG，ZBGともDC型とDB型両方あり，BVGはDC型給付（マネーパーチェスプラン），ZBG給付はDB型。
イギリス	報酬比例の公的年金である国家第二年金の適用除外職域年金とステークホルダー年金を中心とする中流所得者向け個人年金がある。 適用除外職域年金はDC型とDB型，個人年金は通常DC型。
アメリカ	確定給付年金と確定拠出年金がある。確定拠出年金の多くは401K型年金で，同制度では年金から金銭が引き出されるまで，年金への拠出金と拠出金の運用益に対する課税は延期されている。確定拠出年金は資産始めの50％ほどで近年増加している。

（注）確定拠出型を「DC型」，確定給付型を「DB型」とする。
（出所）OECD（2008）より筆者作成。

（2）私的年金制度の類型

①私的年金のガヴァナンス

Rein and Turner（2004）は，私的年金制度を導入形態，方法，提供者の種類などに応じて，**表2-4**のように四つに類型化している。ここで，税制優遇措置付きの任意加入型年金にはアメリカの401Kプランのような確定拠出型の年金，適用除外型年金にはイギリスで第二国家年金（State Second Pension）の適用除外として認められている私的年金や日本の厚生年金基金，労働協約型年金にはスウェーデンのホワイトカラー向けのITPやブルーカラー労働者向けのSAF-LO，国家による強制加入型年金にはオーストラリアのスーパーアニュエーション（Superannuation）のような報酬比例の職域年金が当てはまると考えられる。

他方，Hippe（2009）は積立方式の特徴をより詳細に区分し，類型化を行っている。その類型化の対象となる積立方式にはスウェーデンのプレミアム年金といった公的年金を一部含んでいるが，積立方式の年金の多くは私的年金であるため，その類型化を考える上で有用である。Hippe（2009）によれば，積立方式をとる年金では，その信頼性，効率性，公平性を担保するために，近視眼性の是正，給付の不確実性への対処，選択リスクの回避，管理費用の増大の防止が重要であるとされている。そして，どのような運営責任の下でそれらの措置がどのように講ぜられているかによって，社会民主主義的ガヴァナンス戦略に基づく年金，社会自由主義的（social liberal）ガヴァナンス戦略に基づく年金，新自由主義的ガヴァナンス戦略に基づく年金の三つに私的年金のタイプを類型化している。

社会民主主義的ガヴァナンス戦略とは，国や社会的なパートナーシップに基づく団体の下で，国もしくは産業レベルで運用され，対象者を強制加入させ，失業者や子育て中の者に対しては保険の管理・運用者が保険料を支払うことが一般的である。年金給付は確定給付で平均賃金の一定水準に固定され，その費用負担に関する金融市場のリスクは世代間でシェアされる。資金は国や労使の団体の責任の下で，規模の経済効果を生かして管理費用を削減することを目指

表2-4 私的年金制度の導入形態，方法，提供者

私的年金制度の導入形態（pathways）	方法（plans）	提供者（sponsors）	代表的な国
税制上の優遇措置のある任意加入	任意の上乗せ（add-on）	雇用者，個人，組合	アメリカ，カナダ
適用除外（contracting out）	任意の代替（carve-outs）	雇用者，個人	イギリス，日本
労働協約	準強制的な上乗せ	雇用者，組合	スウェーデン，デンマーク，ドイツ，フィンランド，ノルウェー
強制加入（mandatory）	強制的な上乗せ，代替	雇用者，個人	オーストラリア，スイス，オランダ

（出所）　Rein and Turner（2004：252），Table 9.1を一部改変。

し，統一的に管理・運用される。そして，加入者の要求は加入者団体を通じて汲み取る仕組みになっている。

　社会自由主義的ガヴァナンス戦略とは，資金の管理・運営を社会（国や加入者団体）と個人とで分担しながら行うもので，ガヴァナンスにおける社会と個人の権限は社会民主主義的ガヴァナンスほど社会に与えられていないが，かといって新自由主義的ガヴァナンスほど個人に偏っているわけではなく，両者の中間的な位置にある。制度の適用については，加入者の近視眼性を防止するために，適用除外を認めつつ，加入対象者を自動的に加入させる仕組みをとっている。ただし，加入者に対する国庫扶助は必ずしも制度化されていない。給付の不確実性のリスクは一定程度の利率保障やライフサイクルファンド運用を通じて分散され，加入者が高齢になるのに従って，資金運用は株式からより安定性の高い債権などに移行するのが一般的である。選択リスクは，公的に規制されたインデックスファンドからなる限定的な「制度市場（institutional market）」で個人が資産運用を行うことで軽減される。資産を中央で集めて管理運用することによって規模の経済性を発揮させ，管理費用は一会計あたり一定以下に抑えられる仕組みとなっている。

　新自由主義的ガヴァナンス戦略とは，市場での競争と退出に重きを置いて，

個人に運用責任を担わせるものである。近視眼性は消費者主権を確立することによって克服されると想定されている。また，金融不況，管理費用の増加，不適切な金融商品や供給者などに対処するために，市場の自由化や透明化を徹底する措置が講じられる。

　Hippe（2009）は近年各国で行われている私的年金改革により，多くの国の制度は先に挙げた類型にきっちりと収まらないハイブリッド化が進んでいると指摘しているが，先の私的年金に対する四つの措置（近視眼性の是正，給付の不確実性への対処，選択リスクの回避，管理費用の増大の防止）がどのように行われているのかということに応じて，各国の私的年金を類型化している。それによれば，社会民主主義的ガヴァナンス戦略型の年金の代表はフィンランドの被用者年金（TEL），社会自由主義的ガヴァナンス戦略型年金の代表はイギリスで現在検討中の国家年金貯蓄計画（national pension savings scheme），そして，新自由主義型的ガヴァナンス戦略型年金の典型はアメリカの401K型年金とカナダの職域登録型年金プラン（occupational registered pension plans）と個人登録退職貯蓄プラン（private registered retirement savings plans）としている（表2-5参照）。

　Leisering（2005）によれば，社会政策における規制は社会的な公正や再分配を行うことを目的にしたものと，経済活動の活性化を目的に行われるものとがある。それをふまえれば，私的年金をコントロールする方策として，社会民主主義的ガヴァナンス戦略はより社会的な規制に基づいたものであり，他方，新自由主義的ガヴァナンス戦略はより経済的な規制に基づいたものだといえるだろう（社会自由主義的ガヴァナンス戦略はその中間に位置する）。私的年金といえども，どのような戦略が取られるかによって，運営主体や受給者などに対する影響は異なる。

②私的年金の合成指標と私的年金制度に対する規制

　私的年金を特徴づけるには，上記のような私的年金のガヴァナンスといった運営や規制の側面の他に，私的年金の普及度といった量的な側面も考慮する必要があるだろう。両者は同一次元に属するものではなく，例えば，私的年金の普及度が同じ水準でも，その運営や規制のあり方によって私的年金の果たす役

表2-5　積立方式年金の類型化

タイプ＼争点・問題	社会民主主義的ガヴァナンス戦略	社会自由主義的ガヴァナンス戦略	新自由主義的ガヴァナンス戦略
制度の運営責任	国家や労使などからなる団体	国家によるサポートと個人	個人
近視眼性	強制加入	自動加入（ただし，加入に対する選択権あり）	個人による任意加入
給付の不確実性	確定給付と世代間のリスクシェア	最低予定利率保障または終身保険	確定拠出
選択のリスク	加入者の資産を集合的に管理・運営，非競争的な保険者による運営，加入団体による交渉	公的に規制された多様なインデックスファンドに限定された制度的市場における個人選択	競争的な保険者と個人の完全な選択
管理費用	独占的なコーポレートファンドもしくは公的ファンドでの資産管理による経費削減	規制された市場で全ての保険料を運用することによる管理費用の上限設定（一会計あたり運用資産の1％を下回るよう管理費用の上限を設定）	保険者間の競争の促進による経費削減

（出所）　Hippe（2009：46）。

割は大きく異なり得るし，逆に同じように運営や規制の措置がとられていても，その普及の度合いが異なれば，やはり，私的年金の位置づけに違いが生じるだろう。そこで，本章では，運営・規制的側面と量的側面の二つの変数に基づいて，私的年金の類型化を行いたい。運営・規制に関する変数は，上記のHippe（2009）の年金ガヴァナンス戦略に基づいて変数（近視眼性，給付の不確実性，選択リスク，管理費用などに関するもの）を作成し，量的な変数は，De Deken（2013）が作成した私的年金の合成指標（Compound Index）を用いる。

　私的年金の運営や規制では，Hippe（2009）の議論を敷衍すると，近視眼性を左右するものとして加入形式が強制加入か任意加入かといった加入形式に関する規制，給付の不確実性を左右するものとして給付形式が確定拠出型か確定給付型かといった給付形式に関する規制，選択リスクや管理費用に影響を及ぼすものとして制度の運営が労働協約によって労使の代表などからなる団体形式で運営されているか，企業もしくは個人単位で運営されているかどうかといっ

第2章　年金における公私ミックス

た管理・運用形式に関する規制が重要であろう。そこで，そうした点を考慮に入れて，運営・規制に関する変数（規制）として，三つの変数（①加入形式，②給付形式，③管理・運用形式）の値を合計した合計得点を以下のように構築した。

　①加入形式：法律によって企業に従業員にプランを提供することが義務づけられている制度がある場合に 3（オーストラリア，フィンランド，フランス，ノルウェー，スイス），産業年金のように労使の集団的合意に基づき，準強制的な加入の仕組みをもつ制度がある場合に 2（オランダ，スウェーデン），企業が任意に提供したり，個人加入する制度の場合に 1（上記以外の国）とする。

　②給付形式：確定給付型のみかそれが給付の主流となっている場合に 3（カナダ，フィンランド，オランダ），確定給付型と確定拠出型の給付が混在している場合に 2（オーストリア，ベルギー，ドイツ，日本，ノルウェー，イギリス，アメリカ），確定拠出型年金のみかそれが給付の主流になっている場合に 1（上記以外の国）とする。

　③管理・運用形式：労使の集団かもしくは加入者の意見を組み入れるための運営委員会（advisory board）などの下で，制度の管理・運用がなされている場合に 3（デンマーク，フィンランド，フランス，オランダ，ノルウェー，スウェーデン），それ以外の場合に 1（上記以外の国）とする。

　規制の変数は，Hippe の類型論に対応しており，この値が最も高い場合には社会民主主義的ガヴァナンス戦略，中間値の場合には社会自由主義的ガヴァナンス戦略，最小値の場合には新自由主義的ガヴァナンス戦略を意味する。

　他方，私的年金の量的側面を測る変数としては，De Deken が考案したように，そのカヴァレッジや財政規模など多様な点を考慮に入れる必要がある。De Deken は，公的年金制度の所得代替率，年金の積立額（対 GDP 比），私的年金支出額（対公的年金支出比），私的年金のカヴァレッジの四つの指標の平均から合成指標を作成しているが，本章でも私的年金の量的側面を捉える上で，この指標による変数（合成指標）を用いた（De Deken 2013）。データは2007年を中心にその前後の値である。ただし，本章では，18ヶ国を対象としているため，De Deken のデーターセットに入っているルクセンブルク，スペイン，ポルト

ガルを抜いて，合成指標を再計算した。

　この指標における公的年金の所得代替率は，様々な所得水準の被保険者を想定し（平均賃金を稼得する労働者，平均賃金の半分を稼得する労働者，平均賃金の1.5倍を稼得する労働者），それらを平均した代替率であり，それが高ければ，私的年金制度をクラウディングアウトし，逆にそれが低ければ，公的年金よりも私的年金制度を選ぶ余地が大きくなると想定されている。また，積立額には，年金積立金（Pension Funds），引当金（Book Reserves），年金保険料の積立金（Pension Insurance）などが含まれる。私的年金支出額は国や自治体によって運営される公的年金以外の年金支出であるため，年金の管理がどれほど民間部門によって担われているのかということを指し示すものになっている。私的年金のカヴァレッジは，民間で運営される最も高い私的年金制度の保険料率とそのカヴァレッジを掛け合わせた値で構成されており，公的年金の代替率指標と同じく，私的年金制度へのクラウディングアウトの程度を測るものとされている。総じて，この合成指標は各国の年金制度の民営化度合を量的に測るものであるといえるだろう（表2-6参照）。

　図2-1は二つの変数（規制，合成指標）を組み合わせて四つの象限に区切り，私的年金制度を類型化したものである。第一象限には，規制，合成指標とも大きいグループ（デンマーク，オランダ），第二象限には，合成指標は低いが規制が強いグループ（フィンランド，フランス，ノルウェー，スウェーデン）第三象限には，規制，合成指標とも小さいグループ（オーストリア，ベルギー，ドイツ，イタリア，日本，ニュージーランド），第四象限には，合成指標は大きいが規制は弱いグループ（オーストラリア，カナダ，アイルランド，スイス，イギリス，アメリカ）が該当する。第一象限のタイプは職域年金制度が公的な報酬比例年金を代替しているもの，第二象限のタイプは職域年金制度が公的な報酬比例年金を補完しているもの，第三象限のタイプは個人年金や職域年金が報酬比例年金を補完しているもの，第四象限のタイプは，個人年金が報酬比例年金を代替しているものといった特徴が見受けられるだろう（詳しくはOECD［2011］のCountry Profilesも参照）。

第2章 年金における公私ミックス

表2-6 私的年金制度の合成指標と規制

国　名	合成指標	規　制
オーストラリア（Aul）	6.98	4.90
オーストリア（Aus）	2.78	4.00
ベルギー（Bel）	4.12	4.00
カナダ（Can）	5.97	4.90
デンマーク（Den）	6.37	5.80
フィンランド（Fin）	3.77	8.52
フランス（Fra）	3.36	6.71
ドイツ（Ger）	3.86	4.00
アイルランド（Ire）	5.61	3.09
イタリア（Ita）	3.15	3.09
日本（Jpn）	4.53	4.00
オランダ（Net）	7.12	7.61
ノルウェー（Nor）	4.18	7.61
ニュージーランド（Nz）	4.11	3.09
スウェーデン（Swe）	4.95	5.80
スイス（Swz）	7.10	4.90
イギリス（Uk）	6.02	4.00
アメリカ（Us）	6.00	4.00

図2-1 私的年金類型

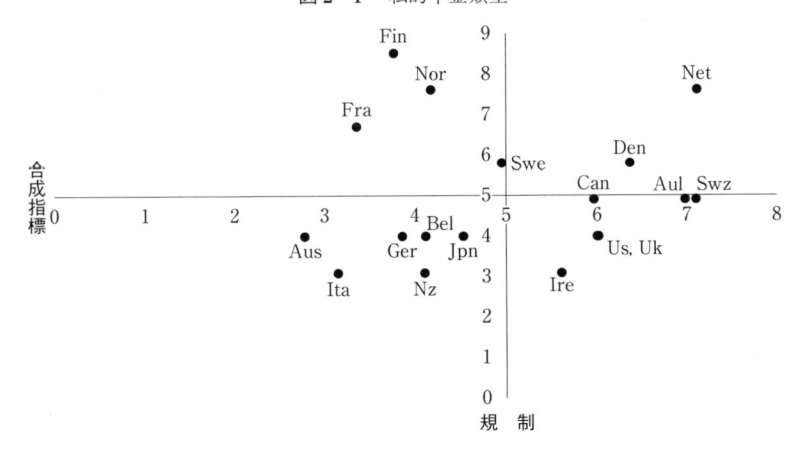

第Ⅰ部 生活の安心と社会保障の公私ミックス

5 公私の年金ミックス

(1) 公的年金と私的年金のパターン

ここでは，先にふれた世界銀行やILOで示された多柱型の年金制度をふまえ，最低保障年金（M），報酬比例年金（S），私的年金（P）の三つの変数を組み合わせて公私の年金ミックスのパターンについて，Fuzzy Sets Ideal Type Analysis を行って分析する（三つの2値変数の組み合わせは $2^3 = 8$ つのパターン）。Fuzzy Sets Ideal Type Analysis とは，K個の条件をもとにそれぞれが2値（〜である，〜でない）をとるとして 2^K 個の理念形を作成し，分析対象がどの理念形に属するのかについてファジィメンバーシップ得点（Fuzzy membership score）をもとに算出するものであり，その値が平均値である0.5を超える場合には，そのケースはその理念型に属するとみなして分類を行う（Ragin 2008；鎮目 2013）。

データについては，最低保障年金と報酬比例年金に関しては，Scruggs らによる CWED（The Comparative Welfare Entitlements Dataset）による夫婦の最低保障年金と報酬比例年金のデータを用いた（ただし，私的年金のデータの年度にほぼ対応させるため，2003年から2007年までの5年間の平均をとった値 [http://cwed2.org/，2015年3月25日最終アクセス]）。ここで，世帯単位の年金データを用いたのは，多くの国では世帯単位の年金制度が主流になっており，比較がしやすいからである。また，私的年金に関するデータは De Deken による合成指標であり，私的年金制度の普及度合いを量的に測るものである。それぞれのデータについては，最小値が0，最大値が10，平均が5に基準化を行ったのち，ファジィメンバーシップ得点を算出するために，フルメンバーシップ得点（あるカテゴリーのメンバーに完全に属するとする値）を10，クロスオーバーポイント（あるカテゴリーのメンバーに該当するかどうかの閾値）を5，フルノンメンバーシップ得点（あるカテゴリーのメンバーには完全に属さないとする値）を0としてキャリブレーションを行った。

第2章　年金における公私ミックス

　Fuzzy Sets Ideal Type Analysis の結果は，以下の通りであり，メンバーシップ得点の組み合わせの値がクロスオーバーポイントである0.5を超えるものを各国の年金の理念形とみなしている（表2-7参照）。

・準世界銀行型：最低保障年金，報酬比例年金，私的年金とも高い（M*S*P）：カナダ
・世界銀行型：最低保障年金と私的年金が高く，報酬比例年金は低い（M*~S*P）：デンマーク，オランダ
・ILO 型：最低保障年金と報酬比例年金が高く，私的年金は低い（M*S*~P）：オーストリア，イタリア，ノルウェー，スウェーデン
・最低保障年金型：最低保障年金だけが高く，報酬比例年金と私的年金は低い（M*~S*~P）：フランス，ニュージーランド
・準私的年金型：報酬比例年金と私的年金が高く，最低保障年金は低い（~M*S*P）：アメリカ
・私的年金型：私的年金だけが高く，最低保障年金と報酬比例年金は低い（~M*~S*P）：オーストラリア，アイルランド，スイス，イギリス
・報酬比例年金型：報酬比例年金だけが高く，最低保障年金と私的年金は低い（~M*S*~P）：ベルギー，フィンランド，日本
・準報酬比例年金型：最低保障年金，報酬比例年金，私的年金とも低い（~M*~S*~P）：ドイツ

　世界銀行が想定しているモデルに近いのは，最低保障年金と私的年金の水準が高いモデルであり（M*~S*P），それにはデンマーク，オランダがあてはまる。最低保障年金と私的年金の水準に着目すれば，カナダのモデル（M*S*P）もそれに近いものといえる。また，ILO のモデルは，最低保障年金と報酬比例年金の水準が高いモデルであり（M*S*~P），オーストリア，イタリア，ノルウェー，スウェーデンがそれに該当するといえるだろう。その他のモデルは，最低保障，従前所得保障，私的年金保障などのうち，いずれかに比重の置かれたモデルであり，最低保障年金型，（準）報酬比例年金型，（準）私的年金型，などと区分することができる（分析ではドイツは相対的に最低保障年金，報酬比例年金，

第Ⅰ部　生活の安心と社会保障の公私ミックス

表2-7　公私ミックス

Country	準世界銀行型 (M*S*P)	世界銀行型 (M*~S*P)	ILO型 (M*S*~P)	最低保障年金型 (M*~S*~P)	準私的年金型 (~M*S*P)	私的年金型 (~M*~S*P)	報酬比例年金型 (~M*S*~P)	準報酬比例年金型 (~M*~S*~P)
カナダ	<u>0.64</u>	0.3	0.36	0.3	0.33	0.3	0.33	0.3
デンマーク	0.39	<u>0.61</u>	0.31	0.31	0.38	0.38	0.31	0.31
オランダ	0.38	<u>0.62</u>	0.22	0.22	0.28	0.28	0.22	0.22
オーストリア	0.21	0.21	<u>0.52</u>	0.48	0.21	0.21	0.37	0.37
イタリア	0.25	0.14	<u>0.6</u>	0.14	0.25	0.14	0.4	0.14
ノルウェー	0.37	0.37	<u>0.57</u>	0.43	0.14	0.14	0.14	0.14
スウェーデン	0.49	0.24	<u>0.51</u>	0.24	0.41	0.24	0.41	0.24
フランス	0.27	0.27	0.44	<u>0.56</u>	0.2	0.2	0.2	0.2
ニュージーランド	0.29	0.38	0.29	<u>0.62</u>	0.29	0.36	0.29	0.36
アメリカ	0.32	0.28	0.32	0.28	<u>0.65</u>	0.28	0.35	0.28
オーストラリア	0.14	0.39	0.14	0.23	0.14	<u>0.61</u>	0.14	0.23
アイルランド	0.28	0.44	0.28	0.41	0.28	<u>0.56</u>	0.28	0.41
スイス	0.35	0.35	0.22	0.22	0.35	<u>0.65</u>	0.22	0.22
イギリス	0.31	0.33	0.31	0.33	0.31	<u>0.65</u>	0.31	0.35
ベルギー	0.29	0.29	0.29	0.29	0.37	0.37	<u>0.56</u>	0.44
フィンランド	0.32	0.22	0.39	0.22	0.32	0.22	<u>0.61</u>	0.22
日　本	0.33	0.28	0.33	0.28	0.43	0.28	<u>0.57</u>	0.28
ドイツ	0.08	0.08	0.08	0.08	0.21	0.34	0.21	<u>0.66</u>

(注)　下線はファジィメンバーシップ得点が0.5を超えるもの。

私的年金のいずれも低いモデルの得点が高いが，伝統的に報酬比例年金を中心としたタイプなので（準）報酬比例年金と区分した）。

（2）日本の特徴：第4（第3）の柱の強さ

　上記の類型分析からすると，日本は職域・個人による公的年金補完型の私的年金と報酬比例年金による従前所得保障を中心とした公的年金を組み合わせたモデル（報酬比例年金型）であり，最低保障機能は弱い。また，分析時点（2007年）では，諸外国と比べて私的年金制度の水準もそれほど高くない。さらに，年金制度の枠を超えて外観すると，日本の特徴は，諸外国と比べて持ち家率が相対的に高いことにある。換言すれば，第四の柱（ILOでは第三の柱）を構成するものとして，持ち家という資産が大きな役割を果たしており，それが，他の柱に対する代替的機能を果たしてきた可能性が高い。

　例えば，2010年時点で，本人または家族が所有する一戸建て住宅に住む60歳

以上の高齢者の割合は，日本78.4％，アメリカ66.3％，ドイツ43.8％，スウェーデン50.5％となっている（内閣府 2010）。1988年と2013年とを比較すると，65歳以上の高齢者の持ち家率は単身世帯で62％から66％，夫婦世帯で81％から87％と微増した（総務省統計局 2011：228）。

　こうしたデータに基づけば，第四の柱としての持ち家の比率は依然として高いが，高齢化の進展により，持ち家をもたない者の絶対数は増加している。65歳以上の高齢者の借家世帯数は，単身世帯で1988年の50万4600世帯から2013年の187万3700世帯，夫婦世帯で同35万6400世帯から同74万5900世帯となっており，特に単身世帯は3.7倍と増えている。これは，旧来の第四の柱に頼れない高齢者の絶対数が増加している状況を意味している。ここからも，旧来から弱い最低保障年金の機能をさらに強化する必要が読み取れるだろう。

（3）公私の年金ミックスと貧困

　一般に，積立で確定拠出の私的年金制度には所得再分配機能は組み込まれていないと考えることができる。低所得者の方が高所得者よりも平均寿命が短いとすれば，死亡時の返戻金が制度化されていない場合，給付と負担は逆進的になり得る。そのため，私的年金が発展していて，高齢者の所得のうち私的年金の収入比率が高い国と，私的年金が未成熟で公的年金が主たる高齢者の収入源である国を比べた場合，前者の方が後者よりも高齢者の貧困比率が高くなると予想できるであろう。ところで，ラインとターナーは，私的年金のカヴァレッジが広く，その給付水準の高い国では貧困率が小さくなっていると指摘している（表2-8参照）。そして，多くの国における私的年金給付は所得の上位60％に集中しているが，オランダやスイスでは私的部門の年金は所得の下位40％に対して大きな役割を果たしているとし，そのような場合，私的年金でさえも貧困を減少させる上で大きな役割を果たし得ると述べている（Rein and Turner 2004）。また，ラインとスタップ-ファイン（Stapf-Finé）は職域年金の対象が限定的で公的年金制度の給付水準が低い場合に，不平等が増加すると指摘している（Rein and Stapf-Finé 2001）。

表 2-8 OECD 諸国における民間労働者の私的年金の加入手段と補足的年金給付の受給者・給付水準

制度類型	国	カヴァレッジ	給付水準	65〜69歳の貧困率 (1994〜95)
優遇措置付きの任意加入	アメリカ	46	32.1	16.8
	カナダ	29	32.6	4.3
適用除外による加入 (opting out)	日本	39	—	—
	イギリス	29	31.9	6.5 (1991, 13.0)
協約による加入	デンマーク	80	36.3	3
	スウェーデン	90	16.7	0.8
	ドイツ	29.3	32.5	6.4
	フィンランド	98.7	65.3	3
	ノルウェー	63.3	21.6	5.1 (1986, 11.0)
強制加入	オーストラリア	18.4	51.7	12.5 (1985, 19.2)
	スイス	59.8	32.8	3.6 (1982, 14.6)
	オランダ	75.4	34.7	6.6 (1991, 2.3)

(出所) Rein and Turner (2004:290) の Table 9.2を一部改変。

　貧困の予防効果を考える場合，公的年金と私的年金がどのように組み合わさっているかが重要であろう (Ebbinghaus and Tobias 2011)。表 2-9 を見ると，世界銀行型や ILO 型のように，最低保障年金の水準が高く，私的年金の合成指標と規制の程度が大きいグループで最も貧困率が低く，逆に，私的年金型のように，最低保障年金の水準が低く，私的年金の規制が弱いグループの貧困率が高いということが分かる。一般に公的年金制度による世代内および世代間の所得再分配は，雇用主の保険料負担，低所得者に対する保険料の減免（あるいは保険料補助），被保険者の育児や介護期間中の保険料免除，支給乗率の調整（所得逓減的な支給乗率など），給付スライドなどを通じて行われる。そのため，私的年金の中心が個人年金ではなく職域年金となっていて，公的年金と類似した規制や公的補助が私的年金に対しても課せられていれば，ある程度の再分配効果が期待できると考えられる。

　私的年金において公的年金に類似した規制措置が充実しているのは，オランダの私的年金（企業年金）である。オランダの職域年金制度（産業年金基金，会社年金基金，直接保険制度）は，1969年に年金委員会によって出された企業年金

第2章　年金における公私ミックス

表2-9　公私の年金ミックスと65歳以上高齢者の相対的貧困率

年金ミックスのタイプ	40%以下	50%以下	60%以下
世界銀行型（デンマーク，オランダ）	1.01	5.47	19.67
準世界銀行型（カナダ）	1.42	6.27	17.58
ILO型（オーストリア，イタリア，ノルウェー，スウェーデン）	2.36	8.91	20.75
準報酬比例年金型（ドイツ）	2.66	8.62	15.98
最低保障年金型（フランス，ニュージーランド）	3.34	7.44	15.18
報酬比例年金型（ベルギー，フィンランド，日本）	5.60	13.11	27.95
私的年金型（オーストラリア，アイルランド，スイス，イギリス）	6.82	20.69	38.20
準私的年金型（アメリカ）	14.11	24.51	34.68

（注）　等価可処分所得の中央値の40%，50%，60%の所得水準以下の割合。日本・2008年、オーストラリア・2003年、フランス、スウェーデン・2005年、他は2004年。
（出所）　LIS, Inequality and Poverty（http://www.lisdatacenter.org/data-access/key-figures/inequality-and-poverty/　2015年3月1日最終アクセス）。

の強制に関する報告書で規定された所得代替率70%を保障するように給付が設計され（公的年金と職域年金を合わせた所得代替率），加入者の85%は最終給与比例方式の確定給付制度に加入している（厚生年金基金連合会編 1999：326-333）。また，企業年金の予定利率を一定水準に定める規制もある（厚生年金基金連合会編 1999：333, 542）。

　他方，ドイツでは個人年金に対して財政的補助策がとられており，2002年に導入されたリースター年金と呼ばれる補足的老後保障年金では，本人の積立金拠出に加えて，基本補助と児童補助という国の補助がある（藤本 2003）。基本補助は受給者各人に支払われるもので，上限額は2002年と2003年で38ユーロ，2004年と2005年で76ユーロ，2006年と2007年で114ユーロ，2008年以降で154ユーロとなっている。児童補助は児童手当を受けている子どもの人数分支払われるもので，上限額は2002年と2003年で46ユーロ，2004年と2005年で92ユーロ，2006年と2007年で138ユーロ，2008年以降で185ユーロとなっている。こうした低所得者に対する直接的な財政補助も私的年金に対して再分配効果をもたらすといえる。

6 むすび：所得階層に配慮した公私ミックスに向けて

冒頭で述べたように，近年，私的年金の役割は従来の公的年金の補完から代替へと変化し，その役割は一層大きくなっている。Bonoli and Palier (2007) は公的年金制度が私的年金を組み込んで多柱型年金に向かう道程として，四つの段階を想定している。その第一段階は公的年金の縮減無しで保険料の増額や政府補助がなされ私的年金の拡充は図られないというものであり，第二段階は公的年金について若干の縮減がなされ間接的に私的貯蓄が奨励される段階，第三段階は大幅な公的年金の縮減と積立方式の年金が任意加入で導入される段階，そして，第四段階は積立方式の年金の大幅な導入が図られる段階である。こうした多柱型年金へと向かう過程で，単に公的年金が縮小され，その代替を意図して私的年金の規制が不十分なままで導入，拡充されれば，高齢期の貧困問題が深刻化する可能性が高い。

日本の私的年金は職場・個人年金が報酬比例年金を補完する型で，公私ミックスは比較的規模の小さい補完型の私的年金＋報酬比例年金中心の公的年金からなる報酬比例年金型であった。現在の日本の公的年金制度では，一階部分の基礎年金は極めて逆進的な定額保険料を基本とし，給付水準も不十分である（鎮目 2006；2010b）。また，二階部分の厚生年金も削減される方向で，2004年改革で導入されたマクロ経済スライドにより，2025年以降所得代替率は2004年の59.3％から50.2％へと低下することが見込まれている（所得代替率はモデル給付）。さらに，基礎年金については，マクロスライドの適用期間の長期化により，厚生年金以上に水準が低下する可能性がある。

こうした中で，近年，確定拠出年金が導入された。その拠出限度額は退職所得の6割を公的年金と併せて確保する水準に設定されており（厚生労働省年金局企業年金国民年金基金課 2008），厚生年金の減額分を代替するという方向性は明確である。その加入者数は企業型を中心に着実に増え，2010年末時点で300万人に上り，最も加入者の多い厚生年金基金の6割に達している。今後，加入者

の増大が予想されるが，確定給付に比べて給付の不確実性が高く，加入者が大企業の従業員に偏っているといった問題がある。また，その加入を促す優遇措置は税制上の優遇措置があるだけで，低所得層や中間所得層にとって十分ではない（拠出時に企業型では企業拠出は全額損金算入，個人型では掛け金は全額所得控除の対象，運用時に利子や配当は非課税，受給時に年金払いの場合に公的年金等控除，一時金の場合に退職所得控除の対象）。

　これらをふまえると，低所得層と中間所得層に対する所得保障の整備は急務である。低所得層対策としては，多くの国で制度化されている税を財源とする最低保障年金の確立（鎮目 2008：134-159；Ebbinghaus and Tobias 2011）や厚生年金の適用範囲の拡大が必要である。また中間所得層対策としては，厚生年金の所得代替率の最低保証や確定拠出年金においてドイツのリースター年金で行われているような政府補助の導入などが必要であろう。

　［付記］　本研究はJSPS科研費26285140，25380802の助成を受けたものである。

参考文献

厚生年金基金連合会編，1999，『海外の年金制度』東洋経済新報社。
厚生労働省年金局企業年金国民年金基金課，2008，「企業年金の『基礎知識』⑩」『週刊社会保障』第2483号。
鎮目真人，2006，「国民年金制度と基礎的生活保障――2004年公的年金改革による生活保障のゆくえ」『社会福祉学』第47巻第1号。
―――，2008，「基礎年金制度の類型とその決定要因――ベーシック・インカムとの関係に焦点を当てて」武川正吾編『シティズンシップとベーシック・インカムの可能性』法律文化社。
―――，2010a，「私的年金の諸問題に関する論点整理」『ヒューマンセーフティ研究』第3号。
―――，2010b，「2004年，2009年改革による基礎年金制度の給付水準と改革のゆくえ――非経路依存変化類型に依って」『社会政策研究』第10号。
―――，2011，「私的年金制度の制度類型――年金制度における公私ミックスの方向性」『NIRA研究報告書・時代の流れを読む―自律と連帯の好循環』。
―――，2013，「ファジィ・セット分析――動態とその要因に関する質的分析」鎮目真人・近藤正基編『比較福祉国家　理論・計量・各国事例』ミネルヴァ書房。
総務省統計局，2011，『日本の住宅・土地　平成20年の住宅・土地調査の解説』日本

統計協会.

―――, 2015, 『平成25年　住宅・土地統計調査速報集計結果』(http://www.e-stat. go.jp/SG1/estat/List.do?bid=000001051892　2015年3月25日).

内閣府, 2010, 「平成22年度　第7回高齢者の生活と意識に関する国際比較調査」(http://www8.cao.go.jp/kourei/ishiki/h22/kiso/zentai/　2015年3月24日).

藤本健太郎, 2003, 「ドイツの社会保障の動向②」『週刊社会保障』第2239号.

山本克也, 2001, 「世界銀行の年金政策――グローバリズムへの課題」『海外社会保障研究』第137号.

Beattie, R. and W. McGillivaray, 1995, "A risky strategy: Reflection on the World Bank Report Averting the old age crisis," *International Social Security Review*, Vol. 48: 5-22.

Bonoli, G. and B. Palier, 2007, "When Past Reforms Open New Opportunities: Comparing Old-age Insurance Reform in Bismarckian Welfare Systems," *Social Policy and Administration*, Vol. 41, No. 6: 555-573.

De Deken, Johan, 2013, "Towards an index of private pension provision," *Journal of European Social Policy*, 23(3): 270-286.

Ebbinghaus, B. and W. Tobias, 2011, "The Governance and Regulation of Private Pensions in Europe," Bernhard Ebbinghaus (ed.), *The Varieties of Pension Governance: Pension Privatization in Europe*, New York: Oxford University Press, 351-422.

Gillion, Colin, John Turner, Clive Baily and Denis Latulippe (eds.), 2000, *Social security pensions : development and reform*, Geneva: International Labour Office. (=渡部記安訳, 2001, 『社会保障年金制度：発展と改革』法研)

Hinz, Richard, 2012, "The wold Bank's pension policy framework and the Duch pension system: a paradigm for the multi-pillar design?," Lans Bovenberg, Casper van Ewijk and Ed Westerhout (eds.), *The future of multi-pillar pensions*, Cambridge: Cambridge University Press, 46-89.

Hippe, Thorsten, 2009, "Vanishing Variety? The Regulation of Funded Pension Scemes in Comparative Perspective," Irene Dingeldey and Heinz Rothgang (eds.), *Governance of Welfare State Reform*, Cheltenham, UK; Norhampton, MA, USA: Edward Elgar, 43-68.

Holzmann, Robert, Richard P. Hinz and Hermann von Gersdorff, 2005, *Old-age income support in the 21st century : an international perspective on pension systems and reform*, Washington, D. C.: World Bank.

Holzmann, Robert, Richard P. Hinz and Mark Dorfman, 2008, "Pension Systems and Reform Conceptual Framework," *Social Protection Discussion Paper*, No. 0824, Washington, D. C.: World Bank, 1-31.

Leisering, Lutz, 2005, "From Redistribution to Regulation. Regulating Private Pension Provision for Old Age as a New Challenge for the Welfare State in

Ageing Societies," *Regina working paper,* No. 3, Retrieved from http://www.uni-bielefeld.de/%28en%29/soz/personen/Leisering/pdf/Arbeitspapier3a.pdf. 2015. 12. 30 accessed.

Organisation for Economic Co-operation and Development (OECD), 1997, *Private pensions and public policy,* Paris: Organisation for Economic Co-operation and Development. (＝厚生年金基金連合会訳，1997，『企業年金改革：公私の役割分担をめぐって』東洋経済新報社)

――――, 2008, *Complementary and private pensions throughout the world 2008,* Paris: Organisation for Economic Co-operation and Development.

――――, 2011, *Pensions at a glance: Retirement-Income Systems in OECD and G20 countries,* Paris: Organisation for Economic Co-operation and Development.

Orzag, Peter R. and Joseph E. Stigliz, 2001, "Rethinking Pension Reform: Ten Myths about Social Security Systems," Robert Holzmann and Joseph E. Stigliz (eds.), *New Ideas About Old Age Security: Toward Sustainable Pension Systems in the 21st Century,* Washington, D. C.: The World Bank, 17-56.

Ragin, Charles C., 2008, *Redesigning social inquiry: fuzzy sets and beyond,* Chicago: University of Chicago Press.

Rein, Martin. and John Turner, 2004, "How societies mix public and private spheres in their pension systems," Martin Rein and Winfried Schmäh (eds.), *Rethinking the Welfare State,* Cheltenham, UK; Norhampton, MA, USA: Edward Elger, 251-293.

Rein, Martin. and Heinz Stapf-Finé, 2001, "Income Packaging and Economic Well-Being at the Income Last Stage of the Working Career," *Luxembourg Income Study Working Paper,* No. 270.

Singh, A., 1996, "Pension reform, the stock market, capital formation and the growth: A critical commentary on the World Bank's proposals," *International Social Security Review,* Vol. 49: 21-43.

World Bank, 1994, *Averting the old age crisis : policies to protect the old and promote growth,* New York: Oxford University Press.

第3章

医療財政の公私ミックス
――制度設計論の前提を考える――

松田亮三

1 はじめに：医療機構における公私論

　日本のように社会保険に基づく医療機構をもつ国では自明ではないが，1980年代以降，特に政府が税に基づき医療を実施しているイギリスを中心に，医療機構における公私ミックス論には理論的・実践的関心がもたれてきた（McLachlan and Maynard eds. 1982; Scott 2001; Maynard ed. 2005b）。もちろん，政府による医療への関与は近代国家の生成とともに行われ，そして福祉国家の生成・展開とともに国家の医療財政への関与が増大し，20世紀において租税・社会保険による医療機構が発達する中で，国々によってその様式は異なるものの，西欧諸国そして日本においても医療への公の関与は増大してきた（Flora and Heidenheimer 1981; Frenk and Donabedian 1987; Johnson et al. 1995）。

　近年の公私ミックス論はこの公の関与の増大を前提としつつ，その関与のあり方を問い直すという大きな文脈の中で検討されてきている。このような関心の背景にあるおそらく最大の要因は，医療支出の経済規模の増大とそれにともなう租税・社会保険料支出の増大である。この現象への対応は，1970年代以降多くの先進諸国の課題となり，今日まで続いている（McLachlan 1982; Mossialos and Le Grand 1999）。

　医療供給のあり方，とりわけ供給における効率性の問題も大きな課題である。Maynard (2005a) はこの供給の問題は公私ミックスがどのようなものであっても存在し，取り組むべき課題としている。日本のように供給が多様な主体によって行われている状況ではそうでもないが，租税に基づいて医療を実施して

いる国では，この効率の上昇あるいは供給場面における患者の要望への対応力という問題に関わって，私企業経営の原理を政府部門の一部である医療サービスに導入することや，市場による競争（あるいは競合可能性）を導入することが試みられてきた（Light 2000）。また，場面は異なるものの，公財政の調達が困難な低所得国における代替戦略として，コミュニティの参画を含めた任意保険による資金調達が検討されている（Preker and Carrin 2004; Preker et al. 2007; Preker et al. eds. 2010; Preker et al. 2013）。

公私ミックスが多かれ少なかれ存在する中で，むしろ両者の連携や関係を問い直す試みもなされていた。前者は今や公民連携論（public-private partnership）という一分野をなしている（Hodge et al. eds. 2010）。後者については公私の資金調達が相互に影響を与えあっている点が検討され，公医療保険の拡大が私医療保険の縮小に，そしてその逆に関連していることが示唆されている（Tuohy et al. 2004; Gruber and Simon 2008）。

日本の医療政策では，近年都道府県を軸とした医療保険運営や新たな財政調整制度の創設などの医療機構改革が行われてきているが（栄畑 2007；松田 2015），同時に私医療保険の役割も検討されてきた（田近・菊池 2012）。本章ではこうした議論の主題である医療財政に関わる公私ミックスを検討する。まず，1990年代以後の医療機構における公私ミックスについての議論状況を概観し，次いで，医療財政の公私ミックスについて検討する。最後に，それらをふまえて，医療政策形成という観点から医療財政公私ミックスの設計を行う際の留意事項について検討したい。

2 医療機構と公私ミックス

（1）公私論の見取り図

まず，医療における公私関係を考える前提となる医療機構全体の大まかな見取り図を示しておこう。現代福祉国家において医療サービスは，租税や社会保険によってかなりの部分が賄われ，様々な手法により政府介入が行われている。

この仕組みは，しばしば財政・供給・規制という三つの観点から議論される（Mossialos et al. 2002）。

まず，財政は医療に用いられる支出（あるいは費用）を誰がどのように負担し，支払うかという問題であり，誰が支払うか，どのように支払った資金を保有するか，ということに関わる。日本でいえば，主に社会保険制度と法定の公費負担医療制度によって医療財政は定められている。

次に，人員（医師・看護師・管理スタッフ等），施設（診療所・病院等），物資（医薬品・医療機器等）など医療供給に必要とされる資源がどのように供給されているか，その中で政府部門による供給はどのようになされているか，各種の基準や認証はどのようになっているか，など供給に関する事項がある。例えば，イギリスの医療サービスは，主に政府の管理下にある国民保健サービス（NHS: National Health Service）によって行われているが，日本では医療は多様な経営主体が参加する「公私医療機関の混成＝競合体制」（西岡 1985：26）となっている。また，イギリスやいくつかの北欧諸国では，緊急時以外の診療について，医師や診療所に事前に登録する制度（診療登録制度）を設け，病院診療等には診療登録を行った医師から紹介を受けることを原則としているが，日本では患者に診察を受ける医師をなるべく固定化する「かかりつけ医」を決めて医療連携を推進することは議論されているものの，厳格な規則はない（社会保障審議会医療部会 2003）。

規制は，政府の直接の指揮下にはない組織に対して，社会的に望ましい状態を実現するために，その活動について政府が何らかの制限を設けるものであり，医療においては，この望ましい状態としては，アクセスの衡平，効率の上昇，質の確保と向上，利用者の要望への対応，などが含まれる。伝統的にはこの機能は政府が行ってきたが，医療の場合は，ドイツの社会保険のように法律によって定められ政府から独立して意志決定を行う組織が管理している場合もある。さらに，近年では政府が目的を定めた上で独自の判断によって規制権限を執行する機関が多くの分野で設置されている（Gilardi 2008）。こうした機関の例としては，イングランドの医療技術評価機関（NICE），NHS 病院財団の監督機関

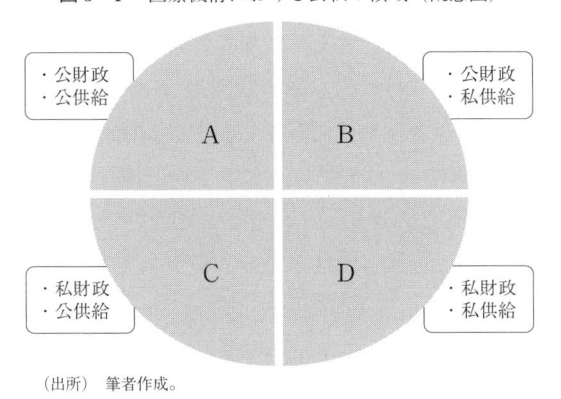

図3-1　医療機構における公私の領域（概念図）

	公財政・公供給 (A)	公財政・私供給 (B)
	私財政・公供給 (C)	私財政・私供給 (D)

（出所）筆者作成。

モニター（Monitor），ケアの質の規制・監督を行うケアの質委員会（Care Quality Commission）あるいは日本において医薬品承認審査を行う独立行政法人医薬品医療機器総合機構を挙げることができる（Boyle 2011）。規制については，医療機器や経営の監督など今後検討すべき点も多いが，最近まで公私ミックス論は財政と供給という二つの点について主に議論されてきた。本章ではこの中で特に財政についての議論が中心となる。

(2) 医療機構における伝統的な意味での公私の組み合わせ

①医療における公私の領域

医療機構において，公私の二分法を用いる場合は，理論的には四つの組み合わせが可能である（図3-1）。まず，財政が公か私かという論点がある。通常公私の二分法を用いる場合は，租税と社会保険料のどちらも公財政として扱われ，それ以外の利用者の負担あるいは任意加入の私保険による支払いは私財政となる。次に，供給については伝統的には政府部門による供給が公とされ，それ以外の供給者が私として扱われる。このような公私の組み合わせは，各国の医療機構の形成において歴史的に形成されてきており，各国によって異なっている。

図3−1は形式的に可能な組み合わせを示したものであるが，この組み合わせのあり方は，医療政策の射程や課題を考える上で興味深い示唆を与えてくれる。例えば，イギリスでは最近までNHS病院診療サービスには私医療供給者はほとんど関与していなかった。私医療供給者はNHS組織とは別に存在し，そこでの医療サービスはもっぱら私保険ないし利用時負担によるものであった。つまり，図3−1でいえばAの領域の問題がほとんどであり，Bの領域の問題は議論にならなかったのである。このため，私医療はNHSとは財政・供給ともに別の体系すなわちDの領域の問題として扱われるか，NHS病院での私費診療のようにCの問題として扱われるかであった（なお，NHSで診療に従事する医師は一定の範囲であれば，私医療にも従事することが許されているため，勤務時間の公私バランスという問題がある）。

これに対して，日本ではほとんどの私医療供給者は健康保険法上の保険医療機関であり，最初から公財政による医療サービス，すなわち社会保険制度ならびに公費負担医療制度によって賄われる医療サービスを供給してきた（表3−1）。つまり，A, Bの二つの領域が公医療財政とは関わり，そこには政府，保険者，公私の様々な性質をもった供給者が関与してきた。医療保険の給付を受けずに患者が医療費の全額を支払ういわゆる自由診療は，CあるいはDの領域に含まれるが，この実態は明らかでないものの，美容整形，矯正歯科領域で見られる公医療財政制度の給付対象外サービスに限られている。ただし，入院治療にともなう各種の保険外負担を考えると，公医療財政制度の利用にはサービスによってはAとC（あるいはBとD）の領域の医療が同時に行われていると考えることもできよう。いずれにせよ，かつてのイギリスのような公財政・公供給（領域A）と私財政・私供給（領域D）とが明確に分離していた体制とは異なり，日本の皆保険体制は最初から公私ミックスであったといえる（松田2016）。そこでは，社会保険による医療給付をどのようにするかという課題と，公私医療機関がどう役割分担をするかという課題との両方が政策課題となってきた。

表3-1　医療機構における公私の組み合わせ：日本の場合

		供　給	
		公	私
財政	公	社会保険制度および公費負担医療制度での医療が国・自治体病院で実施される場合	社会保険および公費負担医療での医療が公病院以外の病院で実施される場合
財政	私	社会保険・公費負担医療制度外でのサービスが，私費により国・自治体病院で実施される場合	社会保険・公費負担医療制度外でのサービスが，国・自治体病院以外の病院で実施される場合

(注)　表中の記載は例示であり網羅的なものではない。
(出所)　筆者作成。

②医療公私ミックスのモデル

イギリスと日本の例で示した財政・供給の公私ミックスについて，経済開発協力機構（OECD）諸国ではおおむね三つのモデルが認められている（Docteur and Oxley 2004）。まず，予算制約を受ける財政による供給の下で，政府部門の一部として入院サービス供給者が位置づけられている場合であり，これは統合公（public-integrated）モデルと呼ばれる。このモデルでは，利用者の財政リスクを担保する機能と供給機能が結びつけられており，供給者は政府部門の一部として扱われる。

契約公（public-contract）モデルは，公の支払者が私医療供給者と契約を行い医療サービスの供給を実施するものである。この支払者は，政府でもあり得るし，社会保険運営団体でもあり得る。このモデルでは，私医療供給者は非営利の場合もある。

最後に，私保険・供給（private insurance/provider）モデルは，私保険によってしばしば営利の私供給者への支払いが行われる場合である。これはスイスのように私保険が強制されている場合もあれば，かつてのアメリカ合衆国のように基本的に任意である場合もある。

(3)　国家・社会・私と医療

①公私二分法の限界

これまで述べてきた公私の二分法は，医療財政・供給における政府の役割を

検討するためには有効であるが，社会保険に基づく医療機構については，やっかいな問題と直面することになる。

その理由の一つは，まず，公私の二分法では明確に区別できない組織が，社会保険制度に基づく医療機構に認められることである。例えば，日本の健康保険組合は，健康保険法に基づいて設立されるが，これは法律に基づいて健康保険事業を実施するという公の性質とともに，政府の定める諸規制の範囲内という制限があるものの，具体的な運営は組合に委ねられているという意味で私の性質も帯びている。日本の医療費の3分の1以上が税から支出されていること[1]や，フランスにおける社会保障財源の「租税化」など（柴田 2012），公私二分論では見えにくい公医療保険の運営の変化もある。

次に，公私の二分法では私財政・私供給者を一括して扱っているため，それらが含む多様な主体を区別しない。これは，財政・供給の両面についていえることである。例えば，保険についてはフランスの共済組合のように私部門に属するものの補完医療保険において重要な役割を担っている組織があり（笠木 2012）[2]，患者・住民が管理に参加する非営利法人や消費者協同組合などの役割と営利法人の役割との違いが見えてこない。

最後に，理論的な問題としては，医療を経済の一部門として見るだけでなく，政治や社会の産物，制度として考える場合に（Granovetter 1985；Saltman 1997；Light 2000），公私の二分法では限界があるからである。人口・雇用・地域社会の変化とともに人々は政府の仕組みを多かれ少なかれ用い，あるいは市場を利用した別の仕組みを用いて，医療に関する仕組みを作り上げてきた。このような多様な仕組みの状況を視野にいれて検討するには，公私二分法にとらわれず，社会の変化そのものを見ていくことが必要である。

②国家・社会・私の三領域による類型

経済機構がむしろ社会の慣習や制度に埋め込まれていることを見すえた議論をふまえ（Granovetter 1985；Polanyi 2001），医療機構と医療政策に関する政治的行為者（アクター）に注目し，RothgangとWendtらは財政・供給・規制という三つの側面において，国家（state）・社会（social）・私（private）という三

第3章　医療財政の公私ミックス

表 3-2　財政と供給における可能な組み合わせ

		供　給		
		公	社　会 (共・協)	私
財　政	社　会 (共・協)	A	B	C
	私	D	E	F
	私	G	H	I

（出所）　Wendt et al.（2009）; Rothgang（2010）より筆者作成。

つの領域での優位なアクターに注目した医療機構の類型化を行っている（Wendt et al. 2009; Rothgang 2010）。この類型化では，ドイツやオランダのように社会保険に基づく医療機構を公私の二分法ではなく，より実態に近い方法で区分することが可能となる。つまり，国家でもなく，個人・私人・企業でもない，保険団体などの中間組織を考慮にいれることができるとしている。

財政・供給・規制という三つの側面において，それぞれ国家・社会・私のどのアクターが主な役割を演じているかについて分別が可能だとすると，単純に数学的な意味で可能な組み合わせは27通りとなる（表3-2）。ここでは，規制の側面を除いて，財政と供給の可能な九つの組み合せを示したが，この九つの組み合わせが，国家主導の規制の場合，社会主導の規制の場合，私主導の規制の場合のそれぞれにあるので，国家・社会・私アクターの関与に関わる27の医療機構の類型が得られることとなる。

ところで，社会アクターによる財政・供給・規制とは具体的にはどのようなものであろうか。以下で，Rothgangらの記述に従い，理念型として描いておく。財政についていえば，国家が徴する税でもなく，私保険や利用時の支払いでもないもの，すなわち社会保険組織を通じた財政がそれにあたる。公私の二分法で公に含まれていた社会保険は公の領域に含まれていたが，三分法においては独自の領域を構成することになる。供給では，国・自治体あるいはその直轄下にある政府部門でもなく，営利でもない組織，すなわち慈善組織，保険者団体，地域組織など非営利組織による供給が社会アクターによる供給と位置づ

表3-3 OECD諸国の医療類型（2008年頃の分析結果）

類型	優位なアクター			類型に含まれる国々
	規制	財政	供給	
国民健康サービス	国家	国家	国家	デンマーク，フィンランド，アイスランド，ノルウェー，スウェーデン，イギリス，ポルトガル，スペイン
国民健康保険	国家	国家	私	オーストラリア，カナダ，アイルランド，ニュージーランド，イタリア
社会健康保険	社会	社会	私	オーストリア，ドイツ，ルクセンブルク，スイス
国家主義的社会健康保険	国家	社会	私	ベルギー，エストニア，フランス，チェコ，ハンガリー，オランダ，ポーランド，スロバキア，イスラエル，日本，韓国
私医療機構	私	私	私	アメリカ合衆国

(注) チリ，ギリシャ，メキシコ，トルコは，データ不足のため含まれていない。
(出所) Böhm et al. (2013) より筆者作成。

けられる。

　最後に規制については，政府による上からの管理的規制でもなく，市場の秩序を維持するための競争規制だけでもない，社会諸組織による自己統制が社会アクターによる規制として位置づけられる。ここで，医療機構における規制とは，一般的にいって，保険者が誰を給付の対象とするか，財源はどのようにするのか，供給者への支払いをどのようにするか，新たな供給者の参入をどのようにするか，患者の供給者へのアクセスをどのようにするのか，給付対象となるサービスは何か，など多様なものが含まれる。このようなルールを誰が決めていくか，というのが規制という側面の問題である。社会アクターがここで主たる役割を担うとは，例えば政府ではなく支払者である保険者組織と供給者団体が交渉により，各種のルールを決めていく状態が挙げられる。

　この理念型を用いた27種類の医療機構の類型が，2008年前後におけるOECD各国の医療機構に見いだすことができるかどうかを検討したのが，Böhmらである（Böhm et al. 2013）。それによれば，現実に認められたものは，国民健康サービス，国民健康保険，社会健康保険，私医療機構，国家主義的社

会健康保険という五つの類型であった(表3-3)。

国民保健サービス(National Health Service)では，財政・供給・規制という3側面のいずれにおいても国家が主要な役割を果たしている。全ての側面で国家が優位であるという意味では，純粋な国家医療機構ともいえる類型である。この類型と認められたのは，北欧の5ヶ国(デンマーク，フィンランド，アイスランド，ノルウェー，スウェーデン)，イギリス，ポルトガル，スペインの8ヶ国であった。国民健康保険(National Health Insurance)と認められた国では，財政において国家が主要な役割を果たすとともに，規制においても国家が主要な役割を果たしている。しかし，供給は私アクターが優位となっている。この類型にはオーストラリア，カナダ，アイルランド，ニュージーランド，イタリアが分類された。

三つめの類型は，社会健康保険(Social Health Insurance)であり，ドイツ語圏に属するオーストリア，ドイツ，ルクセンブルク，スイスが含まれる。ドイツ語圏の国が一つの類型に区分されたのは，医療保険が言語や文化を含む長い歴史の影響下で生じていることを示すものかもしれない。この類型では，財政と規制において社会アクターが主要な役割を果たすとともに，供給においては営利私アクターが優位となっている。スイスの場合は，営利性のある私保険も法定強制分の社会保険を販売しているが，1996年の法改正により，リスク構造調整が導入されており，法定強制分の保険については利益を出さない規則となっているところから，この類型に含まれていると思われる(OECD/WIIO 2011；松本2011)。

国家主義的社会健康保険(Etatist Social Health Insurance)は，財政では社会アクターが，供給では私アクターが優位であるけれども，規制においては国家が主要な役割を果たしている医療機構である。三つの側面の主要アクターが全て異なる純然たる混合型の一種である。この類型として認められたのは，ベルギー，エストニア，フランス，チェコ，ハンガリー，オランダ，ポーランド，スロバキア，イスラエル，日本，韓国である[4]。

OECD諸国に実際に認められた最後の類型は，規制・財政・供給の全てに

おいて私アクターが優位である私医療機構（Private Health System）であり，このような類型として認められているのはアメリカ合衆国のみであった。あるいは，1996年の法改正以前のスイスの場合であれば，こちらの類型となったかもしれない。

このように見いだされた5類型は，公私二分法では明らかになりにくい差を示しているといえる。とりわけ，公がどのように私と関わるかという場合に，規制はあるとはいえ自由な市場を前提に活動としている私と，しばしば法による厳しい規制を受けている非営利性をもった私や歴史的に形成された独特の役割をもった組織，つまりこの類型では社会アクターを同じように扱うことが妥当かどうかという問題を提起している。[5]

少なくとも，日本の医療機構の今後を考える場合に，公私の二分法だけで議論するよりは，国家・社会・私というアクターを区別して考える意味の方が有用には思える。このことは，社会健康保険あるいは国家主義的社会健康保険に区分されている国々，つまり社会アクターが重要な役割を果たしている国々でもおそらく同様であろう。

ただし，医療機構の国際比較を行う場合には，さしあたり公私の二分法によらざるを得ない。というのは，社会の領域をどのように医療機構の分析に組み入れるか，そしてそれをどう制度設計に活かすかについては，不明な点が多いからである。また，OECDの統計が公私の二分法で作成されている，という実際上の問題もある。以下では，そのようなことから，ここで述べたような限界はありつつも，公私二分法を用いて医療財政制度について検討していく。

3　医療財政制度における公と私

（1）　医療支出における公と私

①医療財源の組み合わせと公制度

医療財政の財源を見ると，一般的には，租税，企業・勤労者等から賃金に応じて納入された社会保険料，民間医療保険料，利用者負担の4種類の組み合わ

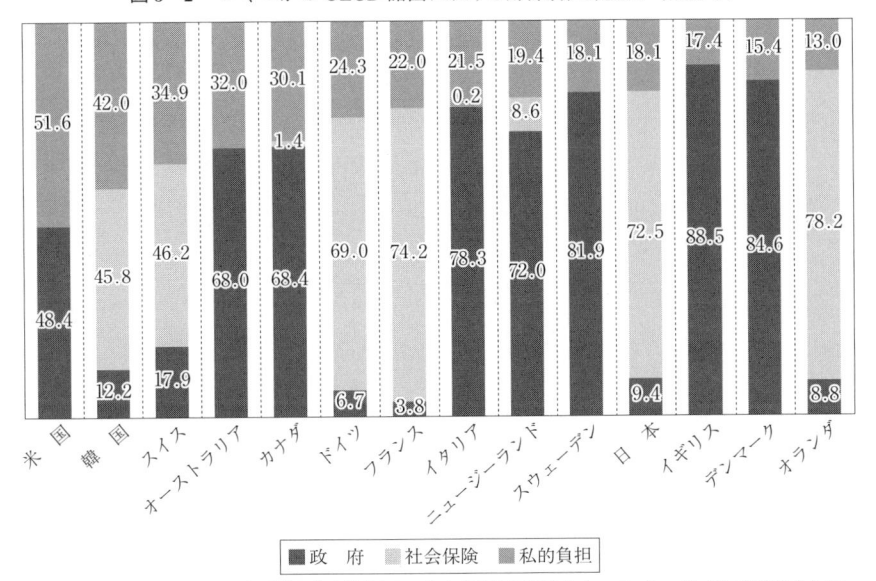

図 3-2 いくつかの OECD 諸国における財源別医療支出（2010年）

	米国	韓国	スイス	オーストラリア	カナダ	ドイツ	フランス	イタリア	ニュージーランド	スウェーデン	日本	イギリス	デンマーク	オランダ
私的負担	51.6	42.0	34.9	32.0	30.1	24.3	22.0	21.5	19.4	18.1	18.1	17.4	15.4	13.0
社会保険		45.8	46.2		1.4	69.0	74.2	0.2	8.6		9.4			78.2
政府	48.4	12.2	17.9	68.0	68.4	6.7	3.8	78.3	72.0	81.9	72.5	83.5	84.6	8.8

■ 政　府　　■ 社会保険　　■ 私的負担

（注）イギリスのデータは，推計法の整合性がとれておらず合計が100％となっていないが，図では表現されていない。
（出所）OECD（2015）のデータより筆者作成。

せによってなる（Mossialos and Dixon 2002）。したがって，医療財政における公私混合の問題とは，この四者の負担割合をどのようにするかという問題ともいえるが，負担の構造に関わる仕組みの設計を具体的に見ると，様々な論点が抽出される。

図3-2は，いくつかのOECD諸国について，2010年における政府，社会保険，私的負担の3区分にわけて医療支出の財源を見たものである。ここで，政府と社会保険の負担を公的負担（public expenditure）と便宜的に一括してみると，これらの国の中では公的負担率が5割以下であるアメリカ合衆国と，それが8割を超える日本，イギリス，オランダ，などの国までの幅があることが分かる。しかし，私的負担において私保険を除いた利用者負担のみに注目すると，表3-4に示すように，それが低い国はオランダ（5.3％），フランス（7.7％），イギリス（10.2％），アメリカ合衆国（12.5％）となってくる。このように，医

表3-4 いくつかのOECD諸国における私保険と利用者負担（2010年）

	利用者負担	私保険	私的負担合計
オランダ	5.3	6.0	13.0
フランス	7.7	13.5	22.0
イギリス	10.2	3.3	17.4
米　国	12.5	35.1	51.6
ニュージーランド	12.6	4.7	19.4
デンマーク	13.7	1.7	15.4
ドイツ	14.1	9.4	24.3
日　本	14.6	2.4	18.1
カナダ	15.4	12.8	30.1
スウェーデン	17.0	0.5	18.1
オーストラリア	20.4	8.3	32.0
イタリア	20.5	1.0	21.5
スイス	26.4	8.5	34.9
韓　国	35.7	5.6	42.0

（注）いずれも総医療支出に占める割合。それぞれに推計されているため，合計値は一致しない場合がある。
（出所）OECD（2015）より筆者作成。

療利用時における利用者負担は，必ずしも公的制度の給付のみによるものではなく，私的保険の加入状況にも左右される。

もちろんこの利用者負担が医療支出に占める割合は総括的なものであって，私保険加入と所得とが関係することから生じる加入の所得階層性やこれと関わる無保険・低保険の検討は別途行われなければならない。しかしながら，フランスのように医療財政の13.5％が私保険を通じて支払われ，実質的に利用者負担を軽減している制度があることを見すえた場合に，公的制度と併存した私保険としてどのようなものがあり得て，それがいかなる機能をもつものかについての検討は重要だといえる。

②公医療財政制度による給付の状況

公私ミックスの検討の際には，公の医療財政制度の設計と私医療保険の設計を同時に考える必要がある。ここで公の医療財政制度というのは，日本の健康保険制度などのように，法令によって定められ，租税ないし社会保険料をもとにして医療サービスに関わる支払いを行う個別具体的な仕組みのことである。

多くの場合，多数の制度によってある国の公医療の給付範囲が定まっている。なお，税と社会保険料は，資金を集合的に用いて医療費負担に関わる財政上のリスクを分散するという意味では共通しているものの，後述するOECDの用語——公医療保険——からは，税に基づく制度は想起しにくいことから，以下同様の意味で公医療財政制度という用語を用いる。

　まず，公の仕組みが，誰に対して，どのようなサービスを，どの程度給付するか，という問題がある。ある国の医療機構が普遍給付（universal coverage）を目指すならば，これらの三側面が——さしあたり公的であるかどうかは別にして——どのような状況にあるかが課題となる（Busse et al. 2007; World Health Organization 2010; 橋本 2012）。つまり，加入者人口の全定住人口に占める割合，給付対象となるサービスの範囲，給付対象となる費用の程度という三つの観点から，給付の状況を検討し，必要なサービスが衡平に利用されるようにしていかねばならない。どのような公私ミックスであろうが，こうした目標との関係で検討することは重要である。

　加入者人口の割合とは，全人口の中でどの程度の割合が医療保険に加入しているかということである。日本の場合は，国民健康保険によって住民の加入が義務づけられているが，このような義務づけがない場合はアメリカ合衆国のように無保険者の割合が相当数に及ぶこととなる（高山 2016）[6]。

　給付対象となるサービスの範囲とは，医学的に可能な医療サービスの中で何が給付対象となるかという問題であり，例えば予防，治療，リハビリテーションに関するサービスのどの部分が給付対象となっているか，という問題である。サービスの内容に関わる問題だけに，それぞれの社会の住民が必要としている医療サービスの実際と合わせて考える必要がある。特に，歴史的に必要とされるサービスは変化している点に注意が必要であろう。医療技術の進展による新しい薬剤や治療法を給付にどのように取り入れていくか，そして，介護や緩和ケアなどといったケアの質の転換が求められてきたサービスについてもどう給付していくか，という課題が常に問題となる[7]。

　医療の費用のうちどの程度を公医療財政制度が負担するかという問題は，サ

ービスを利用した患者がどのように負担するか，という問題でもある。例えば2015年現在を見ればイギリスでは公医療制度（NHS）を利用すればほぼ無料であるが，日本の公医療保険では医療サービス・薬剤の70％が医療保険から支払われ，残り30％を患者が支払うことが基本となっている。ただ，この30％という数字だけで給付水準を評価することは早計である。というのは，高額療養費制度によって，一定金額の利用者負担を支払った場合には患者の利用者負担の割合が大幅に引き下げられるからである。また，高齢者や子どもに対しては利用者負担の割合が引き下げられ，一定の疾患や障害のある人の場合などについて税による補助がなされ負担金額が引き下げされる。このようにして，医療費総額で見ると15％程度が利用時の負担として支払われていることとなる。この例が示すのは，給付の程度も基本となる負担割合だけでなく，具体的制度を見て総合的に検討されなければならないということである。

　このような場合に，法的に認められている給付（legal coverage）と実際に効果を生じている給付（effective coverage）を区別して，両者についてそれぞれ検討をすすめることが重要であろう（International Labor Organization 2010）。というのは，仮に前者が認められていたとしても，制度の周知が不十分であるなど実施過程に問題があれば，実際にはその給付を利用ができていない可能性があるからである。

　さらに，健康権の観点からいえば，拘置所や刑務所のような医療のアクセスについて独特の制限がかかっている場合，聴視覚に障害のある人，少数民族，性的マイノリティーのように社会的・経済的・文化的ななんらかのアクセスの障壁が予想される場合については，特別の配慮を検討する必要もある（棟居（椎野）2005）。

（2） 公私の医療保険の多様性

①公私の医療保険の多様性

　多様な私医療保険があることは知られていたが，2000年代以降改めてそのあり方に関心がもたれている。2004年にOECDが提案した私保険の検討では，

公医療保険（public health insurance）を税ないし社会保険を財源とする保険とし，それ以外の私財源による保険を私保険としている。保険料について見れば，公医療保険では基本的に所得ないし賃金に対応した保険料が賦課されることになり，私医療保険の場合はそれぞれの契約によって保険料が定められ，通常この保険料は加入者の所得に左右されず設定されている。

　さらに，公私の医療保険について，強制性がどの程度あるか，保険事業の実施機関の性質，によって区分を試みている。公医療保険の強制性は，日本のように強制性があるのか，かつてのオランダのように高所得者など一定の条件の下で希望があれば非加入とできるものか，ということである。事業の実施機関の性質とは，保険事業の運営を法定機関が行っているか，あるいは各種の私法人が実施しているか，ということである。同様に，私医療保険についても，強制性がどの程度あるか，事業を公私のどの機関が行っているか，という区分を行っている。

　この区分が示しているのは，医療保険の公私の区分は単純なものではなく，様々な種別の公私の医療保険があるということである。公医療保険といえども全員が強制加入とは限らずその事業の実施を私法人が引き受けている場合がある。他方で，スイスのように営利・非営利の諸組織が運営している何らかの私医療保険への加入が義務づけられている場合もある。また，現在では株式公開を行っている私企業ではあるが，かつては政府組織の一部であったオーストラリアのメディバンク・プライベート社（Medibank Private Limited）のように，政府部門が任意保険の運営を行うということもあり得る（丸山 2009; Medibank Private Limited 2015）。

　このように，医療保険は，理論的にいって，加入の強制性（あるいは任意性），運営主体によって多様な形態があり得るし，また実際にも各国で様々な公私の医療保険が発達してきた。

②私医療保険の機能区分

　OECDの検討では，私強制医療保険，私雇用団体医療保険，リスク非連動（加入者割）私医療保険，リスク連動型私医療保険，という四種別の私医療保険

が同定されている (OECD 2004a; 2004b)。

まず，私強制医療保険 (private mandatory health insurance) とは，法律により加入が強制される保険である。例えば，1996年から政府によって定められた給付を含む私医療保険の購入が義務づけられているスイスのような場合である（松本 2011）。私雇用団体医療保険 (private employment group health insurance) は，雇用条件の一つとして保険が提供されるものであり，アメリカ合衆国でよく見られる私保険である。非リスク連動（加入者割）私医療保険 (private community-rated health insurance) は，任意加入でありかつ保険料が，年齢，健康状態，利用状況などリスクによって変動しないよう，加入者間で均等に決められるものであり，アイルランドではこの原理に基づく保険料規制の下で私医療保険が運用されている (McDaid et al. 2009)。リスク連動型私医療保険 (private risk-rated health insurance) は，任意加入でありかつ保険料が，年齢，健康状態，利用状況などリスクによって変動し得るよう決められるものであり，一般的な私保険の原理によって運用されているものといえる。

③公保険との関わりで見た私保険の機能

公保険が存在する下での私保険の機能について，OECDの検討では以下のような区別が提案され，この区分ごとに課題も指摘されている (OECD 2004a; OECD 2004b; 田近・菊池 2012)[8]。まず，主たる医療保険 (primary private health insurance) の機能である。これは医療費を賄うための主たる手段として私医療保険に加入するものであり，公医療財政制度が利用できない場合 (principal) と，それを利用できるものの任意的に加入せず代わりに私保険に加入する場合 (substitute) に分かれる。いずれも，個人が加入する団体保険の場合も含まれる。例えば，アメリカ合衆国の非高齢者で一定の所得のある成人の場合には，多くの場合公医療保険の利用資格がないので，主たる医療保険を私保険販売者から購入することとなる。

次に，公医療財政制度に加えて同じ内容の給付を行う私医療保険に加入する二重 (duplicate) 保険の機能であり，この場合に加入者は公医療財政制度に加入しつつ，私医療保険への保険料支払いを行うこととなる。これは，公医療財

政制度によるものとは異なるサービスの利用法がある場合に，その利用を可能とするものである。例えば，私費診療を扱う病院あるいは公医療財政制度の枠外の追加支払いの必要がある病院があり，そちらを利用すれば，より快適な，あるいはより迅速なサービスを得られるというような場合の支払いにあてられる。オーストラリアなどこのような仕組みのある国では，しばしば医師が私費診療と公医療財政制度の上で診療を使い分けて，別々の料金体系で実施している。そのような状況で，この私医療保険の加入を許容すると，それに加入している人とそうでない人で利用できるサービスが異なるという階層医療制度をもたらす可能性もある。そのため，この二重保険に該当する私保険の販売については，カナダのように規制を行っている国もある。

　三つ目の機能は，補完（complementary）機能である。これは，公医療保険と連動し，その給付外の利用者負担を実質的に減らすよう利用者負担の一定割合を給付する私保険である。フランスの補完医療保険はこれに該当し，人口の90％以上が加入している（Chevreul et al. 2010）。社会保険制度での利用者負担は入院医療20％，外来診察30％，歯科医療30％などとなっており，私補完医療保険によってこのほとんどが最終的に支払われる（Durand-Zaleski 2015）。この私補完医療保険は医療アクセスを保障するという意味では有効とはいえるが，一方で利用者負担による政策誘導の効果を打ち消す面もあり，スイスのようにこのような私保険の販売を禁止している国もある。

　最後は，補足（supplementary）機能である。これは，公医療財政制度の給付対象となっていない医療サービスへの給付を行うものである。当然のことながら公医療財政制度の給付対象は国によって異なるので，国々によって何が補足され得るかも異なってくる。例えば，長期入院について給付対象となる日数制限があるような場合に，その制限を超えた日数に対する給付を補足医療保険が行うというような場合である。また，オランダなど成人の歯科医療については，公医療財政制度の給付対象となっていない場合に，それを給付するなどの例がある。

　以上述べてきたようなOECDの提案とそこで述べられている課題は，公医

療財政制度がある下での私医療保険の機能を区別し、それぞれの課題を明らかにしようとしているものである。同様の区分を、Mossialosらは、欧州の任意医療保険の検討において用いており、代替（substitute）、補完（complementary）、補足（supplementary）という三種類の私医療保険を区分している（Mossialos and Thomson eds. 2004）。この区分はOECDのものと同じであるが、その意味はやや異なっている。すなわち、Mossialosらの区分では、補完機能は、公医療財政制度での利用者負担分とともにそこでは給付対象外となっているサービスについて給付するものであり、OECD区分では補完・補足機能の両方を含めたものである。そして、補足機能は、むしろ迅速な利用を可能とし、患者の選択を増やすためのものとされる。

このように異なる区分が用いられることは、私医療保険の多様性を示しているともいえるが、それは私保険の記述を行う用語についても、現時点では注意深い断り書きが必要であることを意味している。

④私医療保険の論点

私医療保険は多様であり、公医療財政制度と市場・規制の状況に応じて様々な保険が契約され得る。ただし、これまでの経験では、規制を適切に行わないと望ましい社会的効果を産出することは難しく、むしろ弊害をうむ可能性があることが示されている（OECD 2004a; Thomson 2009）。なお、これは公医療保険と同じような社会的効果という観点からの評価であって、個人が特定の私医療契約によって得られる便益を否定するものではない。

医療政策の目標から見て問題となる事象としては、リスク選択（クリーム・スキミング）、リスク分布の偏り、規模の経済が働かないことによる不効率、保険者の規模が小さくなることによって生じる医療供給者との契約での交渉力低下、患者・供給者のモラル・ハザードなどがある（Mossialos and Thomson 2002）。よく知られているこれらの課題について、ここでそれを繰り返すことは行わないが、対策として規制を強めれば強めるほど、実際上、公医療保険としての性格が強まっていくことになる。それゆえ、望ましい社会目標を達成するためには、競争下に置かれている公医療保険と同様に（クリーフ 2012）、患

者・保険者の選択に委ねられる部分をどのように設計するかについて，慎重に評価を重ねながらすすめる必要がある。

⑤医療貯蓄

なお，私的な財政に関わる仕組みとして，私保険以外に，医療貯蓄口座（medical savings account）がある。医療貯蓄は医療費支払いに備えてあらかじめ定められた貯蓄を行い，医療利用の費用をそこから支払っていく仕組みである。貯蓄であるので，資産として扱われることとなり，保険のように金銭的リスクを共有化しない。このため，多くの場合リスク共有化に備えた危機的医療負担保険と組み合わされる。この仕組みはシンガポールでは医療機構の中軸として強制貯蓄として実施されており（Lim 2004），アメリカ合衆国では任意加入の医療費への備えの一つとして提供されている。また，この医療貯蓄口座の考え方は，中国の公医療保険の仕組みに取り入れられている（Shortt 2002; Dong 2009; 李 2012）。医療貯蓄口座は，医療支出への備えの手段の一つであるが，この貯蓄総額がどのぐらいが適切か，そして貯蓄を行うための所得をいかに賄うかという難しい問題がある。さらに，病気になった住民に費用負担が集中するので医療アクセスの不衡平につながり得る，というのも懸念される。

（3）利用者負担

①利用者負担の諸形式

利用者負担とは，医療サービス・医薬品の利用者が直接医療供給者に支払う金銭のことであり，患者負担ともいわれる。利用者負担は，医療機構の状態によって様々に発生し得る。公私にかかわらず保険がない状態では，私契約に基づき医療供給者が請求する代金を，利用者が支払うこととなる。しかし，公医療保険が存在する場合には，制度上に定められた利用者の負担に限定することが多く，それらは以下のような形式を含む。

まず，保険免責分（deductible）の負担がある。これは一定の金額（例えば5万円）までは医療サービスの費用の全てを利用者が供給者に支払い，それを超えた部分から保険が適用される仕組みにおいて発生する。次に，定額負担（copayment）であり，これは一回の診察あたり1000円，処方箋一つあたり500円，入院1日あたり3000円（金額は仮のものである）などと，一定のサービスに対して定額の支払いを利用者が行うものである。

　定率負担（co-insurance）は，請求額の一定割合を利用者が支払うものであり，日本の健康保険における三割負担は，その典型的な例である。定率負担の場合には，医療サービスの請求額が巨額となった場合に，かなりの大幅な金額を利用者が負担することとなり，この財政リスクは通常の家計にとって危機的なものともなり得る。そのようなことを見越して，利用者負担の金額が一定以上を越えた場合に，それ以上の負担をなくす，あるいは大幅に軽減するなどの危機的負担保険（catastrophic insurance）の仕組みが構築されていることがあり，日本の健康保険における高額療養費制度はその一例である。

　このようないわば制度上定められた負担は，社会的に明らかな負担といえる。ただし，制度上許容されている支払いの場合でも，医療上必要なサービスを保険給付外にすることなどにより，制度外で発生する利用者の負担（間接負担）を利用者負担として考える立場もある（Rubin and Mendelson 1995; Robinson 2002）。例えば，日本における出産に関する医療サービスの代金やフランスの医師に一定の条件の下で許容されている追加請求（extra billing）の場合である。このような負担については，その請求額が供給者によるため，社会的に明らかな負担といい難い面がある。まして，後述する非公式の負担はさらにその負担のあり方は不透明となる。

　②利用者負担の論点

　利用者負担のあり方については，医療需要あるいは利用に関わる問題であり，医療アクセスの衡平への影響，モラル・ハザード，財源の確保という三つの論点をめぐって議論され，また研究されてきた（Schokkaert and van de Voorde 2011）。

　医療の需要への影響をめぐる問題とは，簡単にいえば，市場における価格の変化が需要に影響するように，利用者負担の変化が人々の受診や医療サービスの利用にどのような影響をもたらすのか，という問題である。この問題は，受診への影響が利用抑制に，特に所得の低い人の利用抑制に結びつき医療アクセ

スの衡平を脅かすのではないかという懸念から検討されてきた（Evans et al. 1995）。

利用者負担は保険にともなうモラル・ハザードを減らすという観点からも，議論されてきた。すなわち，利用者負担が少なければ，利用者ならびに供給者の双方にモラル・ハザードを生じ，経済学的な観点からは最適とはいえない，あるいは無駄なサービス供給をもたらすのではないかという懸念である。

この両者は異なる観点から，利用者負担という現象を位置づけたものであり，その実証研究上の焦点は結局利用者負担が変化するとそれに応じて医療利用が変化するのかどうか，その変化はどのような利用者負担で，誰によってどう違うのか，ということにある。なお，経済学的な意味づけについては，伝統的な需要曲線の存在を認めるかどうかという点で，根深い対立があるといわれる（Schokkaert and van de Voorde 2011）。

この課題については，有名なRANDの無作為化社会実験研究をはじめ，自然実験モデルなど各種の方法を用いた検討がなされてきている。これまでの研究では，利用者負担の増大は，医療的な意味での無駄があるかどうかを問わず医療利用を抑制することが明らかになっている（Newhouse and the Insurance Experiment Group 1993; 井伊・別所 2006; Schokkaert and van de Voorde 2011）。また利用者負担の極端な例は無保険であるが，無保険の場合には保険に入っている場合に比べて医療上必要と思われる各種の治療や検査の利用が低くなることが示されている（Institute of Medicine 2002）。

利用者負担によって，租税や社会保険料負担を増加させずに，医療財政の全体を増やすことが全体としては可能となることに注目して，特に財源が乏しい状況の下で，その財政動員効果に期待する議論もなされてきた。このような議論は中・低所得国における医療財源を増加する目的の下で行われ，質の向上等が目指された。1980年代後半からアフリカ諸国，特にサハラ以南諸国を中心に行われたバマコ先進事業では，利用者負担等で増加した財源を当該地域で用いるという方式が行われ，それは地域社会におけるアクセスや質の増加に寄与することが示されている（Jakab and Krishnan 2004）。

ただし，利用者負担による資金が地域社会ではなく全国的な資金として用いられる場合は，その効果ははっきりしないなど，単に利用者負担を増加させるだけでなく，それを誰がどのように用いるかという点での慎重な設計が必要である。そして，もし質の向上や給付の拡大をなし得る効率を向上させる慎重な設計が可能であるならば，特に利用者負担により財源を確保せずとも租税その他の手段もとり得るであろう（Schokkaert and van de Voorde 2011）。

欧州諸国においても，無料で医療を提供していたデンマーク，スロバキア，ラトヴィアなど欧州のいくつかの国では，財政難を背景として，利用者負担の導入を議論し，実際に導入した例もある（Tambor et al. 2013）。もっとも，この政策は不人気のために，両国では政権交代ととともにおおむね廃止されている。

とはいえ，負担が困難な状況において利用者負担が導入される場合には，重大な利用の不衡平を引き起こし得るし，医療費の負担によって生計の手段がなくなるなど生活全体に影響することもあり得ることから，普遍給付を目指す立場からは利用者負担はなるべく少ない方がよい。この場合に，すでに導入されている利用者負担を廃止する場合には，予想される利用の増加分を含めた代替・追加財源の確保や，医療従事者との円滑なコミュニケーションなどの慎重な実施が必要といわれている（Gilson and McIntyre 2005）。

（4） 非公式の支払い

公私ミックスの検討の際に，特に患者と利用者との関係については，制度化された公式の支払いの外で行われる医療供給者等への非公式の支払い（いわゆる「袖の下」や「寄付」など名称で医療機関に行われるものの実際上強制的な性質をもつ金銭の供与）についても留意しておく必要がある（Lewis 2002）。この問題は，旧東欧・ソビエト連邦諸国に関わり注目されてきたが，近年ではそれ以外の国においても存在している事象であることが明らかにされている。日本の保険外負担にもこうした負担が含まれている可能性もある（二木 1992）。

Tambor らは，欧州35ヶ国の統計を用いた量的分析と事例検討を用いた質的

分析により、医療への公式の支払いと非公式の支払いについて検討している。非公式の支払いが広く認められる国（ギリシャ、ハンガリー、リトアニア、スロバキア、ウクライナ、ポーランド、ルーマニア、ロシア、トルコ、アルバニア、ラトヴィア、ブルガリア）では、公医療財政制度による負担の割合が低く、統治（ガヴァナンス）指標がより良好ではなかった[11]。これらの国では一般的な賄賂の許容度が高い一方で、基礎的必要への公の責任を認める傾向では高かった（Tambor et al. 2013）。

このような非公式な支払いは規則上禁止されている場合が多いが、様々な理由で追加的負担を医療供給者に求められた場合に患者側がそれを断ることは困難であることを考えると、公私の制度変更が非公式の支払いを求める活動につながらないような留意が必要であろう。

4　日本の医療財政における公私ミックスの論点

本章では、医療財政の公私ミックスを構成するそれぞれの財源についての議論を見てきた。以下、それらをふまえつつ、日本の医療財政を念頭に置いて、公私ミックスを検討するためのいくつかの論点について述べるが、その前に日本の公医療財政制度と私医療保険における給付の状況について、簡単に近年の動向を見ておきたい。

（1）　日本における医療財政の公私ミックスの動向

公医療財政制度についていえば、皆保険成立後ながらく続いていた地域保険と職域保険の給付率の違いが基本的には解消され、70％の給付率、30％の利用者負担が基本となった。一方で、入院中の食事に対して1日あたりで定額を支払う（所得・年齢で異なる金額となる）食事療養標準負担額等、この定率負担の枠に入らない利用者負担も制度化されている。月額の利用者負担額が一定金額を上回った場合に給付率が上昇する（利用者負担率が下がる）高額療養費制度は、給付率が100％であったものが99％となるとともに、所得金額に応じてこの利

用者負担上限額が異なるようになっている（厚生労働省保険局 2015）[12]。また，高額療養費は，利用者が申請して後日給付を受けるものであり，もともとは医療機関にすべての利用者負担分を支払う必要がある。しかし，近年では事前に保険者から所得区分に関わる認定証等を取得し医療機関に示すことで，所定の割り引かれた利用者負担金額のみを支払うだけで済ませることができる。このように高額な利用者負担の軽減については，所得に応じて軽減する方向の政策展開となっている（松田 2015）。

私医療保険は公医療財政制度と直接関連づけられることなく，別の言い方をすれば，政策的に補完保険として位置づけられるわけではなく，これまで発達してきている。しかも，伝統的な生命保険の特約として当初普及し，1990年代の金融自由化の一環として保険契約の自由化が徐々に進められる中で，「第三分野」の保険として医療保険の単独契約が広がってきているという経過がある（堀田 2006；生命保険文化センター 2012；生命保険協会 2015）[13][14]。このように，独特の発達の経緯をたどっているため，この間拡大してきている私保険について国民の必要との関わりで再検討が必要との論点も提示されている（米山 2009）。

以下では，すでに述べたようなそれぞれの財源の論点ではなく，医療財源の公私ミックスを視野にいれた政策形成に関わって，留意すべき論点について考察する。

（2） 政策目標と医療財政の公私ミックス

医療政策の目標をどのように設定するかの再確認が，公私ミックス（再）設計の前提となる。この目標は政治的に定められるが，多くの先進諸国では医療部門の目標として，医療アクセスの衡平，効率的な実施，患者・住民の要望に応じた良質のサービス，などを挙げ，住民の健康状態の向上という公衆衛生上の目標と関連づけている（Roberts et al. 2008）。

公私ミックスのあり方は，これらの政策目標のどれとも関わってくる。まず，公医療財政制度そして私医療保険の給付範囲をどのようにするのか，という問題がある。例えば，日本の医療保険制度の給付水準は原則30％であり，これは

高齢者のように負担軽減措置がなされている場合でも，特に低所得者について医療アクセスの不衡平をもたらしている危惧がある（Murata et al. 2010）[15]。これについて，より衡平なアクセスを実現するという政策目標を立てたとすると，そのための方策は，理論的にいって，低所得者あるいは全体として公医療保険制度の給付率をあげる，フランスのように利用者負担分を給付する補完医療保険を導入する，医療貯蓄制度を別途設ける，などが考え得る。これらはどれもが，公私ミックスを変化させる政策である。

公私医療財政制度の運用効率の上昇や後で述べるイノベーションの観点から，公医療財政制度に保険者間競争を導入し，政府の規制の下で私医療保険者の参画を可能とする構想も考え得る。保険者の競争や競争可能性によって，保険者と供給者の選択的契約の仕組みに関するイノベーション等が生じ効率が上昇することを期待する議論である（Robinson 1993; Lehmann and Zweifel 2004; Christianson and Conrad 2011）。このような例としては，オランダの例が有名であるが，リスク選択の予防措置や公正な競争をもたらすための財政調整等の諸条件を整えていく必要も示されている（Enthoven and van de Ven 2007; 佐藤 2007; Okma et al. 2011）。そうした諸条件の整備が可能であることが見込めるのであれば，このような方策も考え得るであろう。もっとも，イノベーションは公共部門でも生じ得るので，競争的環境の下での私保険と様々な工夫を行って組織内のインセンティブを設けた公医療財政制度のどちらがよりイノベーティブであるかは，単純に予測することは難しい（Hartley 2013）。

医療の質や患者サービスの向上という点についていえば，医療専門職相互の同僚的影響といった伝統的方策，政府によるガイドラインの提示などに加えて，医療財政による経済インセンティブについても，この間議論されてきた（Le Grand 2003; Velasco-Garrido et al. 2005）。これはむしろ医療供給者の公私ミックスに関する議論であるが，イギリスのように私財政・私供給による医療がある場合には，そこでの医療供給モデルが公医療財政制度への示唆を与える場合もあるかもしれない。

(3) 公医療財政制度による財政リスク負担の認知

　医療利用によって生じる財政リスクのどの部分が公医療財政制度により担保され，どの部分が私医療費保険により担保されるのかを設計するにあたって，この分担についての住民の認知がどうなるかが問題である。日本の公医療財政制度は，すでにそれ自体かなり複雑なものであり，これに呼応する私医療保険を適切に購入することは（あるいは設計することも）なかなか難しい。もし公私ミックスにおいて医療政策の目標を実現しようとするならば，公私のリスク担保の分担は，人々にとってもっと分かりやすいものとなる必要があるように思われる。この制度の認知が適切になされていることを前提として，私保険の購入や貯蓄による備えを適切に促していくことがなければ，私保険の購入が効率的に行えることは望めないだろうし，貯蓄による対応も難しいからである。

　具体的例を出しながら考えてみよう。イギリスのようにほとんどの医療サービスがほぼ無料で公医療財政制度によって給付される場合は，そのサービスを受ける限りでは住民は医療に要する費用についての意味での財政リスクを考える必要はほとんどない。しかし，そこではある種の治療について待機期間が長いなどの問題が知られている。これを回避するため公医療財政制度外の私医療を受ける選択肢を確保したい，あるいはホテル・サービスが特別によい私病院のサービスを利用したいのであれば，住民は私医療を受けるための費用を自ら備えておくか，その費用を給付対象とする私保険に加入することが必要となる。公医療財政制度における待機期間の問題それ自体は解決すべき課題となるが，このような公私ミックスが一定受け入れられているのは，公医療財政制度が基本的な財政リスクを担保し必要なサービスがそこで利用できることが明確になっているからである。

　フランスでは，公医療保険の給付率は入院で80％，外来での医師診察で70％，外来検査で60％などとなっており（2010年頃の状況）(Chevreul et al. 2010)，その限りでは少なからぬ利用者負担を負わねばならない。しかし，この利用者負担の財政リスクに対応する補完健康保険がはっきりと分かる形で存在し，しかも所得の低い住民は公医療保険に加えて補完健康保険に無料で加入できる（ス

テフェン 2016)。もし公私ミックスを普遍給付による医療アクセスの衡平を向上させるなど，社会的効果を期待して政策的に展開しようとすれば，フランスほどに明確な分担が必要かどうかは別にしても，住民にとって分かりやすい公医療保険の仕組みとそれに対応した私保険の情報規制を構築し，情報を分かりやすく提示することが重要になるであろう（岩瀬 2011）。

(4) 公私ミックス設計・実施の政策アウトカムの評価

医療財源の公私ミックスを公私の相互連携を前提に設計するならば，公・私を単独で見るのではなく，公私ミックス全体としての政策アウトカムを評価する体制を構築する必要がある。つまり，保険料等の事前支払い，利用者負担，医療アクセスの衡平，家計への影響（医療財政における衡平），さらには運営効率や手続き論，適切な情報提示等の諸論点について，両者を関連させつつ検討していかねばならない。もちろん，このような場合にも，私医療保険には，政策的に位置づけられた部分以外に，独自に付加される保険というのもあり得る。そのようなものについても，公私保険の相互の影響などをふまえて，政策への影響があるのであれば政策的な観点からの評価が必要となるであろう。

これに関って日本の政策課題として指摘しておかねばならないのは，医療利用にともなう公式・非公式の負担を含めた総合的な負担についての綿密な状況把握を政府が系統的に行えていないことである。もちろん，家計調査によって大まかな動向は把握されているし，時々に研究ベースで調査されてもいるが，現在の社会保険制度を前提として，生じる様々な負担とそのアクセスへ衡平への影響を総合的に把握することが，公私ミックスの設計を適切に行うためには重要である。

5　むすび：医療機構の公私ミックス設計論に向けて

本章では，医療機構における公私ミックスの類型論を見た上で，特に医療財源の公私ミックスに関わる研究を概観してきた。紙幅の都合上議論は近年のも

のに限られており，また，どちらかといえば政策形成論的議論を中心に行ってきた。それゆえ，様々な医療機構における公私ミックスの多様性には言及したが，その形成に関与してきた要因——例えば政治イデオロギーの役割など——についての検討を行っておらず（Mou 2013），その点については別の機会に譲りたい。

政策形成論的視点からいえば，医療財源の公私ミックスは，新たな財源を確保あるいは緊急に財源が不足した場合への対応，より衡平な医療アクセスの追求，イノベーティブで患者の要望に迅速に対応する医療機構，などといった政策目標との関わりで検討する必要がある。ただし，これらの諸目標が必ずしも整合的ではなく，とりわけアクセスの衡平とリスク・ベースで運用される私保険とにはトレード・オフの関係にあることを考えると，どの政策を重視するかという政治的意志決定が重要になる。

一方，今後日本においては，徐々に個別住民単位でのデータが蓄積され，それにより各種の政策目標の実証的検討を行う基盤が広がる可能性がある。その場合に，所得・保険加入・健康状態・医療サービスの利用などの政策アウトカムの評価をより詳細に行っていくことが重要といえる。

本章では，公私のどちらかに優位性をあらかじめ措定する立場は採用せず，むしろ医療アクセスの衡平の確保や運営効率の向上といった社会目標を実現する手段として公私ミックスを位置づけて議論してきた。そのように手段として公私ミックスを捉えるならば，その設計を大枠として，また実務的に確かに稼働するものとして行うには，社会目標の設定とともに，日本の公医療保険の歴史的経過をふまえ，多様な国際的経験や制度設計に関わる知識を総合した，細部にわたる設計が必要となる。それには，医療財政における公私ミックスだけでなく，医療供給の公私ミックスを含めた医療機構全体にわたる仕組みを検討することが不可欠となる。

注
(1) 2013年度の国民医療費の財源の38.8％が公費から支出されており，その内訳は国

庫25.9%, 地方12.9%となっている (厚生労働省大臣官房統計情報部 2015)。
(2) 笠木 (2012) はフランスの assurance maladie complémentaire を補足的医療保険と訳しているが, 本章では OECD で共通に用いられる用語を用い一般的に議論するため, 後に説明する田近・菊池 (2012) に従い「補完」医療保険と記載した。
(3) 日本の医療供給者の一部である消費生活協同組合や農業協同組合などの中間的法人は, この三分法ではどちらかといえば社会アクターに近いと考えられるが, 一方でその管理は組合員内で閉じているという点では私アクターであるともいえる。
(4) なお, 旧社会主義国であるスロヴェニアでは, 規制・財政の主要な役割が社会アクターに移行した状況で, なお国家による供給が行われているという, 理論上は「ありそうにない」医療機構の類型に近いものであったとされている。
(5) 本文で述べた以外に, ドイツ・フランス・イギリスでの医療機構の全体像と近年の改革動向を知る上で, 松本ほか (2015) が有用である。
(6) 基本的にはこれは定住人口を対象とした議論であるが, アメリカ合衆国のように不法移民の居住者が多く滞在している場合には, その処遇が問題となる。さらには, 今日のように国際紛争が常時発生している中では難民受け入れにともなう医療アクセスも問題となる。
(7) やや古いが先進諸国における基礎診療, 入院, 薬剤, 歯科医療などについての給付 (利用者負担) の状況について, Robinson (2002) がまとめている。OECD (2004a) にも同様な整理がある。
(8) 訳語は, おおむね田近・菊池 (2012) に従った。
(9) 英語では税に基づく医療機構の場合には user charges あるいは user fees が, 社会保険による医療機構の場合には, cost-sharing (費用共有分) という用語が用いられることが多い。本章では, これらを区別せずに用いている。また, 公式・非公式の支払いを含めた患者 (利用者) から供給者への直接の支払いは, 利用者から見て, 家計からの利用時支払い額 (out-of-pocket payments) と呼ばれる場合もある。
(10) 日本の医療保険では, しばしば「自己負担」という用語が用いられるが, この場合「自己」とは何を指すのかが自明ではなく, 利用者・患者は医療サービス利用前にもすでに税・社会保険料を納めており, その意味での負担を行っていることをふまえて, 利用者負担の用語を用いる。
(11) 統治の良好さについてのデータは, 世界銀行による統治指標 (www.governanceindicators.org) が, 基礎的必要への政府の責任と賄賂への態度については世界価値調査 (http://www.qog.pol.gu.se/data/) のデータが, 用いられている。
(12) 例えば, 70歳未満の健康保険加入者は, 2015年1月から, ①住民税非課税, 標準報酬月額が②28万円未満, ③28万円以上53万円未満, ④53万円以上83万円未満, ⑤83万円以上, という五つの区分によって, 自己負担限度額が定められる。一月あたりの自己負担限度額は, それぞれ①3万5400円, ②5万7600円, ③8万0100円+ (医療費総額−26万7000円) ×1%, ④16万7400円+ (医療費総額−55万8000円) ×1%, ⑤25万2600円+ (医療費総額−84万2000円) ×1%, となる。なお, 厚生労働省

の資料では，②〜⑤の区分は，年収が②約370万円未満，③約370〜770万円，④約770〜1160万円，⑤1160万円以上，に該当する（厚生労働省保険局 2015）。国民健康保険加入者の場合は，別の基準ではあるが所得に応じた上限額が定められている。さらに世帯での合算，連続した月での高額負担の場合の負担金額の軽減措置，介護保険負担金額との合算，等の仕組みによって利用者負担の軽減が図られている。

(13) このような公私ミックスの政策的位置づけの明確化は，私医療保険市場の拡大につながる政策となる可能性もあるが，リスク選択や保険料設定に関わって私保険への規制を強化する必要性が生じる可能性もある。当座拡大しつつある日本における私医療保険の具体的論点については，堀田（2006）や堀田編著（2007）および2006年度日本保険学会シンポジウム「民間医療保険の戦略と課題」（2007）におけるシンポジスト討論・全体討論を参照。

(14) 生命保険協会（2015：9）によれば，2014年度においては，個人向け商品のうち，主契約において入院・手術保障等を提供する医療保険の保有契約件数は3194万件，ガン保険の保有契約件数は2197万件，主契約に医療保障を特約として付加する特約型で，災害入院が7357万件，疾病入院が7371万件，手術保障が9673万件となっていた。また生命保険文化センター（2012）の推計によれば，2012年における生命保険の世帯加入率は，全生命保険で90.5％であり，民間生命保険（かんぽ生命，JA，生協・全労済以外の生命保険）への世帯加入率は78.4％であった。この民間生命保険（かんぽ生命を除く）加入世帯における医療関係の保険ならびに特約契約の状況を見ると，まず医療保険・医療特約の世帯加入率は92.4％であり，世帯主，配偶者の加入率はそれぞれ85.2％，70.8％であった。世帯，世帯主，配偶者の順に，ガン保険・ガン特約の加入率は，62.3％，54.5％，41.5％，特定疾病保障保険・特定疾病保障特約の加入率は，43.4％，37.6％，25.4％，通院特約の加入率は43.8％，36.9％，29.2％であった。特定損傷特約，疾病障害特約・重度慢性疾患保障特約，介護保険・介護特約の世帯加入率は，それぞれ29.3％，17.9％，14.2％であった。

(15) 残念ながら，医療アクセスの衡平についての検討は日本において系統的になされているとはいいがたい状況である。

参考文献

井伊雅子・別所俊一郎，2006，「医療の基礎的実証分析と政策——サーベイ」『フィナンシャル・レビュー』（1）：117-156。

岩瀬大輔，2011，「規制緩和後の生命保険業界における競争促進と情報開示」『保険学雑誌』（612）：219-238。

栄畑潤，2007，『医療保険の構造改革——平成18年改革の軌跡とポイント』法研。

笠木映里，2012，『社会保障と私保険——フランスの補足的医療保険』有斐閣。

クリーフ，リチャード・C・バン，2012，「オランダの医療制度における管理競争——前提条件と現在までの経験」『フィナンシャル・レビュー』（111）：74-89。

厚生労働省大臣官房統計情報部，2015，「平成25年度 国民医療費の概況」厚生労働省大臣官房統計情報部。

厚生労働省保険局, 2015, 「高額療養費制度を利用される皆さまへ（平成27年1月診療分から）」（厚生労働省保険 web, 2015年11月12日取得, http://www.mhlw.go.jp/file/06-Seisakujouhou-12400000-Hokenkyoku/0000075123.pdf）。
佐藤主光, 2007, 「医療保険制度改革と管理競争――オランダの経験に学ぶ」『会計検査研究』(36): 41-60。
柴田洋二郎, 2012, 「フランス社会保障財源の『租税化』(fiscalisation)――議論・帰結・展開」『海外社会保障研究』(179): 17-28。
社会保障審議会医療部会, 2003, 「医療提供体制に関する意見」社会保障審議会医療部会。
ステフェン, モニカ（松田亮三監訳, 中澤平訳), 2016, 「普遍主義と私的財政――普遍的医療給付のフランスモデル」松田亮三・鎮目真人編『社会保障の公私ミックス再論――多様化する私的領域の役割と可能性』ミネルヴァ書房（本書第7章）。
生命保険協会, 2015, 「生命保険の動向（2015年版）」生命保険協会（同協会 web, 2015年11月15日取得, http://www.seiho.or.jp/data/statistics/trend/）。
生命保険文化センター, 2012, 「平成24年度 生命保険に関する全国実態調査〈速報版〉」生命保険文化センター。
髙山一夫, 2016, 「米国における医療保険とセーフティネット医療供給者」松田亮三・鎮目真人編『社会保障の公私ミックス再論――多様化する私的領域の役割と可能性』ミネルヴァ書房（本書第8章）。
田近栄治・菊池潤, 2012, 「医療保障における政府と民間保険の役割――理論フレームと各国の事例」『フィナンシャル・レビュー』(111): 8-28。
二木立, 1992, 『90年代の医療と診療報酬』勁草書房。
西岡幸泰, 1985, 『現代日本医療政策論』労働旬報社。
日本保険学会, 2007, 「平成18年度日本保険学会シンポジウム・民間医療保険の戦略と課題・シンポジスト討論・全体討論」『保険学雑誌』(596): 89-112。
橋本英樹, 2012, 「皆保険医療制度を巡る国際的動向と日本の役割」『医療経済研究』23(2): 85-94。
堀田一吉, 2007, 「問題提起――民間医療保険をめぐる現状認識と構造的特徴」『保険学雑誌』(596): 1-12。
堀田一吉編著, 2006, 『民間医療保険の戦略と課題』勁草書房。
松田亮三, 2015, 「『社会保障・税一体改革後』の医療政策」『大原社会問題研究所雑誌』(685): 5-17。
―――, 2016, 「市場とネットワークによる医療供給ガバナンス――1970年代の日本医療機構の考察」『日本医療経済学会会報』32(1): 17-27。
松本勝明, 2011, 「国際比較の視点から見た皆保険・皆年金」『季刊社会保障研究』47(3): 268-276。
松本勝明・加藤智章・片桐由喜・白瀬由美香・松本由美, 2015, 『医療制度改革――ドイツ・フランス・イギリスの比較分析と日本への示唆』旬報社。
丸山士行, 2009, 「オーストラリア――公的部門と民間部門の併用」井伊雅子編『ア

ジアの医療保障制度』東京大学出版会。

棟居（椎野）徳子，2005，「『健康権（the right to health）』の国際社会における現代的意義――国際人権規約委員会の『一般的意見第14』を参考に」『社会環境研究』(10)：61-76。

米山高生，2009，「戦後型保険システムの転換――生命保険の自由化とは何だったのか？」『保険学雑誌』(604)：25-44。

李宣，2012，「中国の医療と農村の光と影――各種調査結果からみる新医療制度改革の現状と課題」『横浜国際社会科学研究』16(6)：27-49。

Böhm, K., A. Schmid, R. Götze, C. Landwehr and H. Rothgang, 2013, "Five Types of OECD Healthcare Systems: Empirical Results of a Deductive Classification," *Health Policy*, 113(3): 258-269.

Boyle, S., 2011, "United Kingdom (England): Health System Review," *Health Systems in Transition*, 13(1): 1-486.

Busse, R., J. Schreyögg and C. Gericke, 2007, *Analyzing Changes in Health Financing Arrangements in High-Income Countries: A Comprehensive Framework Approach*, Washington, D. C.: World Bank.

Chevreul, K., I. Durand-Zaleski, S. B. Bahrami, C. Hernandez-Quevedo and P. Mladovsky, 2010, "France: Health System Review," *Health Systems in Transition*, 12(6): 1-291.

Christianson, J. B. and D. Conrad, 2011, "Provider Payment and Incentives," S. Glied, P. C. Smith, J. B. Christianson and D. Conrad (eds.), *Oxford Handbook of Health Economics*, Oxford: Oxford University Press, 624-648.

Docteur, E. and H. Oxley, 2004, "Health-System Reform: Lessons from Experience," OECD Health Project (ed.), *Towards High-Performing Health Systems: Policy Studies*, Paris: OECD, 19-85.

Dong, K., 2009, "Medical Insurance System Evolution in China," *China Economic Review*, 20(4): 591-597.

Durand-Zaleski, I., 2015, "The French Health Care System, 2014," E. Mossialos, M. Wenzl, R. Osborn and C. Anderson (eds.), *International Profiles of Health Care Systems, 2014*, New York: The Commonwealth Fund, 53-62.

Enthoven, A. C. and W. P. van de Ven, 2007, "Going Dutch-Managed-Competition Health Insurance in the Netherlands," *New England Journal of Medicine*, 357(24): 2421-2423.

Evans, R. G., M. L. Barer and G. L. Stoddart, 1995, "User Fees for Health Care: Why a Bad Idea Keeps Coming Back (or, What's Health Got to Do with It?)," *Canadian Journal on Aging/La Revue canadienne du vieillissement*, 14(02): 360-390.

Flora, P. and A. J. Heidenheimer, 1981, *The Development of Welfare States in Europe and America*, New Brunswick: Transaction Books.

Frenk, J. and A. Donabedian, 1987, "State Intervention in Medical Care: Types, Trends and Variables," *Health Policy Planning*, 2(1): 17-31.
Gilardi, F., 2008, *Delegation in the Regulatory State: Independent Regulatory Agencies in Western Europe*, Che Henham: Edward Elgar.
Gilson, L. and D. McIntyre, 2005, "Removing Use Fees for Primary Care in Africa: The Need for Careful Action," *British Medical Journal*, 331: 762-765.
Granovetter, M., 1985, "Economic Action and Social Structure: The Problem of Embeddedness," *American Journal of Sociology*, 91(3): 481-510.
Gruber, J. and K. Simon, 2008, "Crowd-out 10 Years Later: Have Recent Public Insurance Expansions Crowded out Private Health Insurance?," *Journal of Health Economics*, 27(2): 201-217.
Hartley, J., 2013, "Public and Private Features of Innovation," S. P. Osborne and L. Brown (eds.), *Handbook of Innovation in Public Services*, Cheltenham: Edward Elgar, 44-59.
Hodge, G. A., C. Greve and A. E. Boardman (eds.), 2010, *International Handbook on Public-Private Partnerships*, Cheltenham: Edward Elgar.
Institute of Medicine, 2002, *Care without Coverage: Too Little, Too Late*, Washington, D. C.: National Academies Press.
International Labor Organization, 2010, *World Social Security Report, 2010/11: Providing Coverage in Times of Crisis and Beyond*, Geneva: International Labour Office.
Jakab, M. and C. Krishnan, 2004, "Review of the Strengths and Weaknesses of Community Financing," A. S. Preker and G. Carrin (eds.), *Health Financing for Poor People: Resource Mobilization and Risk Sharing*, Washington, D. C.: World Bank, 53-117.
Johnson, T., G. Larkin and M. Saks, 1995, *Health Professions and the State in Europe*, London; New York: Routledge.
Le Grand, J., 2003, *Motivation, Agency, and Public Policy: Of Knights and Knaves, Pawns and Queens*, Oxford; Tokyo: Oxford University Press.
Lehmann, H. and P. Zweifel, 2004, "Innovation and Risk Selection in Deregulated Social Health Insurance," *Journal of Health Economics*, 23(5): 997-1012.
Lewis, M., 2002, "Informal Health Payments in Central and Eastern Europe and the Former Soviet Union: Issues, Trends and Policy Implications," E. Mossialos, A. Dixon, J. Figueras and J. Kutzin (eds.), *Funding Health Care: Options for Europe*, Buckingham: Open University Press, 184-205.
Light, D. W., 2000, "The Sociological Character of Healthcare Markets," G. L. Albrecht, R. Fitzpatrick and S. C. Scrimshaw (eds.), *Handbook of Social Studies in Health and Medicine*, London: Sage, 394-408.
Lim, M.-K., 2004, "Shifting the Burden of Health Care Finance: A Case Study of

Public-Private Partnership in Singapore," *Health Policy,* 69(1): 83-92.
Maynard, A., 2005a, "Enduring Problems in Healthcare Delivery," A. Maynard, (ed.), *The Public-Private Mix for Health: Plus Ça Change, Plus C'est La Même Chose ?,* Oxon: Radcliffe Publlishing, 293-309.
Maynard, A. (ed.), 2005b, *The Public-Private Mix for Health: Plus Ça Change, Plus C'est La Même Chose ?* Oxon: Radcliffe Publlishing.
McDaid, D., M. Wiley, A. Maresso and E. Mossialos, 2009, "Ireland: Health System Review," *Health Systems in Transition,* 11(4): 1-268.
McLachlan, G., 1982, "Introduction," G. McLachlan and A. Maynard (eds.), *The Public/Private Mix for Health: The Relevance and Effects of Change,* London: Nuffield Provincial Hospitals Trust, 1-18.
McLachlan, G. and A. Maynard (eds.), 1982, *The Public/Private Mix for Health: The Relevance and Effects of Change,* London: Nuffield Provincial Hospitals Trust.
Medibank Private Limited, 2015, *Annual Report 2015,* Melbourne: Medibank Private Limited.
Mossialos, E. and A. Dixon, 2002, "Funding Health Care: An Introduction," E. Mossialos, A. Dixon, J. Figueras and J. Kutzin (eds.), *Funding Health Care: Options for Europe,* Buckingham: Open University Press, 1-30.
Mossialos, E., A. Dixon, J. Figueras and J. Kutzin (eds.), 2002, *Funding Health Care: Options for Europe,* Buckingham: Open University Press. (＝一圓光彌訳, 2004,『医療財源論──ヨーロッパの選択』光生館)
Mossialos, E. and J. Le Grand, 1999, *Health Care and Cost Containment in the European Union,* Aldeshot; Brookfield, Vt.: Ashgate.
Mossialos, E. and S. Thomson, 2002, "Voluntary Health Insurance in Europe," E. Mossialos, A. Dixon, J. Figueras and J. Kutzin (eds.), *Funding Health Care: Options for Europe,* Buckingham: Open University Press, 128-160.
Mossialos, E. and S. Thomson (eds.), 2004, *Voluntary Health Insurance in the European Union,* Brussels: World Health Organization on behalf of European Observatory on Health Systems and Policies.
Mou, H., 2013, "The Political Economy of the Public-Private Mix in Health Expenditure: An Empirical Review of Thirteen OECD Countries," *Health Policy,* 113(3): 270-283.
Murata, C., T. Yamada, C.-C. Chen, T. Ojima, H. Hirai and K. Kondo, 2010, "Barriers to Health Care among the Elderly in Japan," *International Journal of Environmental Research and Public Health,* 7(4): 1330-1341.
Newhouse, J. P. and the Insurance Experiment Group, 1993, *Free for All ? Lessons from the Rand Health Insurance Experiment,* Massachusetts: Harvard University Press.

OECD, 2004a, *Private Health Insurance in OECD Countries*, Paris: OECD Publishing.
―――, 2004b, *Proposal for a Taxonomy of Health Insurance*, Paris: OECD.
―――, 2015, *OECD Health Data*, Paris: OECD.
OECD/WHO, 2011, *OECD Reviews of Health Systems: Switzerland 2011*, Paris: OECD Publishing.
Okma, K. G. H., T. R. Marmor and J. Oberlander, 2011, "Managed Competition for Medicare? Sobering Lessons from the Netherlands," *New England Journal of Medicine*, 365(4): 287-289.
Polanyi, K., 2001, *The Great Transformation: The Political and Economic Origins of Our Time*, Boston, Mass.: Beacon Press.
Preker, A. S. and G. Carrin, 2004, *Health Financing for Poor People: Resource Mobilization and Risk Sharing*, Washington, D. C.: World Bank.
Preker, A. S., M. M. Lindner, D. Chernichovsky and O. P. Schellekens, 2013, *Scaling up Affordable Health Insurance: Staying the Course*, Washington, D. C.: World Bank Publications.
Preker, A. S., R. M. Scheffler and M. C. Bassett, 2007, *Private Voluntary Health Insurance in Development: Friend or Foe?*, Washington, D. C.: World Bank.
Preker, A. S., P. Zweifel, O. P. Schellekens and World Bank (eds.), 2010, *Global Marketplace for Private Health Insurance: Strength in Numbers*, Washington, D. C.: World Bank.
Roberts, M., W. Hsiao, P. Berman and M. Reich, 2008, *Getting Health Reform Right: A Guide to Improving Performance and Equity*, Oxford; New York: Oxford University Press.
Robinson, J. C., 1993, "Payment Mechanisms, Nonprice Incentives, and Organizational Innovation in Health Care," *Inquiry*, 30(3): 328-333.
Robinson, R., 2002, "User Charges for Health Care," E. Mossialos, A. Dixon, J. Figueras and J. Kutzin (eds.), *Funding Health Care: Options for Europe*, Buckingham: Open University Press, 161-183.
Rothgang, H., 2010, "The Converging Role of the State in OECD Healthcare Systems," H. Rothgang, M. Cacace, L. Frisina et al. (eds.), *The State and Healthcare: Comparing OECD Countries*, Basingstoke: Palgrave Macmillan, 237-247.
Rubin, R. and R. Mendelson, 1995, "A Framework for Cost Sharing Policy Analysis," N. Mattison (ed.), *Sharing the Costs of Health: A Multi-Country Perspective*, Basle: Pharmaceutical Partners for Better Health.
Saltman, R. B., 1997, "Convergence Versus Social Embeddedness: Debating the Future Direction of Health Care Systems," *European Journal of Public Health*, 7(4): 449-453.
Schokkaert, E. and C. van de Voorde, 2011, "User Charges," S. Glied and P. C.

Smith (eds.), *Oxford Handbook of Health Economics*, Oxford: Oxford University Press, 329-353.

Scott, C. D., 2001, *Public and Private Roles in Health Care Systems: Reform Experience in Seven OECD Countries*, Buckingham; Philadelphia, PA.: Open University Press.

Shortt, S. E. D., 2002, "Medical Savings Accounts in Publicly Funded Health Care Systems: Enthusiasm Versus Evidence," *Canadian Medical Association Journal*, 167(2): 159-162.

Tambor, M., M. Pavlova, S. Golinowska, C. Sowada and W. Groot, 2013, "The Formal-Informal Patient Payment Mix in European Countries. Governance, Economics, Culture or All of These?," *Health Policy*, 113(3): 284-295.

Thomson, S., 2009, "What Role for Voluntary Health Insurance?," J. Kutzin, C. Cashin and M. Jakab (eds.), *Implementing Health Financing Reform: Lessons from Countries in Transition*, Copenhagen: WHO Regional Office for Europe on behalf of the European Observatory on Health Systems and Policies, 299-325.

Tuohy, C. H., C. M. Flood and M. Stabile, 2004, "How Does Private Finance Affect Public Health Care Systems? Marshaling the Evidence from OECD Nations," *Journal of Health Politics Policy and Law*, 29(3): 359-396.

Velasco-Garrido, M., M. Borowitz, J. Øvretveit and R. Busse, 2005, "Purchasing for Quality of Care," J. Figueras, R. Robinson and E. Jakubowski (eds.), *Purchasing to Improve Health Systems Performance*, Berkshire; New York: McGraw-Hill.

Wendt, C., L. Frisina and H. Rothgang, 2009, "Healthcare System Types: A Conceptual Framework for Comparison," *Social Policy & Administration*, 43(1): 70-90.

World Health Organization, 2010, *The World Health Report 2010, Health Systems Financing: The Path to Universal Coverage*, Geneva: World Health Organization.

第4章

介護における公私ミックス

西野勇人

1　はじめに：介護供給者の多元性と家族と政府の役割

　この章では，国際比較の観点から高齢者介護を取り巻く現状や政策を記述する。供給アクターの多元性の状況，家族介護とそのサポートとしての介護政策の側面を取り上げることで，高齢者介護をめぐる公私ミックスの現状について概観する。

　高齢化にともなって増加する介護需要に応えるために安定的・持続的にケア労働を供給することは，全ての先進国に共通する政策課題である。この背景には単に人口の高齢化によるニーズ増加にとどまらず，家族形態の変化や女性の再労働力化にともなって，時に暗黙裏に想定されていた家族（主に女性）によるケア提供を必ずしも想定できなくなったことが一因であるといえる。

　人口構造や産業構造，家族構造の変化は後戻りできるものではなく，公的介護政策の安定的供給という課題に対して様々な取り組みが行われてきた。1990年代以降多くの国が大きな制度改革を経験しているが，高齢者介護政策の制度展開は国によって様々な形態をとっており，制度の成り立ちや制度の内容の概念的な整理もまだ進行中の研究分野である。本章の目的は，そうした各国の高齢者介護政策の多様性を記述することである。

　多様な施策が試みられる高齢者介護政策の中でもいくつかの点については類似性が指摘されている。ヨーロッパの比較研究の中では，公的な負担の拡大とサービス供給の多様化による「福祉の混合モデル」の促進，フォーマルケアサービスの拡大とインフォーマルケアへのサポートの両者の進展などが挙げられ

ている (Pavolini and Ranci 2008)。

　一点目の類似性として挙げられる「福祉の混合モデル」とは具体的には，政府は高齢者介護に振り向ける財政規模を拡大する一方で，サービスの供給を行うアクターは様々な異なるアクターに振り分けられる流れのことである。財政負担とサービス供給の役割分担が進んでおり，多くの国で何らかの形で市場メカニズムが導入されている。

　二点目の類似性として挙げられるフォーマルケアとインフォーマルケアへのサポートの両者の進展として，多くの国では家族介護の役割の位置づけが論点として挙げられる。これは，従来から専門家によって提供されることを想定されてきた医療などと比べた際の介護の一つの特徴といえる。アジア圏から北欧までどの国でも高齢者介護の場面では家族の役割は依然として大きく（OECD 2005），高齢者介護の担い手を考える上では，政府による公的介護サービスを，家族などインフォーマルな領域で行われるケア労働と関連させて考慮する必要もある。

　高齢者介護は，どの社会でも多かれ少なかれ家族などによるインフォーマルケアによって中心的に担われており，先進諸国で高齢者介護政策の導入が進んだ現在でも，その現状は変わらない。特に近年，高齢者介護政策における政府の役割は，公的介護サービスの供給を行う供給主体としての役割だけでなく，家族を積極的にサポートしていく役割にも注目が集まっている。具体的には家族に対する現金給付の併用や，介護休業などの形で，政府が高齢者介護における家族を積極的に政策の中に位置づけるケースが多い。

　一方で家族介護を引き受けることは身体的，精神的，経済的にリスクとなりやすい事項である（OECD 2011）。介護の安定供給，要介護者の利用者としての選択などのための試みとして家族介護手当が導入される一方で，介護を引き受けることによる社会的リスクやジェンダー平等など，多くの論点を含んでいる。そのため，制度構造の中に位置づけられる家族介護のあり方が，家族介護者の市民権の確保などにどのようにはたらくのかという点もいまだに検討される課題である。

以上の認識に基づき本章では，まず高齢者介護政策をめぐる公私ミックスの現状を概観する。その際，市場を念頭に置いた公私ミックスに加え，家族を念頭に置いた公私ミックスのあり方について，概念整理と各国の政策内容の紹介を行う。

 サービス供給アクターの多元化とインフォーマルケアの位置づけの変化は，かつては公的介護サービスが発達した国と発達していない国（すなわち家族によるインフォーマルケア中心の国）というグラデーションの中で認識されてきた福祉国家比較のあり方をより複雑にしている。(Pavolini and Ranci 2008）。この複雑化した比較の視点から，介護を受ける高齢者，インフォーマルな介護者の市民権がどのように発展されるかについて，理論的な提案を行うためにも，比較の軸の整理を行う。

 続く第2節では，制度とそれを取り巻く現状の記述を行う。スウェーデン，オランダ，イギリス，ドイツ，フランス，イタリア，日本の制度概要と現状を記述する。政府や市場によって提供されるサービスの他に，年金以外の高齢者向けの現金給付政策も同時に紹介する。この制度は，実質的に介護を行う家族へのサポートともなり得るからである。

 第3節では，高齢者介護の供給体制の公私ミックスの現状を，政府統計および先行研究のデータをもとに特徴を記述する。特に政府と民間の供給を営利，非営利組織，加えて家族介護の参加度合いを比べることで，サービス供給の多元化が進んでいる現状を記述する。

 第4節では家族介護の観点から，これまでの介護政策が各国の家族にもたらした生活の変化について検討を行う。多くの国では高齢者介護において家族が重要なケア供給者であることが多い。しかし，家族内でインフォーマルなケアを引き受けることは同時に離職などの社会的リスクとなり得る。そのため，高齢者介護のニーズ自体の増大に対応しつつ，安定したケア供給と家族のリスク分散のため，各国では現に様々な取り組みが行われてきた。この節では第2節で見た各国の現状をふまえ，OECD諸国全体での動向について概観する。

2　高齢者介護政策をめぐる多様性

　高齢化に直面する先進諸国では，多くの国々では1980年代から1990年代に大きな改革が相次ぎ，それぞれ高齢者介護に関連する政策を導入している。各国の試行錯誤を経て導入された制度の内容は非常に多様で，導入までの細かなプロセスや議論や既存の制度との関係（既存制度を補完するのか代替するのか）も様々である。制度が既存の医療制度や障害者福祉など，社会保障の管轄をまたぐこともあれば，中央政府と地方政府とのあいだでそれぞれに取り組みが行われていたりもする。こうした特徴が，結果として高齢者介護政策の内容の多様性をもたらしている（Carrera et al. 2013）。

　高齢者介護の供給体制は，家族，政府，市場，第三セクターが財源負担やサービス提供の重層的なシステムを担っている。各国の高齢者ケア体制は，ケアの財源の負担と供給体制の担われ方，さらにそれらを統治する構造のあり方も含め，ケア・ダイアモンドの重層的なあり方を捉える必要がある（Rodrigues and Nies 2013：195）。

　この節では財源や給付方法，供給主体のバランスをはじめ，各国の高齢者介護制度とそれを取り巻く現状の記述を行う。日本の他にイギリス，ドイツ，イタリア，オランダ，スウェーデン，フランスの制度概要と現状を記述する。

（1）日本の高齢者介護政策

　1997年に成立し2000年から運用が開始された日本の介護保険制度は，サービス給付のみの給付形態をとっていることや，年齢上の受給制限を設けている点，社会保険の形式をとる一方で税収からの財源が多く割り当てられていることが特徴といえる。サービス供給は民間の営利・非営利組織によって大半が担われており，財政・供給の公私分離が進んでいる。

　従来は1963年に制定された老人福祉法によって高齢者介護の基盤が整えられたが，サービスを受けられる高齢者は限られていた。老人福祉法の下で行われ

ていた措置制度では，利用者に提供するサービスの利用の可否，サービスの内容，提供機関を市町村が決定する方式がとられていた。福祉サービスの供給体制が大きくなかったことから，介護を必要とする高齢者の長期療養は医療機関での入院によって賄われることが多かった。それにともなう医療費の増大に加え，措置制度では利用者の自由が制限されていたことや，所得制限による心理的なスティグマが，80年代から次第に問題視されはじめた。1980年代から本格化したこうした問題提起は1989年の「高齢者保健福祉推進十カ年戦略」(ゴールドプラン)を経て，本格的に高齢者介護政策の再編へと結びついた。自社さ連立政権の中で財政方式や制度の管理組織などをめぐる議論がなされたが，最終的に1997年に公的介護保険が制定，2000年から施行されている (厚生労働統計協会 2013；増田編 2014)。

　介護保険制度の保険者は市町村や特別区などの基礎自治体が保険者となっているが，都道府県，医療保険者，年金保険者が市町村を重層的に支えるよう設計されている。実際の財政負担としては，利用者負担1割，残り9割のうち半分を介護保険財政から負担し，残りの半分は税収によって負担する(1)。保険料は所得に応じて6段階に区分され，基準額は保険者が決定する。

　被保険者は40歳以上の者で，65歳以上の第一号被保険者と40歳以上65歳未満の医療保険加入者である第二号被保険者に区分される。被保険者が介護保険の申請を行う際は，市町村などが設置している介護認定審査会が要介護認定を行う。第一号被保険者はその要介護の状態が認められる場合，第二号被保険者は要介護のニーズの中でも脳血管疾患など老化に起因する疾病による場合に介護保険の給付対象となる。年齢による受給資格の差を設けている国は，先進国の介護政策と比べるとそれほど多いわけではなく，この年齢区分で高齢者に特化した政策となっているのは日本の一つの特徴である。

　介護保険の給付対象となるサービスは民間も参入可能となっているが，都道府県による指定を受けた事業所の提供するサービスが介護保険の給付対象となる。サービス利用者への適切なサービス提供や，利用契約，苦情対応などにおける利用者の保護を図るため，人員，設備，運営に関する一定の基準が設定さ

れており，指定事業者はこれらの基準を遵守する義務が課せられている（厚生労働統計協会 2013）。

多くの国で導入されはじめている現金給付は，公的介護保険制定前には議論がなされたが，女性団体の反対や支出の増大を危惧した官僚側の意見により導入されることはなかった（増田 2003）。

（2）スウェーデンの高齢者介護政策

スウェーデンの高齢者介護制度は，1992年のエーデル改革（Ädelreformen）で特に大きく発展した。それまでは，重度の要介護者は，ランスティング（県）が運営する病院に入院させる社会的入院の形で賄われていた。92年のエーデル改革では，高齢者サービスの実施主体をコミューン（基礎自治体）に一元化したこと，資源利用の効率化を行ったことの二点が挙げられる（増田編 2014：76-77）。その後もコミューンごとの格差問題などに対する調整や，市場の導入も含め，いくつかの改革が行われてきている。

介護を必要とする場合，コミューンの援助判定員による判定に基づいてサービス提供が開始される。この援助判定の基準はコミューンごとに異なる。この判定にしたがって在宅介護や施設介護の受給ができるかが判定される。サービスを受給する場合は，所得やサービス利用の頻度に応じて高齢者は利用料を支払う。利用料金の料金体系もコミューンごとに異なるが，2002年の社会サービス法改正により，1ヶ月あたりの自己負担額の上限額は全国一律で定められることとなった。この自己負担の上限額に加えて，介護サービスを利用した後に自分の手元に残すことが想定された額であるリザーブド・アマウント（Förbehållsbelopp）の下限額も全国一律で決定される[(2)]。

ホームヘルプサービスは高齢者全体の約12%が利用しており，世界的に見ても最も人口のカバー率が高い国である。施設介護は歴史的な発展形態や対象者別にいくつかの種類に分かれていたが，エーデル改革後は「介護つき特別住宅（Särskilda boendeformer）」として一括りに扱われる。

スウェーデンでも2000年以降民間企業の進出が進んでいるが，それでもコミ

ューンが展開する公的介護のプログラムの中で民間事業者が提供する割合は2010年時点で19％にすぎない。しかしこの内訳は地域差が大きく，全国的には65％のコミューンでは民間供給は皆無である一方，ストックホルムをはじめ11のコミューンでは民間供給が半分以上を占めている（吉岡 2012：36）。全体的に見ると，サービス提供者の大半は基礎自治体であるコミューンが担っており，民間のサービス提供者の中でも NPO などの非営利組織はあまり中心的な役割を果たしていない。

　また，スウェーデンでも家族介護者支援の施策が導入されてきているが，主な内容はカウンセリングやレスパイトケアなど，コミューンによって実施される社会サービスの形が主になっている（藤岡 2013）。そのため，この章で紹介する他の欧州諸国と比べると家族への現金給付プログラムの存在感はあまり大きくない。

（3）オランダの高齢者介護政策

　オランダでの高齢者介護政策は他国と比べ非常に早い時期に整備され，1968年に導入された「例外的医療費法（AWBZ: Algemene Wet Bijzondere Ziektekosten）」にはじまる。高齢者介護を想定したもので，従来労働者のみを対象にしてきた医療保険のカバー範囲を拡大する形で，別立てで導入された。AWBZ は強制加入の社会保険で，国レベルの制度として運用されている（Da Roit 2013）。早くから医療の枠組を補強する形で高齢者向けのケア体制が整えられたが，内容や方針は時代ごとにしばし変化してきた。

　オランダは，医療制度の拡張という形で，かなり早い時期から高齢者向けの介護政策を制度化してきた。もともとオランダの医療は，高所得者が加入する民間医療保険や，1964年に制定された一定所得以下の労働者向けの医療保険である「疾病金庫法（ZFW: Ziekenfondswet）」によって担われていた。ZFW は事業主が労働者の保険料を負担する内容となっていたことから，事業主は長期間の療養を要する疾病については ZFW の対象に含めず，別の制度でカバーされるよう要求した。その結果，1968年に労働者に対象を限定しない重篤医療向

けの保険制度として AWBZ が導入され，この制度によって高齢者や障害者向けのケアがカバーされてきた。

1970年代前半までは，ほとんどが施設介護サービスに費やされていたが，以降は在宅ケアサービスや精神科医療も AWBZ の管轄に移され，2000年代初頭の時点では，医療費全体のうちの43％を AWBZ が引き受けているともいわれた。2006年の医療改革では ZFW と民間医療保険に分かれていた制度を統合し，同時にサービスのカバー範囲も再編され，AWBZ は長期の疾患に対象を限定することとなった（井原 2006；Da Roit 2013）。

AWBZ は個人単位の強制加入の保険である。保険者は国だが，実際の保険の給付は短期の医療保険の保険業者が代行している。保険業者は医療計画のエリアごとに一つだけ決められている。AWBZ の保険料は，雇用者が保険料率に基づいて従業員の給与から天引きして支払うほか，自営業者も税務当局の査定に基づいて保険料を負担する。15歳未満の者と，15歳以上で収入のない者には保険料負担の義務はない。

AWBZ も他の多くの国の介護政策と同じく，受給資格に年齢要件はない。給付を受けるためには，自治体の審査機関による審査を受け，受給の必要性，サービスの種類，量などが判断される。受給が認められた範囲の中で，現物給付・現金給付の両者の組み合わせを自由に選び，サービス提供者と利用者が契約を結ぶ。

利用者には，利用するサービスの種類や日数，所得水準や年齢や家族構成などに応じて自己負担がある。施設サービス利用者の場合，自己負担を支払った上でも，一定以上の金額が利用者の手元に残るよう，最低所得保障の指定もされている。

AWBZ は当初サービス給付のみの制度だったが，1995年には現金給付策である個人ケア給付（PGB: persoongeborden budget）が組み込まれた。ドイツの介護保険と同様に，サービス給付の受給をすることも，現金給付の受給をすることも，また両者を併用することもできる。現金給付で受給する場合には，サービス給付を受けるのに比べるとやや割安となるのもドイツと同様である（Da

Roit and Le Bihan 2010)。

　この PGB は現金給付によってなされるが，比較的この給付金の用途には厳しいコントロールがなされる。PGB の利用用途は，サービス給付として受給する範囲に沿って限定されている。親族や事業者など，サービスの購入先は自由だが，サービス購入に利用されたかどうかは領収書によって確認することになっている（井原 2006：30）。

　こうしたモニタリング体制が導入されていることによって，特にイタリアで問題として挙がるような，移民などの「グレーな」労働に対して支払われないよう，監視やコントロールがなされている。

(4) イギリスの高齢者介護政策

　地方自治体が社会サービスとして実施するものと，ナーシングホームや訪問看護など，中央政府が国民保健サービス（NHS: National Health Service）の一部として実施するものがある。[3]

　1946年の「国民保健サービス法」では地方の保健当局が介護，病後の介護・家事援助を提供することが制度化されたが，さらに1948年の「国民扶助法」により，地方自治体が地方住民への社会サービスを担当することが定められた。1980年代のサッチャー政権下では，NHS 下での社会的入院の増大，官僚的な福祉行政の非効率性と福祉のコストへの批判が強まった。この時期から社会サービスの領域でも民間営利施設の数が急増し，公的支出も飛躍的に増加した。その背景にはニーズ調査をともなわない資力調査のみに基づいて行われていた社会サービスの給付が財政を圧迫していることなどがあったが，そうした体制の見直しを行い，1990年に「国民保健サービスおよびコミュニティケア法」として制定された。

　コミュニティケア改革では，(1)サービス購入と提供の役割の分離，(2)老人ホームとナーシングホームでの介護に対し，一般社会保障給付を用いた新たな財源の確保，(3)民間部門の活用の促進，(4)エイジェンシーとしての地方自治体の責任の明確化，(5)ニーズアセスメントとケアマネジメントの実施，(6)在宅ケア

の促進，介護者への具体的な支援が導入された（増田編 2014：22）。

　1993年から実施されたのコミュニティケア改革により，高齢者への社会サービスの責任は主に地方自治体の社会サービス部（social service department）が担うこととなった。財源は中央政府からの補助金のほか，地方税と利用者負担からなり，サービス利用に際しては自己負担が求められる。行政は利用者のニーズのアセスメント，ケアプランニング，モニタリング，評価・見直しを行い，実際のサービス供給は民間セクターも含め多元的に行われる（所 2008：18）。

　引き続きNHSで実施される社会サービスは医療同様，国の一般財源と国民保険の保険料を主な財源とし，利用は基本的に無料である。ただしナーシングホームについては所得や資産に応じた利用者負担が課せられている（増田編 2014：23）

　コミュニティケア改革以降，ナーシングホームの実施主体として民間事業者が急増し，政府による財政負担と民間事業者によるサービス供給の分業のさきがけとなった（Pavolini and Ranci 2008）。コミュニティケア改革直後には，民間事業者の参入を促していた政府の補助金の効果もあって介護サービス事業を行う民間施設は急増したが，1999年に補助金が終了してからは，その後の地方自治体のサービス購入価格の低下とも相まって，民間施設の数は減少傾向となった（増田編 2014：27）。一方で在宅サービスの供給量については，2001年に民間団体が地方自治体を追い抜いている。

　コミュニティケア改革で民間の事業者の活用を導入した背景には，市場原理導入によるコスト削減とともに利用者の選択肢拡大という狙いがあった。しかし実際に営利，非営利ともに民間の供給主体の増加がサービス供給主体の多元化をもたらしたのは事実だが，それが利用者の選択肢拡大に結びついたという証拠はこれまでのところ指摘されていない（所 2008：18）。

　イギリスで高齢者ケアに現金給付を行うプログラムとしては，障害者向けに創設されたダイレクトペイメント（Direct Payment）がある。障害者運動の結果1997年から施行されたダイレクトペイメント制度は，当初は障害者のみを対象にした現金給付制度だったが，2000年から65歳以上の高齢者にも給付対象が

拡大した。ダイレクトペイメントは利用者が政府からの現金給付を用いて，介護者の雇用やサービスの購入などを直接行う制度である（所 2008：19）。利用に際しては地方自治体の審査によって作成されたプランに基づいて執行されることが求められ，定期的に地方自治体のモニタリングを受ける必要がある。

　このプログラムは後述するイタリアの IdA やオランダの PGB などの現金給付プログラムと概要は似ているが，家族介護に現金給付を行うことを目的とはしておらず，直接介助者を雇用することはできるが，同居している近親者を雇用することは原則禁止されている。また利用の用途や予算執行の過程もモニタリングされるため，給付がそのまま家計に納められるわけでもない（宇佐見ほか編 2014：90）。

（5）フランスの高齢者介護政策

　フランスの高齢者介護政策は，中央地方政府や民間の保険など多々の主体による給付など多岐にわたる。医療システムによる施設ケアや，年金の形態をとる民間の保険や「個別化自律手当（APA: Allocation Personnalisée à l'Autonomie）」が中心的な役割を担っている。財政規模では医療保険での施設ケアが多くを占めるが，在宅ケアにおいては APA が中心的な役割を担っている（Courbage and Plisson 2012）。

　他のヨーロッパ諸国の制度と比べた際の APA の特徴は，社会保険でなく，地方自治体の県を運営主体とする税による公的給付である点，60歳以上という年齢の要件が付与されていること，所得や資産の状況に応じて受給の額が変わることが挙げられる。ニーズ判定などの結果 APA の給付対象とならないケースでも，各種の組合などの給付を受けるなど，フランスでは高齢者介護に関する社会保障の主体は多岐にわたっている。

　フランスの公的介護政策は，かつては障害者向けの給付が高齢者向け福祉の主な受け皿になっていたが，1997年の「特定介護給付（PSD: Prestation Spécifique Dépendance）」を経て現在は2001年に創設された APA を中心に構成されるようになった。

財源としては県の一般財源が中心で，APA 全体の70％を占める。他には各年金金庫からの APA 拠出金（CSG: Contribution Sociale Generalisee），自律連帯拠出金（CSA: Contribution Solidarite Autonomie），全国医療保険金庫の社会量保険金庫の社会医療部門の歳出などからなる（藤森 2013；OECD 2011；原田 2007）。

　APA の利用の際は，希望者が県に申請し，医師や福祉職員によって構成される社会医療チームが要介護判定を行う。要介護度は GIR1 から 6 までで判定され，寝たきりで常時介護を必要とする GIR1 から，排泄，衣服の着脱，食事などで介護を必要とする GIR4 に該当する申請者は APA の受給対象となる。

　排泄，食事の用意家事で部分的に援助を必要とする GIR5 もしくは非該当となる GIR6 と判定された場合は APA の受給対象とはならず，県の社会扶助の一環として原則65歳以上の生活困窮者向けの法定給付や，老齢保険金庫をはじめとした任意給付による給付を受ける（増田編 2014：45-46）。申請者が在宅サービスの受給を希望する場合は，APA 受給が確定した後，社会医療チームがケアプランの作成を行って申請者に提示する。申請者はこのプランの一部もしくは全部を拒否することもできるが，同意した場合は，APA 委員会がニーズと資力を考慮して APA の給付額を県会の議長に提案し，それに従って支給決定を行う（原田 2007）。

　在宅で APA を受給する場合，利用者は 3 種類あるサービス利用形態から支給方法を選択する。一つ目は派遣方式（mode prestataire）でサービス事業者と利用者が介護者の派遣に関する契約を締結する方法，二つ目の委任方式（mode mandataire）は利用者がサービス事業者に使用者としての管理事務を委託し，サービス事業者が派遣する介護者と利用者で労働契約を締結する方法，三つ目は直接雇用方式（mode de gré à gré，もしくは emploi direct）である（増田編 2014：48）。ただし常時介護が必要な場合や GIR1 もしくは GIR2 といった重度の要介護度の場合は，基本的には派遣方式を選択しなくてはならない（原田 2007：30）。

（6）ドイツの高齢者介護政策

　ドイツの高齢者介護制度は1995年から実施されている公的介護保険（Pflegeversicherung）の制度に集約されている。日本が介護保険導入に向けてドイツの制度内容を特に参考にしたとされるが，制度の内容については多くの点で日本と異なっている。

　ドイツの介護保険は1995年に制定されたが，それまでは日本の措置制度のような高齢者向けの制度は存在していなかったため，入所費用を年金や貯金で賄いきれない場合は公的扶助に頼らざるを得なかった。

　ドイツの介護保険の特徴としては，医療保険者が介護保険の保険者となっている。公的介護保険への強制加入ではなく，公的介護保険か民間介護保険のいずれかに強制加入するという形で国民皆保険をほぼ実現している。社会保険が人口の90％，残り10％を民間介護保険がカバーしている（稗田 2012）。社会保険料は労使折半で負担しており，この社会保険単独で財源は賄われている。

　ドイツの介護保険は，要介護度を3段階に分け，要介護度に応じて給付の上限額が定められている。大きく分けて，施設サービス，在宅サービス，現金給付の3種類の給付方法があり，給付額の大きさもその順に大きく設定されている。年齢の制限は設けておらず，要介護状態の要因も加齢による疾患に限定していないため，生活上ケアの必要があれば，高齢者でなくとも介護保険の受給対象になる。

　民間の非営利団体が重要なサービス供給主体となっているが，在宅・施設ともに，営利団体の参入規制があるわけではない。ただし，施設入所者を安易に拘束するような事業者などが問題となり，2001年には「質確保法」が制定され，行政による事業者のモニタリングが強化された。

　介護全体の中での介護保険の位置づけは日本と異なる。介護保険サービスの利用に際して利用者負担はないものの，介護保険の給付は必要な介護サービスの全体をカバーするわけではない。ドイツの介護保険は年金など他の収入とあわせて必要な費用が賄えるように補完するという「部分保険」という考え方に基づいている（増田編 2008：61-62）。もともと自費で賄っていた介護負担を軽

減することで社会扶助の受給者になることを防ぐという構造で作られたが，介護保険給付を限度額いっぱい利用してもなお不足するサービスを自費で賄いきれない場合は，ミーンズテストを経て，社会扶助の一種である介護扶助が支給される（宇佐見ほか編 2014：174）。全体の給付水準で見てもドイツの公的介護支出が国際的に低い水準にある理由にはこうした背景があると考えられる。

　ドイツは家族主義的な特徴をもつ国として挙げられることが多いが，制度の認識など，理念的な面を見ると，家族介護を積極的に位置づけているといえる。まず，介護保険給付が施設サービス，在宅サービスに加えて現金給付を選ぶことができることが挙げられる。次に，2008年から子の有無によって介護保険料の金額設定に差が設けられた点を挙げることができる。ドイツの介護保険料は給与に応じて決まっており，2013年の時点では子どもがいる場合は所得の1.95％，子どもがいない場合は所得の2.2％が保険料として徴収される（齋藤2013：17-18）。

　加えて，介護と仕事の両立策もいくつか試みられている。2008年の「介護時間法（Pflegezeitgesetz）」で無給だが介護休業の権利が法制化され，2012年の「家族時間法（Familienpflegezeitgesetz）」では親族の介護のための労働時間短縮の制度が法制化された（宇佐見ほか編 2014：178-179）。

（7）イタリアの高齢者介護政策

　イタリアでは従来から家族主義が強く，制度的にも文化的にも，高齢者介護の役割も明確に家族の責任とされてきた。加えて1970年代の分権化の流れと相まって，公的介護の供給も，地方政府による限られたものしかなかった[4]。さらに，イタリアは日本と並んで高齢化のスピードが非常に早く，高齢者介護のニーズは非常に逼迫している。

　1980年に導入された「介添手当（IdA, Indennità di Accompagnamento）」は，当初は成人障害者向けの給付として創設されたが，1988年には高齢者も給付対象に含まれるようになり，この制度が，それ以降特段大きな制度改革を経ないまま，国レベルでの高齢者介護給付の役割を果たし続けてきた（Da Roit and

Le Bihan 2010；Costa 2013；宮崎 2005）。

　IdAは国レベルでの政策プログラムだが，ニーズの査定は全国一律の基準に基づいて地方の保健組織（ASL: Azienda Sanitaria Locale）が行う。基準は比較的厳しく，日常生活行動を自立的に行えず，常に介護者が必要な状態の人に限定される。ニーズの度合いや，家族・資産のリソースによる違いも設けられず，支給額も一律である。2009年の給付水準は月額472ユーロで，利用方法は全く限定されない。実際上，この給付の利用はマーケットでのケア購入などで用いられる（Da Roit and Le Bihan 2010；Costa 2013：226-227）。

　イタリアの介護供給における特徴としては家族の役割が特に大きいことがよく指摘されるが，さらに移民によるケア労働という要素も特にイタリアに特徴的な点である。そもそもイタリアは年金が比較的発達してきたことに加え，IdAの現金給付，さらに北部では地方政府による現金給付なども用意されていることから，イタリアの高齢者家庭には社会保障から現金給付は一定程度発達している。一方で，公的機関でも民間企業でもケアサービスの組織的な供給体制がほとんど発達してこなかったため，非合法な部分も含め存在していた移民労働力がケア労働の供給源として利用されるようになってきた。（伊藤 2011：253）。

　近年では東欧からの多くの移民女性が高齢者の住宅に住み込みで介護労働にあたっているケースが多く，イタリアにおける介護労働者として，非常に重要な位置を占めている。こうした移民労働の雇用にIdAの給付が用いられることが多く，不法滞在中の移民も相当数こうした労働に従事している。住み込みという生活形態に加え，不法滞在という不安定な地位と相まって，ケアワーカーの雇用上の権利や安全が保障されないことなどが問題視された結果，移民ケア労働者の「正規化」の動きが目指された。

　イタリア国内では経済停滞にともなって移民に対する風当たりは強かったが，不法滞在の移民の正規化の試みとして，これまで何度かにわたって，不法移民に滞在資格を追認するような施策が行われてきた。その中でも2002年に成立したボッシ＝フィーニ法は，移民規制全体は強化する一方でケア労働などについ

ては例外的に正規化を容認するという動きも見られた（宮崎 2005）。

　イタリアのケアレジームは，家族一辺倒の供給と見られてきたが，この20年のあいだには，IdA という用途自由の現金給付に加え，安価な移民労働力の存在により，家族と民間のミックスによって成り立つケアレジームとなってきているといえる（Costa 2013）。

3　政府統計から見る各国の位置づけ

　本節では，国ごとのデータを用いてこれまで述べてきた各国の実情を量的に比較を行う。先に断っておくと，国際比較を行う際のマクロ統計データそのものがこの研究分野ではまだ整備途上である。これまで述べてきたように高齢者介護政策の制度内容は非常に多様である。さらに高齢者介護のプログラム自体が複数の制度でアドホックに作られている場合もあるし，医療や障害者福祉などと明確な区別を設けられずに運用されていることもある。現金給付政策についても，給付した後の利用方法を追跡しない制度などのため，家族によるインフォーマルなケアや移民労働についてはあまり統計で把握しにくい。

　それでも量的な情報は各国の制度比較には有益である。以下では各国の高齢者介護政策の支出，受給者割合，公的介護サービスの提供者の内訳，家族介護者の介護負担のデータを比較する。統計的なデータを用いて，まずは前節の質的な記述を補完する。

（1）政府支出規模と政策のカバー範囲

　表4-1は高齢者介護に関する政府支出の規模を，表4-2は65歳以上人口に占める公的サービスのカバー範囲を示している。特にスウェーデンの財政規模は手厚く，オランダが続いて手厚い給付をしている。介護において政府の役割が特段小さいといわれるイタリアがドイツ，フランス，イギリスよりも財政規模では上回っている。

　今回紹介したデータの中で高齢者介護向けプログラムの財政規模が特に小さ

表4-1 高齢者介護に関する政府支出規模と政策領域（％）

	合計(対GDP比)	施設ケア	在宅ケア	現金給付
ドイツ	0.9	57.7	17.8	24.4
フランス	1.2	57.4	42.6	
イタリア	1.7	26.2	31.7	42.1
オランダ	2.2	55.8	33.6	10.6
スウェーデン	3.9	58.7	38.1	3.3
イギリス	1.2	47.4	24.2	28.5

（出所） Allen et al. (2011).

表4-2 公的サービスの受給者割合（65歳以上人口に占める割合（％））

	施設ケア	在宅ケア
フランス	4.3	6.9
ドイツ	3.8	7.6
イタリア		4.1
日　本	3.0	9.8
オランダ	6.5	12.8
スウェーデン	5.3	12.0
イギリス	4.4	7.2

（出所）「OECD. Stat」（http://stats.oecd.org/ 最終アクセス：2015年12月18日）。イギリスのデータは2004年，日本のデータは2006年，その他の国は2010年のもの。

いのはドイツである。表4-2を見る限り65歳以上人口の中でのプログラムのカバー範囲が小さいわけではないが，介護に必要となる費用を介護保険のみでカバーする設計ではなく，あくまで年金などの補完という位置づけとなっていることも，こうした点に表れているといえる。

政府支出に占める施設ケアの割合は国ごとにそれほど大きな隔たりはなく，50％から60％のあいだで収束している。しかしイタリアでは現金給付のウェイトが高く支出されており，施設でのサービスがそれほど拡充していないというのも，事例の部分で紹介した通りである。そのため，イタリアの支出規模と公的サービスのカバー範囲は全く連動していない。

フランスの場合は在宅APAを直接雇用方式で受給する場合の一つの選択肢として，身内を直接雇用することができる。これが実質的に家族介護者への現

表 4-3 公的ケアサービスの提供者構成の比較（％）

	施設サービス			在宅サービス		
	政府組織	非営利組織	営利組織	政府組織	非営利組織	営利組織
イギリス	7	13	80	14	11	74
フランス	23	55	40	15	37	62
ドイツ	5	55	40	2	37	62
イタリア				30	50	20
オランダ				0	80	20
スウェーデン	75	10	15			
日本	7	93		1	52	47

（出所）日本以外の国についてはRodrigues and Nies（2013），日本のデータについては「介護サービス施設・事業所調査」。

表 4-4 ADL および IADL 提供者の割合（％）

	IADL	ADL and IADL
ドイツ	28.26	34.19
イタリア	16.01	26.61
スウェーデン	36.2	39.7
オランダ	34.06	39.2
フランス	21.31	28.19

（出所）OECD（2011）。

金給付として考慮できるが，表 4-1 では識別できていない。これらの現金給付の部分も加味すると，高齢者介護の支出規模が大きくなるほど公的介護サービスへのアクセスがしやすくなるというわけでもないが，公的介護サービスへのアクセスが必ずしも高齢者介護支出の寛容さを表していない可能性もある。

またこの手の現金給付プログラムは，そのモニタリングや管理のあり方などが大きく異なり，利用用途の自由度でいうとイタリア，ドイツが緩く，オランダは移民労働者などの監視が厳しい一方でフランスやイギリスは家族の雇用に多少の制限がかかるなど，管理の方向も幾通りかある。

(2) サービス提供者の構成と家族の負担

介護サービスの提供者の内訳を示しているのが表 4-3 である。政府組織中

表4-5 家族介護者の週あたりの介護時間（%）

	0-9時間	10-19時間	20時間以上
スウェーデン	71.5	15.4	13.2
オランダ	61.5	13.8	24.7
フランス	59.6	13.2	27.1
ドイツ	55.5	14.2	30.3
イギリス	55.0	18.3	26.7
イタリア	45.6	15.4	38.9

（出所）OECD（2011）。

表4-6 日本における家族介護者の介護時間（1日あたり）（%）

介護時間	割合
ほとんど終日	22.3
半日程度	10.0
2～3時間程度	11.0
必要な時に手をかす程度	37.2
その他・不詳	19.4

（出所）平成19年国民生活基礎調査。

心のスウェーデンを除いて，財源負担とサービス供給者の分離が進んでいる。その中でも営利企業が中心となる国と非営利組織が中心的な役割を担う国と両方ある。民間の供給者のバランスにもバリエーションがあり，明確に非営利組織中心のオランダから明確に営利組織中心のイギリスまで，開きがある。

　家族の介護負担についても，その重さの程度は国によって特徴がある。表4-4では，50歳以上で家族介護に関わっている人の割合が示されている。手段的日常動作（IADL）も含めると，どの国でも多くの人が家族介護に関わっている一方で，表4-5及び表4-6にあるように，家族介護者のうちで，負担が重い介護者がどの程度いるのかは，国によって異なる。合わせて考えても，スウェーデンは特に負担が軽く，イタリアは家族の負担が重い国であり，その他の国がその間に位置づけられる。

　ここまでの簡単な事例研究と政府統計の比較からも，制度の大枠と介護の供給主体のあいだの関係は直線的ではないことが分かる。政府支出の規模や市場の自由化，利用者の購買力の強化などの政策がどのような供給者の台頭と結びつくかを検討するには，社会構造や制度の詳細な内容についての情報が今後は必要になるだろう。

4　介護の公私ミックスと家族・ジェンダー

　これまで高齢者介護の供給アクターの多元性について述べてきたが，家族の

位置づけも，高齢者介護を巡る議論の中では重要である。近年は政府の高齢者介護政策の中に家族介護者を組み込むケースが目立っており，単純な家族主義的，脱家族主義的という分類では不十分となってきている。この節では，高齢者介護政策の中の家族の位置づけについて，家族化，脱家族化という指標を「ケア労働の社会化」と「ケア費用の社会化」（辻 2012）という指標に発展させ，今後の比較の枠組について提案を行う。この指標は今後の国際比較を行う中で，政府の介護制度の中に家族がどのように位置づけられているのかを見ることで，要介護者やインフォーマルな介護者の生活保障や市民権のあり方を検討する上での指標とすることができるだろう。

（1）脱家族化指標とケアの費用化

エスピン-アンデルセンの福祉国家レジーム論は，フェミニスト論者の批判を受け脱家族化概念を取り入れることで，社会保障の全体像を捉えるシステムの類型化を行った。そこでの「脱家族化」は，「家族への個人の依存を軽減するような政策」であり，家族の互恵性や婚姻上の互恵性とは独立に，個人による経済的資源の活用を最大限可能にする政策」と概念化した（Esping-Andersen 1999＝渡辺・渡辺 2000：78）。

このケアの脱家族化という点には政府によるサービス供給の側面が大きく関連しており，各国の高齢者介護支出やサービスのカバー率などが指標としてもち出される。その結果，多くの研究では高齢者介護政策の分類を，公的サービスが発達して家族の負担が軽い国と，公的サービスが未熟で家族の負担が重い国を対置させ，それを両極とするグラデーションという分類は広く受け入れられてきている（Carrera et al. 2013）。

そもそも脱家族化という観点が重要視される背景には，ケアという不払い労働が主にジェンダー不平等の根本的な原因や，女性の社会的市民権を脅かす要因となっているという見方があるためである。近年は，先の脱家族化を促す形でのジェンダー平等が促進されると同時に，いくつかの国では介護やケアに対する現金給付型の政策を導入してきており，本章では各国の高齢者政策の記述

の中でもケアに対する現金給付政策の状況にも注意を払ってきた。多くの国で利用者の「選択とコントロール」という名目で進められてきたケアへの現金給付は，家族内でのケアへの支払いとなることがある。これは，従来不払い労働として家族（の中で主に女性）が引き受けていたケアの費用化（Ungerson 1997；ペング 1999；森川 2004）と捉えることができる。

　現金給付政策は場合によってはケアの不払い労働に社会的承認を与える側面ももっている。一方，ケアの費用化は，ケアサービスの提供者としての家族の負担が軽減するかを問うてきた脱家族化の指標とは少し問題が異なる。そのため，このケアの費用化と市民権の問題は先述の脱家族化をめぐる傾向とは分けて論じる必要がある。その意味で，こうしたケアの費用化という概念は，ケアの供給源が家族かそれ以外かという脱家族化の観点では見逃されがちないくつかの論点を提起している。

　Leitner (2003) は，「家族化」と「脱家族化」を対立軸としてではなく別々の軸として捉え直すことで，家族の役割が重い国の中での重要な差異を概念化した。その結果，政策的なサポートがなくケアを家族に頼らざるを得なくなっている暗示的家族主義と，家族領域に対して政策的なサポートをすることで家族の役割が重視されている明示的家族主義とを区別した。この区分は，高齢者介護のプロセスで家族が重要な役割を担っている国でも，家族介護者の社会的リスクが異なることを指摘したものである。

　脱家族化とケアの費用化のあり方という観点から各国の高齢者介護政策を整理することは，高齢者介護をとりまく政府，民間，家族の役割分担のあり方を理念型としてクリアに捉え，各国の政策の多様性を記述する上では有用である。

（2）ケアの担い手と公私ミックス

　第3節で述べてきたケアサービス提供のあり方に加え，この節で検討してきた政策の中の家族介護の位置づけも，現在進行している多様化の一側面である。この脱家族化とケアの費用化の進行度合いはそれぞれ，「ケア労働の社会化」と「ケア費用の社会化」と言い換えることでができる（辻 2012）。「ケア労働の

第Ⅰ部　生活の安心と社会保障の公私ミックス

図4-1　介護と供給体制の類型モデル

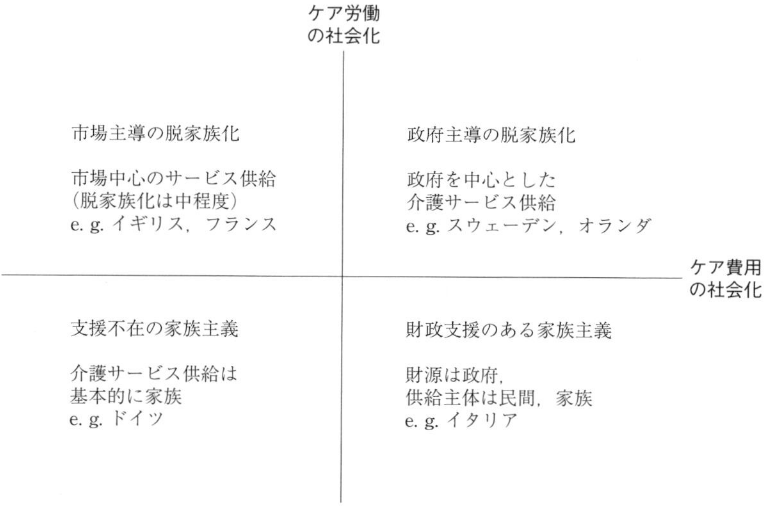

```
                    ケア労働
                    の社会化
                      │
    市場主導の脱家族化   │   政府主導の脱家族化
                      │
    市場中心のサービス供給 │   政府を中心とした
    （脱家族化は中程度）   │   介護サービス供給
    e.g. イギリス，フランス │   e.g. スウェーデン，オランダ
                      │                        ケア費用
  ────────────────────┼────────────────────────の社会化
                      │
    支援不在の家族主義   │   財政支援のある家族主義
                      │
    介護サービス供給は   │   財源は政府，
    基本的に家族        │   供給主体は民間，家族
    e.g. ドイツ         │   e.g. イタリア
                      │
```

社会化」は，前述の家族以外のリソースによるケア提供のチャンスの実現度合いのことである。一方で「ケア費用の社会化」は，不払い労働とされている介護労働に対する金銭評価を政府が行っている度合いということができる。それをふまえて制度の方向性として以下の四つの類型に整理すると，図4-1のようになる。

　一つ目の類型としては，ケア労働の社会化も進まず，ケア費用の社会化も進んでいない国を考えることができる。政府の役割が限定的で，基本的に家族による介護の負担が大きいという意味で，支援不在の家族主義ということができるだろう。対称的に，高齢者介護において政府の役割が強く，介護サービスが比較的普遍的に利用できる国として，政府主導脱家族化が考えられる。典型的には北欧型の政策が考えられるが，ヨーロッパの中ではオランダもかなり寛容な給付を行っていることから，こうした指向性をもっているといえる。

　また家族の役割という点に関しては，政府によって普遍的には行き渡らないが，家族外の介護サービスが豊富に存在している，市場主導による脱家族化も理念型としては考えられる。今回紹介した中では，イギリスやフランスは政府

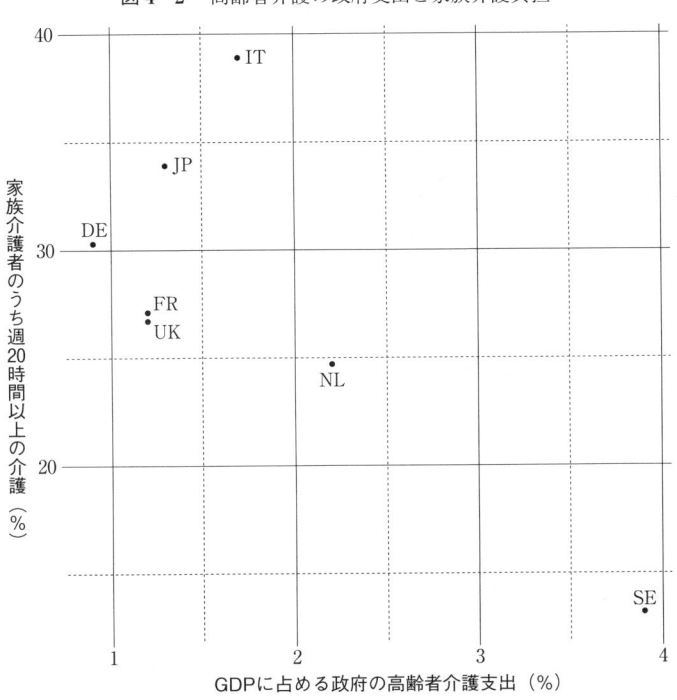

図4-2 高齢者介護の政府支出と家族介護負担

[散布図：横軸「GDPに占める政府の高齢者介護支出（%）」1〜4、縦軸「家族介護者のうち週20時間以上の介護（%）」。プロット：IT(約1.5, 38)、JP(約1.2, 33)、DE(約1, 30)、FR(約1.3, 26)、UK(約1.3, 25)、NL(約2.2, 15)、SE(約3.9, 9)]

支出の規模に比して家族介護の負担が重くなく，また他の国と比べると比較的営利組織によるサービス提供が多く行われているなど，市場の影響力も強い。

次に家族の役割が比較的大きい国の中でも，介護に対する現金給付をはじめ，政府が家族を積極的にサポートする財政支援のある家族主義も考えられる。支援不在の家族主義と財政支援のある家族主義の差は，Leitner（2003）で指摘された明示的な家族主義と暗示的な家族主義の差と同様である。

図4-2では，高齢者介護政策の政府支出と家族の介護負担の散布図を示している。各国のGDPに占める介護政策の支出と家族介護者のうち，介護時間が週20時間以上の者の割合を用いた。[6]基本的には高齢者介護政策の支出が高い国では家族介護の負担は軽くなる傾向がある。しかし国によって若干のバリエーションはあり，方向性としては，支援不在の家族主義と財政支援のある家族

主義を区別することはできるように思われる。

　表4-2で示したように，イタリアはサービス給付のカバー範囲は非常に狭く，家族の介護負担も相当重い。しかし現金給付も含めた支出規模全体として比べるならば，イタリアは他の国と比べて著しく低いわけではない。むしろドイツの方が介護におけるカバー範囲などは現金給付を考慮しても非常に限定的であり，支援不在の家族主義としては，ドイツの方が例としてあてはまっている。

　しかし水準と家族介護の負担について比較してみるとイタリアや日本で特に高くなっており，[7] イギリスやフランスと同様の水準程度は政府支出を行っている一方で，家族介護の負担を軽減する形では作用していない。程度の問題にはなるが，財政支援のある家族主義のようなあり方も方向性としては存在しているといえそうだ。

　この全体的な傾向と分散が，どのような制度的要素によってもたらされているかはまだ検討が必要であり，今後詳細な研究が求められる。

5　おわりに：高齢者介護の公私ミックス研究の方向性

　高齢者介護と家族の位置づけをめぐる各国の位置づけは，公的サービスが発達して家族の負担が軽い国と，公的サービスが未熟で家族の負担が重い国を対置させる軸で捉えられがちであった（Carrera et al. 2013）。この数十年のあいだに進行してきた，介護サービス供給者の多元化とインフォーマルケアの位置づけの変化は，上記のグラデーションで整理されてきた国際比較の図式をより複雑なものにしている。本章ではそうした国ごとの比較の論点をいくつか理論的に提示したつもりであるが，それをふまえた上で，今後研究が求められる課題として三点指摘できる。

　一点目は，高齢者の生活保障を取り巻く社会政策を，年金や医療，家族政策などとともに総体的に国際比較を行うことである。今回は，高齢者介護政策に焦点を絞って記述を行ってきたが，高齢期の生活保障，あるいは家族介護者の

生活保障を考える上では，年金や医療，家族政策との関係性についても留意する必要がある。ドイツやイタリアの場合は介護費用を高齢者介護政策のみで賄わず年金の補完という位置づけで行われている。またイギリスやオランダのように，医療制度の一環として介護が一部組み込まれているという認識もできる。介護と医療の連携も多くの国で目指されている内容であり，政策プログラムの枠組など，複数の制度の束として社会保障政策を捉えることが必要となるだろう。

　二点目は，この複雑化した比較の視点から，介護を受ける高齢者，インフォーマルな介護者の市民権がどのように発展されるかについて，最終的には実証的に検証を行う必要がある。家族介護に対する現金給付がジェンダー平等に対してどのような影響を与えるかは，ガヴァナンスのあり方をはじめとする制度内容に大きく依存する（Ungerson 1997; Rummery 2009）。実際の政策評価をどのように行うのかという点も依然として大きな課題である。

　三点目は，制度の多様性をもたらすメカニズムの理論化である。これまでの各国の取り組みを見る限り，高齢者介護の分野で政府の役割が拡大することは，単純に介護が家族の手を離れるという直線的な帰結とはなっていない。さらに現金やバウチャーなどによってサービス購買力の拡充を図っても，民間や第三セクターが公的ケアサービスの隙間を埋めるという方向で機能するとは限らない。現状，本章で述べてきた福祉ミックスのあり方は，結果的には経路依存など国ごとの文脈に応じて様々な形をとり得るとしかいえない（Rodrigues and Nies 2013 : 204）。この国ごとの制度発展や制度変化の理論化も，高齢者介護政策の国際比較には残された課題であるといえる。

　　［付記］　本研究はJSPS科研費15J09485の助成を受けたものである。

注
(1)　この税収の内訳はサービスごとに異なっており，原則として施設介護サービスの費用は国が20％，都道府県が17.5％，市町村が12.5％拠出する。居宅給付費の場合は国が25％，都道府県と市町村が12.5％ずつの拠出を行う。

(2) 自己負担の上限額とリザーブド・アマウントの下限額のいずれも，物価に連動して政府が毎年改訂を行う。2013年の自己負担額の上限は1780SEK（約2万6700円），リザーブド・アマウントの下限は5023SEK（約7万5000円）となっている（増田編 2014：83）。
(3) 中央政府といっても，現在はイングランド，スコットランド，ウェールズ，北アイルランドの四つの政府に権限が委譲されているため，政府ごとのばらつきは存在する。
(4) 実際，公的ケアサービスとして，国レベルではイタリアのNHSの枠内で提供されるものや，地方自治体が導入しているケアサービスなども存在はしているが，実際のカバー率などを考慮すると，それほど大きな影響力があるわけではない（Costa 2013）。また，OECDをはじめ多くの統計には，このNHSの枠内のサービス給付など，施設サービスは介護サービスとしてカウントされていないことが多い。
(5) ここでの類型化はあくまで制度の方向性を理念型として整理したもので，実際に量的なデータからはっきりとクラスタとして認識できるかは，今回はケース数を限定したため，そこまでは踏み込まない。
(6) 日本のデータは質問が異なるが，平成21年国民生活基礎調査で，1日あたりの介護時間が「半日以上」「ほとんど終日」としている人の割合を割り当てている。
(7) 高齢者介護関連の政府支出を各国の高齢化率で調整しても結果は大きくは変わらない。

参考文献

伊藤武，2011，「イタリア福祉レジームの変容：『雇用も福祉もない』福祉国家における適応戦略」新川敏光編『福祉レジームの収斂と分岐：脱商品化と脱家族化の多様性』ミネルヴァ書房，238-259。
井原辰雄，2006，「オランダにおける高齢者および障害者に対するケアに関する施策について」『海外社会保障研究』154：26-36。
宇佐見耕一・小谷眞男・後藤玲子・原島博編，2014，『世界の社会福祉年鑑2014（2015年版・第14集）』旬報社。
厚生労働統計協会，2013，『国民の福祉と介護の動向 2013/2014 Vol. 60 No. 10（厚生の指標 増刊）』。
齋藤香里，2013，「ドイツの介護者支援」『海外社会保障研究』184：16-29。
辻由希，2012，『家族主義福祉レジームの再編とジェンダー政治』ミネルヴァ書房。
所道彦，2008，「イギリスのコミュニティケア政策と高齢者住宅」『海外社会保障研究』164：17-25。
原田啓一郎，2007，「フランスの高齢者介護制度の展開と課題」『海外社会保障研究』161：26-36。
稗田健志，2012，「高齢者介護政策の比較政治学：共有された構造要因と多様な政策対応」宮本太郎編『福祉政治（福祉＋α）』ミネルヴァ書房，53-67。
藤岡純一，2013，「スウェーデンにおける介護者支援」『海外社会保障研究』184：4-15。

藤森宮子, 2013,「先進諸国における訪問介護サービスの変容と今後の課題：日本, フランス, ドイツ, オランダを中心に」『現代社会研究』16：95-117。
ペング, イト, 1999,「日本型福祉国家におけるキャッシュとケアと女性の市民権：家族政策のジェンダー議論を手がかりに」『海外社会保障研究』127：24-37。
増田雅暢, 2003,『介護保険見直しの争点：政策過程からみえる今後の課題』法律文化社。
増田雅暢編, 2008,『世界の介護保障』法律文化社。
────, 2014,『世界の介護保障〔第2版〕』法律文化社。
宮崎理枝, 2005,「高齢者介護領域における外国人の非正規労働 (lavoro non regolare) と『正規化』施策：近年のイタリアの事例から」『大原社会問題研究所雑誌』554：43-58。
森川美絵, 2004,「高齢者介護政策における家族介護の『費用化』と『代替化』」大沢真理編『福祉国家とジェンダー』明石書店, 131-158。
吉岡洋子, 2012,「2000年以降のスウェーデンにおける高齢者福祉：『選択の自由』拡大とそれに伴う諸対応の展開」『海外社会保障研究』178：34-44。
Allen, K., R. Bednrik, L. C. A. Dieterich, E. H. Durrett, T. E. J. Glasby, P. Gobet, G. Kagialaris, J. K. S. Kmpers, K. Leichsenring, G. L. T. Mastroyiannaki, S. M. M. Naiditch, H. Nies, M. R. K. Repkova, R. Rodrigues, K. S. R. v. d. Veen, L. Wagner and B. Weigl, 2011, *Governance and Finance of Long-term Care across Europe*, INTERLINKS Overview Report.
Carrera, F., E. Pavolini, C. Ranci and A. Sabbatini, 2013, "Long-Term Care Systems in Comparative Perspective: Care Needs, Informal and Formal Coverage, and Social Impacts in European Countries," C. Ranci and E. Pavolini (eds.), *Reforms in Long-Term Care Policies in Europe*, New York: Springer, 23-52.
Costa, G., 2013, "Long-Term Care Italian Policies: A Case of Inertial Institutional Change," C. Ranci and E. Pavolini (eds.), *Reforms in Long-Term Care Policies in Europe*, New York: Springer, 221-241.
Courbage, C. and M. Plisson, 2012, "Financing Long-Term Care in France," J. Costa-font and C. Courbage (eds.), *Financing Long-Term Care in Europe: Institutions, Markets and Models*, Palgrave Macmillan, 125-150.
Da Roit, B., 2013, "Long-Term Care Reforms in the Netherlands," C. Ranci and E. Pavolini (eds.), *Reforms in Long-Term Care Policies in Europe*, New York: Springer, 97-115.
Da Roit, B. and B. Le Bihan, 2010, "Similar and Yet So Different: Cash-for-Care in Six European Countries' Long-Term Care Policies," *Milbank Quarterly*, 88 (3): 286-309.
Esping-Andersen, G., 1999, *Social Foundations of Postindustrial Economies*, Oxford University Press, USA.（＝渡辺雅男・渡辺景子訳, 2000,『ポスト工業経済の社会的基礎──市場・福祉国家・家族の政治経済学』桜井書店）

Leitner, S., 2003, "Varieties of Familialism: The caring function of the family in comparative perspective," *European Societies*, 5(4): 353-375.

OECD, 2005, *The OECD Health Project Long-term Care for Older People*, OECD Publishing.

―――, 2011, *OECD Health Policy Studies Help Wanted?: Providing and Paying for Long-Term Care*, OECD Publishing.

Pavolini, E. and C. Ranci, 2008, "Restructuring the welfare state: reforms in long-term care in Western European countries," *Journal of European Social Policy*, 18(3): 246-259.

Rodrigues, R. and H. Nies, 2013, "Making Sense of Differences ― the Mixed Economy of Funding and Delivering Long-Term Care," Leichsenring, J. Billings and H. Nies (eds.), *Long-Term Care in Europe : Improving Policy and Practice*, Palgrave Macmillan, 191-212.

Rummery, K., 2009, "A Comparative Discussion of the Gendered Implications of Cash-for-Care Schemes: Markets, Independence and Social Citizenship in Crisis?," *Social Policy & Administration*, 43(6): 634-648.

Ungerson, C., 1997, "Social Politics and the Commodification of Care," *Social Politics*, 4(3): 362-381.

第5章

19世紀フランス社会のメディカリゼーション
―― 中間集団としての共済組合の役割 ――

小西洋平

1　はじめに：問題の所在

　フランスの社会保障制度はしばしば，「保険的福祉国家」（深澤 2003：108），「『財源――提供の分離』体制」（原田 2005：40），「非国家的構成」（田端 1985：115）と表現されることがある。これらは，制度運営における当事者主義の原則と拠出＝財政運営における当事者負担の原則に基づいて，公的サービスの提供を民間非営利組織に委託するフランスの福祉ミックスの特徴を表すものである。このような社会福祉サービスの多元的な供給主体が形成されるに至ったのは，年金や医療，家族手当など各領域に関わるアソシアシオンの運動とその実践に大きく由来している。アソシアシオンを活用した社会福祉サービスの提供システムは，アソシアシオンの側が利用者の生活ニーズに適切かつ効率的に対応することを可能にするだけではなく，利用者の側も提供されるサービスの質を評価し，そのあり方について提言していく当事者意識を養成していくことも可能とした。本章では，以上のような社会保障制度のフランス的特徴の歴史的経路をより明確化するために，アソシアシオンの一つでもある共済組合の歴史に焦点をあてる。というのも，共済組合は，現在でも社会保障制度を補完する重要な組織として機能しているのみならず，社会保護制度の歴史上で最も古いものであると同時にその運動の伝統が今日まで色濃く継承されているからである。

　それにもかかわらず，共済組合史の研究はフランスでも1980年代後半まで本格的に着手されることはなかった。共済組合運動の研究よりも早くに取り上げ

られた労働組合運動やその他の社会運動に関する労働史研究でさえ一つの研究分野として承認されるようになるのは，1960年代まで待たなければならなかった。元々は活動家であったジャン・メトロンがソルボンヌ大学でアナーキズムに関する博士論文の公開審査を受けるのが1950年で，その10年後にメトロンとその仲間たちが *Le Mouvement social* という雑誌を刊行した。この雑誌は，経済学，社会学，人類学，人口統計学，政治学といった様々な研究領域を横断する社会運動史研究の拠点となり，社会主義や共産主義，労働組合運動史研究が市民権を獲得するのに貢献した。そのおかげでパリ・コミューンや革命的サンディカリスム，人民戦線，レジスタンス運動といった華々しい社会運動の研究が盛んに行われた。他方で，共済組合を含む労働者と経営者の協調や労働と資本との間の階級融和といった改良主義的諸潮流の研究は過小評価され，見落とされていた。しかしながら，徐々に職業別や産業別といったより専門的な労働史研究がなされると同時に労働者の社会的保護に関するテーマ——何よりも共済組合はここに関わる——が取り扱われるようになり，政治的・社会的文脈に応じて改良主義的傾向をもった社会運動史（共済組合や消費協同組合など）にも注目が集まるようになった。共済組合史研究については，具体的にはミシェル・ドレフュス，アンドレ・ゲラン，ベルナール・ジボーらの諸著作が挙げられる。それ以降，19世紀から20世紀にかけての共済組合運動の全体的な特徴だけにとどまらず，アーカイブの制限があるとはいえ——共済組合に関する一次資料は分散的に存在していた——地域的特性や個別組合の特殊性といったより詳細かつ高度な歴史考証がなされていった。ところが，フランスの共済組合研究者のシネ＝ランジュが述べるように，共済組合は150年以上も前から薬局や結核療養所，無料診察所，内科・外科クリニックといったフランス社会の漸進的な医療の大衆化（la médicalisation）を実現してきたのにもかかわらず，19世紀半ばの共済組合の医療活動と社会福祉活動については大きな空白が残されたままである（Siney-Lange 2008：7）。したがって本章では，19世紀フランスの共済組合が実現していった医療の大衆化という役割を対象として，フランスの福祉国家に固有な福祉ミックスの特徴の歴史的経路を共済組合の影響という観点

から明らかにする。より詳述すれば、19世紀の共済組合という未成熟かつ体系化されていないその医療・社会福祉活動を具体的な実践から抽出し、第三共和政において医療分野で重要な役割を担うに至るまでの過程に注目するのである。

2　連帯主義と共済組合

現在、フランスにおける共済組合の会員は、約3800万人にものぼる。共済組合が占める医療費支出の割合も、2014年では7.2％で補足的医療保険制度(3)の中で最も大きなものとなっている。このように社会保障制度を補完する形で、共済組合は公的でも私的でもない福祉供給主体として、被保険者とその家族に安定した医療サービスを提供することに現在でも貢献している。しかしながら、フランスの共済組合の重要性は、このような財政的な貢献にとどまるものではなく、共済組合がフランス特有の連帯主義という思想を体現し続けてきた一つの運動であるというところにある。戦後ラロック・プランに基づいて形成されていく現代的な社会保障体系――共済組合もその中に組み込まれていくのだが――よりも以前に、共済組合は人々の連帯の実践的土壌として活躍してきたのである。

特に第三共和政においては、1895年に首相を務めたレオン・ブルジョワが(4) *La solidarité* という本を著し、第三共和政の公式哲学である連帯主義の教義を明らかにした。共済組合の伝統と強い親和性をもったこの連帯主義思想の下でそれまで以上に共済組合に対して社会保護制度の中で重要な役割が与えられるようになる。ブルジョワは、1898年に制定される共済組合憲章（la Charte de la Mutualité）の父と呼ばれ、1902年には他の共済組合運動家たちと一緒にフランス共済組合全国連盟（FNMF: la Fédération nationale de la mutualité française）を創設した。1904年に開かれたナントでの共済組合全国大会では、「医療扶助に関する国家の制度的発展は、共済組合の力の減退ではなく、その有益な力の増大と刷新にある(5)」と述べ、後に詳述するように、1910年の労働者・農民年金法と1930年の社会保険法における共済組合主義へと結実する示唆的な言葉を残

している。さらに，1897年に共済組合運動の拠点の一つである社会資料館（le Musée social）――ブルジョワはこの資料館の名誉会長である――の館長となり，共済組合全国連盟の初代会長となるレオポルド・マビヨーは，レオン・ブルジョワとレイモン・ポワンカレの関係について以下のように述べる。「私は，あらゆる社会問題の取り扱い方や解決法についてポワンカレとブルジョワが完全にかつ一貫して合意しているのを見ており，ポワンカレが最初の行為から我々の期待にかなうものであると確信していた。ポワンカレはルーベやファリエールのような共済組合の実践家ではない。（……）しかしながら，ブルジョワ（……）と同じようにポワンカレにおいても，自由と連帯の思想に基づいた社会的教義の全てが共済組合と協同組合の体制を目指していくのである」（Dreyfus［1988：42-43］，（ ）は引用者）として，第三共和政の3人の大統領，つまりエミール・ルーベ，アルマン・ファリエール，レイモン・ポワンカレにおいても，共済組合の教義と深い親和性をもったブルジョワの連帯主義が継承されていったのである。その後，第一次世界大戦を経ても，このような国家と共済組合の良好な関係は継続し，1920年から大統領に就任したポール・デシャネルが「共済組合が社会問題の卓越した解決策ではないと，我々はいったこともなければ考えたこともない。我々が信じ，日々あなた方に明らかにされているのは，共済組合が近代社会を刷新しうる最も豊かな原理の一つであるということである」（ibid: 43）と述べるように，それ以降も社会保護制度における共済組合の位置づけはその重要性を増していくのであった。

このようにして19世紀から発展し続けてきた共済組合は，世紀転換期から第三共和政の公式哲学である連帯主義の思想を体現する一つの制度として活用された。その具体的な帰結が，1910年の労働者・農民年金法と1930年の社会保険法における共済組合の位置取りであった。以上のような国家と共済組合を結びつける連帯主義の思想は，19世紀の共済組合運動の，未分化であるがゆえに複雑ではあるが豊かな連帯の実践を読み解くカギとなり，ひいては，フランス福祉国家形成の黎明期における共済組合の役割を分析する重要な理論的基礎をなしている。

3 デュルケムにおける中間集団論

(1) デュルケムの社会的連帯

　フランスの福祉国家の黎明期に19世紀の共済組合は，どのような役割を担っていたのか。この問いに答えるために，ブルジョワと同時代人でありながら社会的連帯を社会学という新しい学問領域から理論的に精緻化したエミール・デュルケムの議論を取り上げる。というのも，デュルケムにおける社会的連帯論の中には国家と個人，そしてその両者と中間集団との関係が理論化されてあるからである。福祉国家黎明期における共済組合の役割をより分かりやすくするための枠組としてデュルケムの社会的連帯論を分析する。

　デュルケムは1893年に『社会分業論』で社会的連帯の2類型を提起した。すなわち，機械的連帯と有機的連帯である。前者は，分業が進んでいない社会でその構成員が類似した価値と信念を共有している連帯であり，そこでは禁止と強制によって命じられた強い共同意識が形成される。また，前者の連帯における法律では過失と犯罪に対して抑圧的な制裁が下される。後者は，分業が進んだ社会で異なる専門的機能を担う構成員の相互依存から成る連帯であり，そこでは共同意識にとらわれることなく社会的要請に関する諸個人の解釈の幅が広がる。後者の連帯における法律では，過失を埋め合わせ，諸個人の協同を推奨するために復元的な制裁が下される。

　デュルケムがこのような社会的連帯の2類型を提起したのは，いかにして諸個人がより自律的でありながら社会により緊密に帰属するのかという問題意識から端を発するものであった。『社会分業論』の第1編で有機的連帯こそが近代社会における連帯の規範的形態であるとし，第2編で分業の原因と条件を分析した後に，デュルケムは第3編で分業の異常形態の分析に取り掛かる。しかしながら，「いずれにせよ，デュルケム自身が自らの著作の第3編に不満であったし，それは1901年に執筆された第2版序文で再び第3編（の問題系）に立ち返ることを決めたということから説明される」（Paugam 2011：11）のである。

1901年の第2版序文でデュルケムは，何よりも社会的組織における同業組合または職業的集団の役割を強調した。「経済生活はそれが甚だ特殊なものであり，日ごとに一層専門化してゆくものであるから，政治的社会や国家の能力や活動の及ぶ領域外に立っている。或る職業の活動は，この職業の機能的活動を熟知し，そのすべての欲求を感じ，それらの欲求のすべての変化をみのがすことなくとらえることができるほどにこの職業そのものに接近している集団のみによって，有効に規制されうる。これらの条件に応える唯一の集団は，同一団体に結合され組織された同一産業従事者全体が形成するそれである。これは同業組合または職業的集団と呼ばれるものである」(Drukheim 1978：VI＝井伊1989：30) とデュルケムは述べる。

(2) 社会的連帯論における国家，個人，中間集団

なぜデュルケムは第2版序文で多くの紙幅を割いて有機的連帯における同業組合の必要性を主張しなければならなかったのか。それはデュルケムの社会的連帯論における個人主義と国家，国家と市民社会という二つの関係に着目すれば明らかになる。

デュルケムは，個人主義の発展と国家の諸機能の拡大は不可避的に結びつけられるとする。国家の諸機能の拡大は民主主義によって制限されるどころか，国家によって諸個人が解放されるのだから国家こそが民主主義の土台であると主張する。というのも，「事実，国家はむしろ個人の解放者なのである。国家は，力をもつにつれて，家族や都市，同業組合などの個人を拘束する傾向のある特殊的かつ局所的集団から個人を解放する」(Durkheim 1975：171) からである。つまりここでは，国家の諸機能の拡大は，例えば封建的な身分秩序や家族といった第一次的集団の中に埋没させられた個人をそのような限定的集団から自由にさせる可能性を与える過程であると捉えられている。その意味で，ここでデュルケムが述べる国家の諸機能の拡大は，脱領土化の過程である。さらに，デュルケムが「どんな社会であれ，少なくとも外部にある何ものかがその専制を抑止しない限りは，専制的となる」(Durkheim 1950：74＝宮島・川喜多 1974：

96)と述べるように,国家が個人を拘束する特殊な集団に対して外部から働きかけることによって,その特殊な集団がもつ専制を抑止し,個人の解放が可能となるとしている。

しかしながら,国家と市民社会(Bürgerliche Gesellschaft)の関係に視点を変えると,今度は国家が独裁的になる。「個人主義は国家主義と同じ歩幅で歩んできた。国家が独裁的で抑圧的になりえないわけではない。あらゆる自然諸力と同様に,国家を抑制する何らかの集合的権力によって国家が制限されなければ,国家は際限なく拡大するし,逆に個人の自由にとって脅威となる」(Durkheim 1975:171)からである。つまり,国家によって特殊な集団から解放された市民が各々の生活状況の下で孤立させられ続ければ,拡大された国家の諸機能はアトム化された個人に対しては過度に強大になるというのである。かくして,デュルケムはこの国家の両義的な特性について「国家は平等化の力にも抑圧の力にもなる」(Durkheim 1950:77=宮島・川喜多 1974:98)と結論づける。

それでは,どうすればこの国家の独裁的かつ抑圧的な傾向を阻止することができるのか。デュルケムは端的に「国家という集合力が個人を解放する存在たりうるためには,それ自らが拮抗力を必要とする。国家は他の集合力,つまり二次的集団によって制約を受けねばならないのである」(Durkheim 1950:77-78=宮島・川喜多 1974:99)と答える。というのも,「両者(国家と個人)が無媒介に接触しないことが必要である。より弱い力がより強い力の軌道におちこむのを防ぐ唯一の方法は,強い力の影響力を緩和する抵抗体を両者の間に介在させることにある」(Durkheim 1950:121=宮島・川喜多 1974:139)からである。国家と個人の間を媒介する中間集団と恒常的なコミュニケーションをとることで,国家はこの中間集団を通じて個人をモラル化していくのである。この中間集団の具体的な形態として挙げられたのが同業組合であり,それに基づいて形成される諸機関なのである。

したがって,デュルケムの社会的連帯論では,第一に有機的連帯を実現するために職業的団体または同業組合の再建が主張された。第二に,国家は個人の

解放者にもなるし，また，独裁的かつ抑圧的な傾向をもつ場合もあった。この傾向を抑止するためには，第三に，国家と個人とを媒介する中間集団が要請される。以上のようなデュルケムの社会的連帯における中間集団論を前提として，19世紀という福祉国家形成の黎明期における共済組合の役割を三つの段階に区分して明らかにする。

4　中間集団としての共済組合

（1）摂理＝福祉国家（l'Etat-providence）の誕生[14]と共済組合（1789年～1852年）

　1789年のフランス革命は，信徒団（confréries）と同業組合（corporations），職人団体（compagnonnage）といった封建的身分秩序を有する旧中間集団から個人を解放し，フランス社会に近代的な個人の自律可能性を開いた。しかしながら，1791年6月に制定されたル・シャプリエ法によってあらゆる結社・団体の結成が禁止され[15]，1791年7月14日の国民議会でル・シャプリエが「各個人の特殊な利害と普遍的な利害しか存在し得ない。市民に中間的な利害を抱かせることはいっさい認められない。(……) 生活のために必要な労働を与え，障害者に救済を与えるのは，国家であり，公的な役人であり，その資格においてなされるのである」(Cottereau 1989：24-25) と述べるように，もはやフランス社会にはアトム化された個人と極度に拡張された国家の諸機能しか存在し得ない国家と個人の二極的構造が生じた[16]。アンシャン・レジームを否定したフランス革命は，確かに自由と平等の理念を実現させるように思われたが，中間集団を欠いた二極的構造によって，ジャコバン独裁やテルミドールの反動といった革命中期の専制と混乱がもたらされた（田中 2006：11-12）。

　このようなル・シャプリエ法によって生じた二極的構造について，エミール・オリヴィエは1864年に一時的団結（coalition）を求める会議で，「シャプリエによって提示されたこの理論において，またその起源において，我々はフランス革命の根本的な誤りを把握している。この根本的な誤りから，結社についての悪法が，次に金融会社や手形割引金庫，保険会社，商社，工業会社に対す

る厳しいデクレ（1790年8月14日のデクレなど）が生まれ，そこから，過度な中央集権化，社会権の過剰な拡張，社会改良主義者たちの増長が生じた。そしてそこから，バブーフの陰謀，摂理＝福祉国家という考え方（la conception de l'Etat-Providence），さらにあらゆる形態での革命政権による専制が生じた。諸個人のイニシアティブに対する偏見のその起源がそこに見出されるのである。（……）結合を欠いた微粒子のような諸個人と国家の集合力しか存在しないというのは誤りである。この両者のあいだには，一方から他方へのつなぎ目としての，そして国家による諸個人の抑圧を回避する手段としての，自由な結合と自発的な合意に基づく集団が存在するのである」(Cottereau 1989：24-25) と個人と国家を媒介する中間集団の必要性を説いた。加えて，国家による救済機能の排他的専有について，エミール・ローランは「摂理＝福祉国家（l'Etat-providence）」という批判的表現を用いて，摂理＝福祉国家によって機能不全に陥った救済機能の実現を共済組合の普及に訴えた。ル・シャプリエ法と革命諸議会によって作り出された摂理＝福祉国家は，ローランによって，「（諸個人のイニシアティブに）固有の活動を弱体化させ，一種の神の摂理のごとく祭り上げられた国家」(Laurent 1860：57-58) であると批判された。ローランは，「今日では，共済組合の迅速な普及は各人の義務であると同時に万人の義務であるように思われる。これこそ社会的義務なのである」(Laurent 1860：100) と述べ，共済組合主義者の立場から中間集団としての共済組合発展の必要性を主張した。

　2人のエミールの主張から解されるように，フランス革命とル・シャプリエ法は特殊な集団の中で埋没していた個人を解放し，旧中間集団の中で独占されていた救済機能を平等化・普遍化するように思われたが，その帰結が諸個人の結合を欠く二極的構造であったがゆえに専制と官僚主義による機能不全を引き起こした。

　実際には1789年から1848年までは労働者の組織としては共済組合のみが，刑法典第291条と1834年4月10日法に従うという形で結成が認められていた。しかしながら，共済組合は営業の自由を侵害し，労働者の抵抗組織となり得る危険性を孕む結社として抑圧の対象ともなった。特に1834年法による組合結成の

厳格化は，1831年に暴動を引き起こしたリヨンの絹織物工の共済組合とパリの共済組合を標的としていた。

（2）帝政共済（Les mutualités impériales）の創設と制限つきの普遍化（1852年～1870年）

1851年12月2日のクーデタから4ヶ月足らずして，ルイ・ナポレオン・ボナパルトは，1852年3月28日デクレを定め，共済組合の歴史の新たな時代を切り開いた。このデクレの施行は，共済組合運動に根本的に異なった様相を与えた。

1852年のデクレの新しさは，これまでに存在していた容認共済組合に加えて，認可共済組合を創設したところにあった。この認可組合は強い拘束力をもった義務と引き換えに多くの特典を与えられた。認可組合は税収上の特権をもち，預託供託金庫に老齢年金を組成するための資金を預ける許可を与えられ，不動産を所有することもできた。さらに，ナポレオン3世は，オルレアン家の資産から徴収した総額1000万フランを認可組合の発展のために充当することを決定した。他方で，認可組合は，その成員が500人を超えてはならず，さらに組合の会長は厳密な調査の後に国家元首または知事によって任命された（皇帝の会長任命権）。1852年のデクレの目玉である共済組合奨励・監督高等委員会（la Commission supérieure d'encouragement et de surveillance des sociétés de secours mutuels）は，認可共済組合の創設と発展を惹起・促進し，1852年3月のデクレの実施状況を監視し，このデクレの適用に必要な通達や規則を各組合に遵守させる任を負った。この委員会は，共済組合に関する初めての指導的機関であった。

このデクレは共済組合運動を二つの点において抜本的に変化させた。第一に，1830年代に展開していた労働組合的な役割を果たした職業的・同職的共済組合に対して，地域をベースとした共済組合として組織化したことである。この地域をベースとした共済組合は，抵抗と権利要求を繰り広げるリスクのある同業の組合員を結集することなく，もっぱら地理的に結びつけられた多様な階級の人々を組合の構成員とした。第二に，この地域的な共済組合は名望家たち（名

第5章　19世紀フランス社会のメディカリゼーション

誉会員）によって占有されており，彼らは組合の管理運営の大部分を独占し，この組合を厳しくコントロールした。したがって，第二帝政期では，司祭，市町村長，大地主，医者，弁護士，公証人，実業家，工場主といった名望家たちが，共済組合運動の内部で優勢な地位を占めていた。つまり，共済組合への名望家の受け入れは財政的安定化を図ることを目的としていたとしても，それだけにとどまらず組合運営の主導権が一般会員に委ねられてはならなかったわけである。第二帝政下ではこのようにして，共済組合の「名望化（notabilisation)」が進展したのである。[20]

しかし他方で1852年のデクレは，それまでの共済組合が同職的基盤によって組織されていたのを地域を基盤として組織化させることによって，女性や子どもの入会を容易にさせた。というのも，同業組合的な性格を継承していたそれまでの共済組合が，主に熟練手工業の男性を中心的な組合員としてきたのに対して，名望会員を多く入会させ，地域ベースで組織された帝政組合は，比較的安定した財政状況下で賃金が低い女性の会員も多く受け入れることができたからである。[21]この意味で，1852年のデクレは，それ以前の共済組合を普遍化させたといえるが，いくつかの条件つきの普遍化であったことを指摘しておかなければならない。第一に，皇帝の会長任命権に代表されるナポレオン3世による直接的な組合運営への干渉である。[22]第二に，名誉会員制を導入することによって共済組合のパターナリスティックな傾向が前景化してきたこと，第三に共済組合奨励・監督高等委員会の厳しい監視下に置かれていたことが挙げられる。したがって，共済組合が国家との関係において諸個人をより自律させる中間集団としての役割を十全に果たすためには，第三共和政下での共済組合の「共和主義化（républicanisation）」（Dreyfus 1988：26）の段階を待たなければならないのである。

（3）共済組合の共和主義化と全面的な普遍化

　第二帝政崩壊後には，共済組合にとって足かせとなっていた「共済組合奨励・監督高等委員会」と「皇帝による会長任命権」という二つの制度が廃止さ

147

れ，その後1898年に共済組合憲章が成立し，帝政崩壊後から四半世紀かけて共済組合の「共和主義化」が進展していく。

1898年の共済組合憲章では，第一に共済組合の活動目的が刷新された。一般会員とその家族に対して疾病，負傷，障害の場合の給付金を支給することと埋葬費と遺族給付金を支給すること，そして老齢年金を設立することに加えて，新しく失業手当の支給と職業講座の開設などが付け加えられた。第二に，それまで名誉会員として加入した会員は，一般会員として再加入することはできなかったが，逆境に陥った場合には名誉会員が一般会員として再加入することが認められた。それに加えて，共済組合は第三共和政になっても名誉会員の財政的貢献に頼る部分が大きかったが，パターナリスティックな名誉会員による組合運営の独占的状況に対して学校教育を受けるようになった労働者たちが共済組合の管理運営権を要求する動きが次第に見られるようになり，名誉会員制を廃止する共済組合も見られた。第三に，1852年のデクレではコミューンの枠を超えて共済組合を結成してはならず，常に地域的基盤に根差すことが規定されていたが，共済組合憲章では組合員数と地域の限定を廃棄して「共済組合連合（Unions de sociétés）」という新しい方式で共済組合の拡大が可能となった。この共済組合連合は，薬局の設立，転居した組合員の受け入れ，転居した会員の老齢年金の支払い，組合拡大によるリスクの分散，無料職業紹介サービスという新たな機能を共済組合に付与した。第四に，1870年に帝政崩壊と同時に改革された共済組合奨励・監督高等委員会に取って代わって，1898年の共済組合憲章の下では共済組合高等審議会（Conseil supérieur des sociétés de secours mutuels）が設立された。この審議会は旧委員会の監視的な特徴を取り払った共済組合の新たな指導的機関として機能した。審議会は36人のメンバーから構成され，その半数が共済組合から選出された代表者たちで，その他の半数が有識者や政治家から選ばれた。

このようにして1898年の共済組合憲章が施行される段階で，すなわち共済組合の共和主義化が完成される段階で，それまで桎梏として共済組合を拘束していた帝政の諸制度が廃止され，救済機能の全面的な普遍化がなされるのである。

したがって，100年以上かけて共済組合は，アトム化された個人と摂理＝福祉国家として諸機能を拡張された国家の二極的構造に対して，まず1789年から1852年までは体系化されていない自発的な互助運動の組織であったとしても，進展する産業化の中で最古の社会保護制度の一つとして活躍し，次に1852年から1870年にかけては一定程度の普遍化が試みられたが，ナポレオン3世によるボナパルト主義的体制を強化する帝政共済として地域的かつパターナリスティックに組織化された。そして第三共和政に入ると緩慢ではあるが徐々に共和主義化が進行し，1898年の共済組合憲章によって救済機能の拡張，地理的限定の撤廃，名誉会員のパターナリズムの廃止などを経て，全面的な普遍化を達成する。特に，共済組合高等審議会はその半数が共済組合の代表者によって構成されることで国家と共済組合との不断のコミュニケーションを可能とした。このようにして，共済組合は19世紀を通じて会員の自律性，選択の自由，自主管理，組合目的の多様化を実現しながら，形成されつつある福祉国家と会員とを媒介する中間集団としての役割を獲得していったのである。

5　フランス社会史研究におけるメディカリゼーション

それでは，フランス福祉国家形成の黎明期に個人と国家とを媒介する中間集団として機能した共済組合がその主要な目的としていた医療・社会福祉サービスの実態を最後に明らかにしていこう。しかしながら，こうした共済組合の医療・社会福祉活動を取り上げる前に，それらの活動がフランスの社会史研究の中でどのように位置づけられる対象であるのかを明確にしておかなければならない。というのも，共済組合が果たしたメディカリゼーション，すなわち医療の大衆化＝民衆の医療へのアクセシビリティの強化は，これまでのフランスの社会史研究の中で洗練されてきた特殊フランス的な概念だからである。

まず，フランス社会史研究の中でどのようにしてメディカリゼーションという概念が誕生し，その概念が洗練されてきたのかを概括しておく必要がある。というのも，フランスにおけるメディカリゼーションという概念は，現在社会

学の領域で了解されている医療化の概念と少しその範疇が異なり――両者とも
に影響関係にあるとしても――，出現すると同時に問題を含む概念であったか
らである。したがって，フランス社会史研究におけるメディカリゼーション概
念の変遷を追いながらその概念範疇を整序しておこう。

　医療化（medicalization）という概念は，一般的には「従来は医療的領域外に
あった様々な現象が医療的現象として再定義される傾向を意味」（佐藤 1999：
122）し，さらに医学的知識の体系によって再解釈された社会的諸現象が医学
的実践によって治療・矯正の対象となる歴史的，政治的プロセスであると定義
される。しかし，フランス社会史研究の中では医療化（médicalisation）という
概念がその主題として登場したのは，J・レオナールの *Les médecins de l'
Ouest au XIXe siècle* というフランスにおける医療の社会史に関する先駆的業
績においてである（Léonard 1978）。このメディカリゼーションという概念はそ
の登場と同時に問題を孕む概念であった。レオナールはメディカリゼーション
という概念を明示的には純粋に人口統計学的概念（住民の数と医師の数との間の
数量的関係）に準拠させていた。しかしながら，レオナールの研究が医療の普
及全般に関わる問題を取り扱うとしていたのにもかかわらず，レオナール本人
が本研究では医師にしか焦点をあてないとしたことによって，暗にこの用語に
対して純粋に人口統計学的概念に収まらないより広義の意味を与えていたから
である。いずれにせよ，レオナールの先駆的業績の時点からメディカリゼーシ
ョンという概念には人口統計学的アプローチにだけには還元され得ない広義の
意味が含蓄させられていたのである。この人口統計学的アプローチの代表作と
しては，J・P・グベールの *Malades et médecins en Bretagne 1770-1790* が
挙げられ，この著作においても医師の普及率が重要な問題関心となっていた
（Goubert 1975）。加えて，このような住民人口に対する医師の普及率への着目
は，王立伝染病医学協会の調査に基づく論文の中でも同じように示されていた
（Desaive 1972）。それ以降，メディカリゼーションの人口統計学的または地理
学的アプローチが，医療化や医療職を対象とする多くの社会史研究の中で用い
られるようになった。このような研究の方向性が形作られたのは，保健衛生史

第5章　19世紀フランス社会のメディカリゼーション

が人口統計学と緊密な関係を維持し続けていたということに関わっている。それは医療問題に対する注目が，人口統計学的方法をその分析視角の中核となす近代史研究の中で現れたからである。例えば，F・ルブランのような歴史学者は死亡率の原因とその低下についての研究を進めていく段階で，不可避的に死亡率と直結する病気という問題に至り，それゆえに医療環境や医療の潜在的な役割について問わなければならなかった（Lebrun 1975）。またM・ガルデンのような医療や保健衛生を研究対象とする初発の歴史学者は，歴史人口統計学という領域から保健衛生史研究という領域へと研究を進めてきたのであった（Garden 1980）。

　しかしながら，メディカリゼーションの具体的な史的経過は，その人口統計学的・地理学的アプローチに再検討を迫るような事実を残していた。アンシャン・レジーム末期に相対的に上昇した医師の普及率は，医師の募集と特に保健衛生官の影響力によって19世紀の中頃まで高い状態を維持していた（平均して1750人に対して1人の医師）。それに対して，1846年から1886年の間では医師の絶対数は減少し，メディカリゼーションの進展を指し示す数値の明らかな低下（平均して2500人に対して1人の医師）が見られた（Léonard 1978）。世紀末にはこの数値は上昇してくるものの，その上昇は非常に緩慢なものであった。このように19世紀に示される医師の普及率は一貫して右肩上がりに上昇することはなく，医師の普及率を根拠としてメディカリゼーションが実現されていくとは結論づけられず，また医師の普及率の低下が統計的に確認されたとしても，例えば19世紀後半にかけてC・ベルナールやL・パストゥールが革命的な医学的発見へと至った時には，必ずしもメディカリゼーションの後退を指し示すものではない。したがって，医師と人口の割合がメディカリゼーションの唯一の指標ではないということである。

　このような事実認識を目の前にしてメディカリゼーションの人口統計学的アプローチはその限界を提示してしまうことになり，医療化に関する初発の歴史学者たちは純粋に量的なアプローチを乗り越える必要性に迫られた。このような背景を受けて，医師に関する包括的な社会史を追求し続けた研究者たちは，

急速かつ目覚ましい地位向上を遂げた医師集団に注目して，この医師集団が自らの医療技術の有効性を科学的に証拠づけるより前に社会的威信を獲得し，地位向上を成し遂げる過程について明らかにした。この研究によって，医療化についての見方が転換させられることになった。例えば，18世紀の中頃に，中世から継承した慣習と袂を分かった医師たちは，病気の身体だけでなくそれを取り巻くあらゆるものを観察し始め，それによって医師たちは気候や生活態度，さらに次第に社会的環境に興味を示していくことになる。まだ直接的に患者を十分に治療する手段・技術はもち合わせてはいないが，自身の医学によって病気を消し去ることができると確信していたその医師たちは，支配者の助言者として，社会の監督者として，または生活態度や日常的振る舞いの指導者として頭角を現していったのである（Roche 1977）。このようにして，これまでメディカリゼーションの量的アプローチが支配的であった研究手法から，医師の言説の影響力や行政機関への医師の進出などといった，その質的なアプローチへの転換がなされたのである。

　このメディカリゼーション概念の転換を契機に，人口統計学的アプローチよりも広義でより説得力のある概念の再定義が1980年代の初めにもたらされたのである。J・P・グベールによって提起された定義によれば，「メディカリゼーションとは18世紀後半に根づき，現在まで引き続いている長期的な持続的過程のことである。この過程は，同時に科学的，技術的，社会文化的側面において，健康に関係するあらゆることのために正式な医療へとアクセスする人口割合が増加することによって表される」（Goubert 1982：5）と述べられるように，これ以降のメディカリゼーションは，単純な数量化を基準とする概念枠組みを超えて，その当時の基底的な構造や抜本的な表徴的イメージにおいて社会を大きく変容させる過程という，より高度で長期的な射程をもつ概念として洗練化された。具体的には，妊娠・出産に関わる産婆の史的変遷などが取り上げられ，新たな概念枠組からの研究アプローチが実践された（Gélis et al. 1978）。

　この次に大きなインパクトを与えたのが，M・フーコーの『狂気の歴史』と『監獄の誕生』である（Foucault 1972；1975）。当時見落とされがちであった病

院の歴史についての研究が増えていく中で、フーコーの著作に影響を受けた歴史家たちは、社会全体における正常化と監視のテクニックへと作り上げられていく統治システムを病院の建築構造や管理体制の中に見出していた。これに加えて、多くの歴史家たちがメディカリゼーションの規範的・ポリス的性質を強調するようになり、メディカリゼーションが人々を次第に抜け目なく張り巡らされる医療システムの網目の中に囚えていき、人々の日常的振る舞いを規範化していく過程として捉えるようになった。[24]

このような社会全体に覆いかぶさるペシミスティックなメディカリゼーション概念の再検討がなされる中で、今度は研究の対象がメディカリゼーションされる側またはメディカリゼーションされ得る側の役割・機能の再評価へと転換させられるようになる（Faure 1993）。このような再評価の流れの中で、国家と医師団体、そして労働者という三つのアクターが三位一体となって機能する共済組合において、公式な医療サービスへのアクセシビリティの強化という意味でのメディカリゼーションが遂行されるようになるのである。

以上のように、メディカリゼーションという概念は、まず純粋に人口統計学的アプローチによる人口と医師との比率という数量化される概念として出現し、次にこのアプローチの限界性が示されることで社会構造や政治状況などを反映させた質的アプローチへと転換した。次第にメディカリゼーションの規範的特徴が強調されることで、人々の行動の標準化、統治的コントロールの機能がその概念の重要点として捉えられるようになる。しかしながら、そのようなペシミスティックな概念規定が再検討される中で、今度はメディカリゼーションされる側の役割が研究対象として浮上してきたのである。このようなメディカリゼーションの概念史においては、共済組合のメディカリゼーションとは、医療的ケアを提供する医師ないしは医師団体の影響だけではなく、医療・社会福祉サービスを要求し、受け取る側の運動をも含めた民衆の医療や健康へのアクセシビリティがどのようにして強化、維持されてきたかということを指し示す概念である。それでは、19世紀の共済組合が会員に保障してきた医療・社会福祉サービスの実態を明らかにしよう。

6 共済組合の救済機能

(1) 共済組合の財政支出

　ここでは，19世紀前半から組織され，比較的自由に労働者たちによって運営されていた容認共済組合と第二帝政期に帝政共済と呼ばれ，厳しい監視と義務を受け入れる代わりに多くの特典を得られた認可共済組合の財政状況に注目することによって，それぞれの共済組合の活動の違いを比較しながら19世紀フランスの共済組合がどのような救済機能をもち，その救済はどのような性格のものであったのかを明らかにする。図5-1と図5-2は，1857年の認可組合と容認組合の項目別支出割合である。両組合に共通していえることは，傷病手当金，薬剤費，診療報酬といった医療費関連支出が全支出の約9割を占めているということである。さらに，傷病手当が全支出の50％以上を占めている。このことから共済組合は全体として，疾病給付，災害給付，老齢年金，遺族給付，失業給付，埋葬給付という様々な給付制度をもっていたが，医療に関する給付をその主な役割としていたことが分かる。共済組合活動の一般的特徴として医療関連の保障が挙げられるが，認可組合と容認組合の差異に関して指摘すべきことは，両組合の差異が寡婦・孤児手当の支出割合の差異として現れているということである。認可組合における寡婦・孤児手当の比率が2％であるのに対して，容認組合では6％となっており，認可組合より大きな割合を占めている。特にこの比率の違いは，両組合における寡婦に対する対応の差異から生じている。前述したように，認可組合は1852年のデクレの条件と恩恵を受け入れる共済組合であるのに対して，容認組合は1852年デクレの条件と恩恵を受け入れない代わりに組合メンバーによって比較的自由に管理運営される共済組合であった。この容認組合は，1852年に新設された認可組合に対してフランス革命以前から存在したコルポラシオン（同業組合）の伝統的慣習を引き継ぎつつ，1830年代以降に産業革命の進展とともに急増してくる労働者同士の互助組織を基盤として形成された共済組合である。その中世の同職団体の伝統的慣習として，その

第5章　19世紀フランス社会のメディカリゼーション

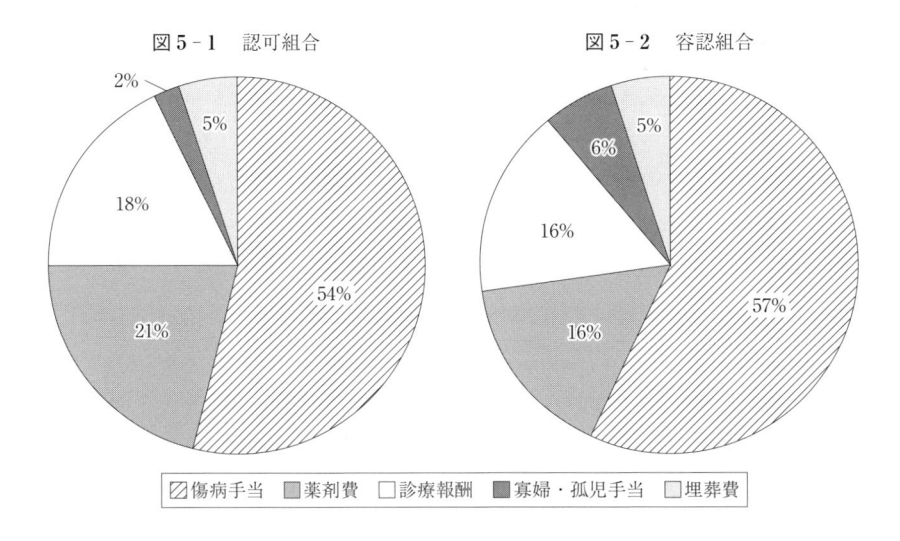

図5-1　認可組合　　　　　　図5-2　容認組合

□傷病手当　□薬剤費　□診療報酬　■寡婦・孤児手当　□埋葬費

団体に加入していた夫が死亡した時に夫を亡くした女性を保障の対象として手当を支給するというものがあった。この伝統的慣習を引き継ぎ，同職組合的性質を有した容認組合では，認可組合に比して寡婦を組合に招きいれ，保障の対象とする傾向にあったのである。

（2）診療報酬

　共済組合は，医療サービスを共済組合員に保証するために，地域の医師と契約を結ぶ。その契約の方式がいくつか存在した。第一に共済組合員の人数が変動しても医師への支払いは変わらない「請負い方式（soins médicaux à forfait）」，第二に「予約料金払い方式（soins médicaux à l'abonnement）」は共済組合員の人数に応じて医師を選ぶ方式で，地区割りで組織された共済組合で採用されることが多かった。第三に「往診・診察支払方式（paiement à la visite et à la consultation）」は共済組合によって承認された医師のリストから組合員が医師を選択して受診する。第四に「医師の自由選択方式（système du libre choix de médecin）」は，共済組合員が完全に自由選択によって選んだ医師の診察を受け，診察費用は組合員が直接医師に支払い，請求書を組合へ提出して診察費用を償

還してもらう。最後として第五に「無料治療方式（système des soins médicaux gratuits）」は，この方式における医師への支払いはしばしば名誉会員の拠出金からなされていた（久塚 1991：30-35）。

共済組合はこのようにいくつかの医療サービスの方式をもっており，組合の財政や構成員の特徴によってより適合的な方式を採用していた。中でも往診・診察支払方式などは診察回数に応じて費用を支払わなければならず，費用が高くついてしまうので，多くの組合が請負い方式や予約料金払い方式を採用していた。

（3）傷病手当金

共済組合の財政支出の半分以上を占める傷病手当金について，サン＝フランソワ・グザヴィエ共済組合（セーヌ県で1838年に創設され，1859年に認可）の規約を取り上げてみよう（AN F12 5390）。組合規約の第14条から第17条で，給付金受給について定められている。病気になった会員は病気が5日以上続いた場合に給付を受けることができるが，受給金額は年間最大180フランまでとされている（1日2フランで，90日間の支給）[26]。病気が3ヶ月以上続いた場合は，給付金の支給は中断され，その年はそれ以上給付を要求することはできないとされている[27]。また複数の病気にかかってしまった場合については，第二，第三の病気は最初にかかった病気の延長として考えられ，受給期間はいくら病気を併発しても初めの病気から3ヶ月の間だけとされる。次に，受給権の開始と終了について定められており，手当受給権の開始は医者の最初の処方箋が出された時からであり，手当受給権の終了は組合からの慰問者によってなされる[28]。

ここで二つの共済組合を取り上げて，傷病手当金に関する取り扱いの違いを見ることにする。一つ目の共済組合はパリの印刷校正工組合（Scoété des correcteurs des imprimeries de Paris）である。この組合長のベルニエは，名誉会長のアンブロワーズ・フィルマン・ディドに，この共済組合の目的について，「我が組合の主要な目的の一つは，失業した同業者に職を斡旋することであり，この目的を達成するために我々に力添えしていただきたいのです。さらに，

我々の財政的状況が許すならば、病気の同僚に給付を与えることになるでしょう。この病気に対する給付は（この組合における）最後の進展（la dernière évolution）であり、これは完全な発展を目の前にする我が組合が実現するであろう進展なのです」（BSSM 1867：20）と述べるように、この共済組合の主要な目的は雇用口の斡旋や失業時の賃金補償であって、組合長ベルニエが「最後の進展」と表現するのはこの組合において、医療関連給付は主要な目的ではなく、あくまで副次的なものとして位置づけられていたからである。このような傾向は、この共済組合が職業的に形成されていたことに由来している。

二つ目の共済組合は、パリの第8区の組合（Société du VIIIe arrondissement）である。この組合は規約の中では、以下のことのみが組合の目的とされた。「1．病気の会員やケガをした会員に対して医師のケアを与えること、2．病気やケガのあいだに補償金を支給すること」（BSSM 1864：218）である。先の印刷校正工の共済組合が、医療関連給付が「最後の進展」であるとしていたのに対して、この第8区の共済組合はその第一の目的が医療関連給付になっている。この差異は、前者が職域的に形成された容認共済組合で、後者が地域的に形成された認可共済組合であるということに起因している。

(4) 公衆衛生

共済組合は医療サービスを保証することによって、組合員の医療や健康へのアクセシビリティ向上に貢献した。しかしながら、共済組合はただ診察費を支払うだけではなく、病気の予防についても力をいれた。具体的には、労働環境や住宅環境、飲酒といった人々の生活状況や生活スタイルにまで介入しながら、病気が蔓延するのを未然に防ごうとしたのである。医療関連給付は金銭的援助の観点から病人を一時的に救済するのにしか役立たず、労働者たちの貧困の入り口と表現される病気の蔓延がもたらす社会の疲弊や破滅を根本から解決するものではなかった。そのために、共済組合は公衆衛生ないし社会衛生という考え方を組合員の中に共有させていった。早くも1855年の段階で「衛生委員会（Conseils d'hygiène）」が共済組合奨励・監督高等委員会の一部門として設立さ

れ，民衆の衛生状態やよりよき衛生環境を形づくる方法などが議論された。

　ピエール・ギョームが「共済組合が発展してくるのが見られる19世紀の間に，フランスでは公衆衛生に関する活動が公的政策の主要な基準となってくる」(Guillaume 2000：55) と述べるように，1830年代から伝染病の恐怖を体験したヨーロッパにおいて公衆衛生は喫緊の問題として提示されていたのである。共済組合は，医者に組合員の健康状態や作業場の衛生状態についての細かな情報を提供し，また医師のアドバイスを仰ぎながら，組合内部で衛生に関する教育を施していった。例えば，ボルドーの共済組合は，実際に，以下のような役割を果たしていた。「この共済組合は通常会議で組合メンバーに，(病気の) 予防策をうつことによって病気にならないようにする方法についてのアドバイスを与え，または少なくとも病気を重篤化させない方法についてのアドバイスを与えた。医師たちの厚意によってなされたこの慣行は，組合員に非常に評価された」(Guillaume 2000：56) といわれているように，ボルドーの共済組合では医師と協力しながら，組合員の公衆衛生に対する意識を高めていった。

　第二帝政期の後半になると，この衛生に対する意識を高めるという役割は共済組合で定着したものになる。医師による日常生活におけるアドバイスだけではなく，専門的な医学の知識やそれに基づく医療行為によって公衆衛生を保全する働きかけが共済組合内部では見られた。例えば，パリの商業共済組合 (la Mutualité commerciale à Paris) の集会の様子が，以下のように書かれている。「会議が始まる時，組合に対していつも献身的に振る舞っていた主任医師が，組合員に質問するための発言権を要求し，数週間前からすでに猛威を振るっていた天然痘の流行を前にして組合員のワクチンの再接種を行えないかどうかを問うた。(……) この組合の医師たちの協力の下，組合本部で，その要求に応じた全ての組合員にワクチンの再接種が行われた」(BSSM 1870：295-296) と，この組合のある集会の様子が描かれている。

　このようにして，共済組合の中で実施された公衆衛生・社会衛生の教化は，簡易なものから高度なものまで，そして労働環境からワクチン接種まで，あらゆる水準で，そして多岐にわたって行われたのであった。

7　おわりに：強制原理と自主管理の共存可能性

　医療サービスを組合活動の第一目的としてきた共済組合は，19世紀を通じて形成されつつある福祉国家において中間集団として個人と国家を媒介する役割を次第に完全なものにしていった。19世紀初頭には共済組合が抵抗組織として構成されるのではないか——実際にリヨンやパリでは同業組合的特色が強かった——という理由から，1834年法など共済組合に対して抑圧的かつ消極的な施策がとられてきた。ところが，ナポレオン3世の登場によって，共済組合はポジティブな促進政策によって量も質も飛躍的に拡大する。そこではパターナリズムという条件つきではあったものの，同業組合的特色が弊害となっていた女性や子どもといった会員を受け入れる普遍化の第一段階が見られた。1870年に第二帝政が崩壊すると同時に「共済組合奨励・監督高等委員会」と「皇帝による会長任命権」という共済組合の桎梏となっていた二つの制度が廃止された。1898年には共済組合憲章が成立し共済組合の共和主義化が果たされたことによる普遍化の第二段階を経て，十全な中間集団としての役割を担うようになった。

　しかしながら，1883年の第1回共済組合全国大会では自主独立こそ共済組合の第一原理であると主張し続けていたのに対して，1898年の労災保険法，1893年の貧者に対する無料医療扶助法，1905年の廃疾者・障がい者・高齢者に対する扶助法などの成立を受けて，また共済組合の財政的安定化と給付対象の拡大を目指して，1904年にナントで開かれた第8回全国大会では共済組合の第一原理と相反する強制原理の受け入れが公式的に認められる。強制原理を最初に受け入れた労働者・農民年金法が義務化の不徹底と加入の停滞によって挫折したことを教訓に，共済組合は1928・30年の社会保険法に向けて強制の問題を検討した。1921年に提出された社会保険法の政府案は，1922年にストラスブールで開かれた共済組合全国連盟の総会で徹底的に反対されたが，社会保険を一般化され一貫したシステムとして成立させるためには強制原理の受け入れは必要不可欠であり，共済組合の理念を広範に普及させる手段でもあるとして，1923年

のリヨンでの全国大会で改めて強制原理の受け入れを認めるに至った。とはいっても，この強制原理は，最低限のものにとどめられ，社会保険という新たなシステムの中で重要な役割を共済組合が与えられるという条件で受け入れたのであった。かくして，実施された1930年社会保険法では経営者にも共済組合をモデルとした制度を作ることを認めていたので，大企業では企業共済組合が，中小企業では職域間合同共済組合がいくつも創設された。その結果，1920年に組合員が450万人であったのが，1938年には1000万人まで推移した（Dreyfus 1988：51-52）。

したがって，共済組合は強制原理に関しては22年の段階では頑なに拒否していたが，翌23年には共済組合の将来を鑑みて強制原理を受け入れた。しかしながら，共済組合は首尾一貫して社会保険の中に見られる「国家主義的構成」には最後まで反対し続け，21年の政府案と28年法を退けた。その結果，このような性格の濃厚な社会保険法の成立に反対の立場を取り続けることで，1930年の社会保険法により明確な「共済組合主義的」形態を与えることに成功したのであり（田端 1985：160），またフランスでは第二次世界大戦後の社会保障金庫にも共済的性格が付与されることになる。1834年法，1850年法，1852年デクレといった，国家から共済組合に与えられた足かせを長きにわたる抵抗運動によって取り払った共済組合であるがゆえに，社会保険法における国家主義的構成に徹底抗戦の態度を示すことができたし，さらに「当事者管理」の原則に基づく戦後の社会保障システムがフランスでは構築されるのである。このようにして，第三共和政において連帯主義を体現する共済組合は，諸個人の自律性をより高めながら国家との緊張関係をコントロールしていく中間集団として活躍できたのである。

注
(1) 1973年には社会保障史委員会（Comité d'histoire de la Sécurité sciale）が創設され，社会保障史研究，より広義には社会保護史研究を活発化させた。
(2) Gibaud, B., 1986, *De la Mutualité à la Sécurité sociale. Conflits et convergences*, Paris, Les Éditions ouvrières；Dreyfus, M., 1988, *La mutualité, une histoire*

第5章　19世紀フランス社会のメディカリゼーション

maintenant accessible, Paris, Mutualité Française ; Gueslin, A., 1998, *L'invention de l'économie sociale,* Paris, Economica.
(3) 共済組合以外に補足的医療制度には，保険会社や生活保障諸制度が含まれる。財政支出における割合は，保険会社が3.7％で生活保障諸制度が2.6％である。
(4) レオン・ブルジョワ（1851-1923）は，1895年には首相を務め，1901年に共和主義急進社会党を結成し，その指導者となった。1920年には，国際連盟の創設者の一人となり，平和活動に従事し，軍縮を唱えたためノーベル平和賞が授与された。
(5) *Revue de la prévoyance et de la mutualité,* tome 13, 1904, p. 584.
(6) 社会資料館は1894年に民間の公益団体として設立された。社会資料館は現在でもパリ地下鉄ソルフェリーノ駅の近くにそのまま残っており，国内外の社会運動史の研究者たちがここに集まっている。
(7) レオポルド・マビヨー（1853-1941）は，1878年から1890年までトゥールーズ大学で教鞭をとり，その後カーンやパリでも教鞭をとった。1897年には社会資料館の館長となり，共済組合活動家としての一歩を踏み出した。1899年には塗装会社の共済組合会長となった。
(8) レイモン・ポワンカレ（1860-1934）は，1912年に初めて首相になってから通算5期に渡り首相を務め，1913年から1920年まで大統領を務めた。ポワンカレは，ルーベやファリエールのような共済組合の活動家ではなかったが，共済組合のもつ連帯の教義に好意的であった。
(9) エミール・ルーベ（1838-1929）は，1899年から1906年まで共和国大統領を務めた。ルーベは自らのことを「最も優れた共済組合員」だと自負していたように，元々は共済組合活動に従事してきた共済の実践家であった。
(10) アルマン・ファリエール（1841-1931）は，1906年から1913年まで共和国大統領を務め，ルーベと同じように共済組合の実践家でもあった。
(11) ここでは社会保護における第一次世界大戦の影響を指摘しておかねばならない。戦中，国家は，負傷者や傷痍軍人に軍事手当や補償金を分配するだけではなく，軍事作戦を効率的に指揮・統率するために経済と社会に強力な介入主義的な態度をとった。この時期に国家は，医療的ケアや年金の支給に積極的に関与するようになった。
(12) 「このように，政治的病態は，われわれを悩ませている社会的病態と同じ原因に由来している。それもまた，国家と社会の他の部分との間に二次的な諸機関が欠けているためである。そのような機関は，すでにみてきたように，国家が個人に専制的な力をふるうのを防ぐために必要である。そしていまや，個人が国家を吸収してしまうのを防ぐためにも，それらが不可欠であることがわかる。二次的諸機関は，現存する二つの力を解放し，それと同時に両者を結合する」（Durkheim 1950：127＝宮島・川喜多 1974：144）。
(13) 「同業組合とその諸機関はつねに活動状態にあり，したがってそれから生まれる政府の議会が，社会のなかの諸会議機関との接触を失うことが決してなく，孤立の危険に陥らないし，民衆の底辺でも起こりうる諸変化を十分に迅速かつ生きいきと

第Ⅰ部　生活の安心と社会保障の公私ミックス

感ずることがないという危険もないであろう。議会の独立は保証され，しかもコミュニケーションは断たれないだろう」（Durkheim 1950：125＝宮島・川喜多1974：142）。

(14)　イギリスやスカンディナビア半島の諸国でなされたケインズ主義的な社会政策に基づく「福祉国家の誕生」の流れとは別の流れが存在する。それがフランスにおける「摂理＝福祉国家の誕生」の流れである。フランスの社会学者であるアラン・コトゥローが述べているように，昨今の「福祉国家の危機」と呼ばれるものはフランスにおける摂理＝福祉国家という概念を非常に限定された意味で捉えるものであり，それは結局のところ摂理＝福祉国家をケインズ主義的な経済政策を基にした改良主義的発想の翻訳としてしか捉えていないということである。さらに，コトゥローは続けて，多くの著者や辞書が l'Etat-providence という概念と welfare state という今日的な概念とを同一視して考えており，さらにはいく人かの学者たちによって摂理＝福祉国家の誕生と改良主義的政策の誕生とが一致しているとまでみなされていると批判している（Cottereau 1989：22-23）。コトゥローは l'Etat-providence を welfare state へと単純に還元してしまうのではなく，l'Etat-providence という語を手掛かりとすることによってこそフランスの「福祉国家の誕生」を描き出すことができるという。

(15)　ル・シャプリエ法の第2条に「同一の身分ないし同職の市民，そして事業を営む人，店舗を開いている人，なんらかの技術をもった労働者は，会合を開く際に，会長や秘書，代表を任命してはならないし，帳簿も付けてはならない。また命令や議決をなしてはならないし，共通利害と称するものに関する規則を作ってもならない」と記されているように，あらゆる団体の消滅を推し進め，厳しい措置が施された。

(16)　ロベール・カステルは，「真の公的救済政策の確立は，強い国家の建設を意味していた。物乞い根絶委員会および革命の諸議会で建てられる計画は，入念に熟慮されたものではあるとはいえ，やはり大それたものである。そこでは，資金調達および分配に関する公的な制度が想定され，その制度から民間および宗教セクターの参加は排除されている。それははるか後年，福祉国家（l'État providence）と呼ばれることになるものの論理である。すなわち，〔社会福祉費の〕強制的徴収，社会的なるものの行政管理の実施である。ただし，こうしたものにつきものである官僚的・テクノクラート的な代償は避けることはできない」（Castel 1995：194＝前川2012：240）と述べ，国家による福祉機能の独占を指摘している。

(17)　ローランが，彼の著作 Le paupérisme et les associations de prévoyance の第5章「共済組合の経済学的総論」の目次部分で「国家の権限拡大の欠点——個人のイニシアティブは，過ちさえあれど，摂理＝福祉国家よりも常により良きものである——」として，初めて l'État-providence という用語が使用される（Laurent 1860：57）。この著作のタイトルが Le paupérisme et les association de prévoyance. Nouvelles études sur les sociétés de secours mutuels というように，副題が「共済組合に関する新たな研究」となっているのは，1856年に Études sur les so-

162

ciétés de prévoyance ou de secours mutuels と題された著作が出版されているからである。ローランの1856年の著作には l'Etat-providence という表現は使われておらず，1860年がこの用語の初出である。その後，1865年に Le paupérisme et les association de prévoyance の第2版が出版されており，こちらはエミール・オリヴィエの一時的団結法に関する報告の1年後である。この多少複雑な状況から，実際にはローランによる1860年の著作が l'Etat-providence の初出にもかかわらず，ローランの著作の初版が閲覧しづらいという状況（パリではサント＝ジュヌヴィエーブ図書館の特別閲覧室で閲覧可能）から，第2版より1年前の1864年のオリヴィエによるものが初出だとされていた（Rosanvallon 1981：141；田中 2006：183）。

(18)　1800年までに45，1800年から1814年までに114，1814年から1830年までに337，1830年から1848年2月までに1088，1848年2月から1850年7月までに411の組合が創設された（RE 1853：48-49, RE は Rapport à l'Empereur sur la situation des sociétés de secour mutuels の略）。

(19)　第二帝政期の共済組合には，容認共済組合 sociétés de secours mutuels autorisées，公益承認共済組合 sociétés de secours mutuels reconnues d'utilité publique，認可共済組合 sociétés de secours mutuels approuvées という三つのカテゴリーが存在した。まずこの容認組合は，1848年から1850年までのあいだに結社の自由が宣言された中で創設され，その後このカテゴリーのなかに位置づけられる共済組合に対して使用された。次に公益承認組合は，1850年法によって創設された新たなカテゴリーであり，自由な管理運営が認められていた容認組合とは対照的に多くの制限と監視が設けられた組合であった（1851年にはさらに厳重にこの共済組合をコントロールしようとする当局の措置によって，このカテゴリーの組合はほとんど数を伸ばすことはなかった）。最後に，認可組合は1852年のデクレによって新設されたカテゴリーであるが，政策者の意図としても組合の実態としてもあまりにも拘束力の強い公益承認組合と労働者たちによって比較的自由かつ容易に組織できる容認組合との中間的組合として位置づけられる。この認可組合は，第二帝政期に特有の共済組合として帝政共済と呼ばれた。

(20)　数量的結果からしても，このデクレの実施は大きな成功を収めた。組合数も組合員数も，手当支給額もそれ以前と比べて大きく増加した。手当支給額は1855年で医療費（治療代，薬代，傷病手当金）が321万8935フラン46サンチーム，その他の支出（埋葬費や障害年金，退職年金等々）を合わせて492万5777フラン60サンチームであったが，その後1868年の帝政末期には，医療費が798万8358フラン97サンチームで，総支出が1247万1129フラン43サンチームとなった（RE 1856; BSSM 1869, BSSM は Bulletin des sociétés de secours mutuels の略）。このように，帝政の初期と末期を比較してみると，医療費においても総支出においても2倍以上の額となっている。第二帝政期の共済組合は組合数，組合員数の増加とともにそれだけ一層手当支給額も増大していった。

(21)　第二帝政期における共済組合への女性の加入については，小西（2015）を参照。

(22)　皇帝による共済組合の会長任命制をめぐって，1858年からド・ムーランは，『共

済組合年報』と『皇帝への報告』の中で，認可組合会長の5年任期制を主張し始める（BSSM 1859：320-322）。ナポレオン3世はド・ムーランの進言と会長任命システムに対する多くの批判を受けて，ついに1864年6月18日デクレでこの会長の5年任期制を受け入れる（1852年3月26日デクレでは会長の任期については明記されていなかった）。これがナポレオン3世の唯一の譲歩であり，1852年3月26日デクレに施された唯一の手直しである。さらに，ナポレオン3世とド・ムーランとの対立を，ド・ムーランが書き残した手記から読み取ることができる。「私にはナポレオン3世が善行をなし，民衆の幸福に貢献しているように思われたのですが，しかしながらそれは，その善行や幸福がなにかしらのものをナポレオン3世にもたらし，すなわちこのやり方で作り出されたところのものが全てナポレオン3世の力によるものであるかのように見せ，またナポレオン3世の力と人望がありとあらゆる幸福と利益をもたらすかのように見せつけるという条件でのことであったのです」（Duroselle 1951：493）と述べるように，ド・ムーランはナポレオン3世に対してボナパルト主義的体制の強化に専心していると，ネガティブに評価している。

(23) このような医療化論の代表的な問題群の一つとしてP・コンラッドとJ・シュナイダーによって論じられた「逸脱の医療化（medicalization of deviance）」が挙げられる。またI・K・ゾラによる健康主義（healthism）批判も医療化のプロセスに付随する現象として指摘され得る。彼らのような社会学者によって精緻化された医療化概念は，逸脱行動や健康主義だけではなく，精神疾患やジェンダー，セクシュアリティなど様々な論点でその有効性を発揮する分析概念であると同時に，それ固有の政治性の内包という特性から科学的知と政治的合理性の絶えざる進歩に根差す近代国家論，さらに標準化や正常化という観点から結びつけられる国民と国富の形成というナショナリズム論といった領域まで拡大可能な概念でもある。

(24) このメディカリゼーションの解釈は，現在の社会学の領域で把握されている医療化概念に最も近いものと思われる。

(25) 図5-1と図5-2は，RE（1858：59-73）より作成。

(26) この組合の入会費は1フランで，会費として月に1フランほど金庫に支払い，それに加えて25サンチームを一般経費のために支払わなければならなかった。

(27) しかし，このサン＝フランソワ・グザヴィエ共済組合は長く続いてきた共済組合で，財政的に比較的豊かな組合であったがゆえに，第23条で「入会後病気が慢性的になった場合には補償がなされないわけでもない。組合が個別にそれを判断して，慢性的な病気になった者のための少額の募金を集める」とし，3ヶ月以上の病人に対しても補償金を払うシステムをもっていた。しかしながら，このような条項はかなり珍しく，名誉会員を数多く招き入れた認可共済組合であっても，慢性的な病気に対する補償を払い続けることはかなり困難なことであった。

(28) 慰問者については別項目で記載されており，そこでは25人のメンバーに対して1人の慰問者がつき，慰問者としての役割を組合員が望まなかったり，できなかったりする場合には，組合に3フランを支払うことが義務づけられた。

(29) 19世紀後半になると社会衛生（l'hygiène sociale）という概念が出現し，共済組

合活動の中で重要な位置を占めるようになる。1904年にはアラス県で社会衛生同盟（Alliance d'hygiène sociale）——後にはレオン・ブルジョワが会長となり，ミルランやルーベ，ポワンカレ，デシャネルらが名誉会長となる——の第一回大会が開催され，その報告の中で以下のように社会衛生同盟の意義が示されている。「本同盟の固有な目的は，より多くの手段とより多くの集団で人々の病気に対する闘いを組織するために派閥分裂を止める必要性を認識させることによって，散在し，時おり相反しもする努力を連携させることである」(Fuster 1905: 11)とし，この同盟は結成以来各県に地域委員会を創設するのに尽力しながら，社会衛生の重要性を説く講演会を実施し，住居や工場から出る排水の処理，栄養管理と家庭教育の改善，共済組合の発展などによる幼児死亡率，結核，アルコール中毒への対策を民衆に説いていった。この同盟の名を成す社会衛生とは，「その起源が社会生活の中から生じ，その拡大とその結果がまさに『社会的』災害となる特定の病気から社会を防衛することを目的としている」(Académie d'Education et d'Entr'aide Sociales 1926: 9)と定義される。この社会衛生は，これまでに存在していた諸個人による衛生や集団的な衛生とは異なる全く新しい概念であり，その新しさは以下のように説明される。「社会生活は，個人を健康上のリスクと危険にさらしている。いくつかの特定の病気は，その頻度と拡大によっては個人だけではなく社会にも及ぶがゆえに，『社会的である』と言い得る。これらの社会的病気の蔓延に対しては，個人の予防と個人の衛生ではもはや十分な防壁を設けられない。社会は，その社会的病気の拡散に対して多方面にわたる処置を講じなければならない。そこから生まれたのが衛生の新しい形態である社会衛生なのである」(*ibid*: 8) と。「永続的であるが，回避可能な」(*ibid*: 10)病気である社会的病気に対して，共済組合は旧来の共済組合に学校共済（la Mutualité scolaire）や母子共済（la Mutualité maternelle）を加えて結核や天然痘の予防接種，サナトリウムの設置，アルコール中毒に対する予防など社会衛生の実践機関として活躍した。

参考文献

小西洋平，2015，「フランス第二帝政期における共済組合」『社会政策』第6巻第3号，110-121。

佐藤哲彦，1999，「医療化と医療化論」進藤雄三・黒田浩一郎編『医療社会学を学ぶ人のために』世界思想社，122-138。

田中拓道，2006，『貧困と共和国』人文書院。

田端博邦，1985，「第三章 フランスにおける社会保障制度の成立過程」東京大学社会科学研究所編『福祉国家2 福祉国家の展開1』東京大学出版会，113-167。

原田康美，2005，「第二章『福祉国家』とアソシアシオン——社会福祉供給体制における公私関係」夏刈康男ほか編『日仏社会学叢書』恒星社厚生閣，第4巻，23-53。

久塚純一，1991，『フランス社会保障医療形成史』九州大学出版。

深澤敦，2003，「『保険的福祉国家』の変容——現代フランスにおける社会・福祉政策の展開」『総合福祉研究』総合福祉研究所，第22号，107-117。

Académie d'Education et d'Entr'aide Sociales, 1926, Famille, Travail, Épargne. Manuel de Vie pratique. I. Hygiène sociale, Paris, Editions Spes.

Archives Nationales (AN), F12, 5343-5408. Dossiers des société (série départementale) 1850-1912.

Annuaire Statistique de la France, Quinzième volume, 1892-1894, l'Office du travail, Paris: Imprimerie nationale.

Benhamou, B. et A. Levecque, 1983, *La Mutualité,* Paris: P. U. F., Que sais-je?.

Bourgeois, L., 1902, *Solidarité,* troisième édition, Paris: Librairie Armand Colin.

Bulletin des sociétés de secours mutuels (BSSM), 1854-1870, par la Comission supérieure d'encouragement et de surveillance des sociétés de secours mutuels, Paris: Librairie administrative de Paul Dupont.

Castel, R., 1995, *Les metamorphoses de la question sociale,* Paris: Fayard. (=前川真行訳, 2012,『社会問題の変容──賃金労働の年代記』ナカニシヤ出版)

Conrad, P. and J. W. Schneider, 1992, *Deviance and Medicalization* (*expanded edition*), Temple University Press. (=進藤雄三監訳, 2003,『逸脱と医療化──悪から病へ』ミネルヴァ書房)

Cottereau, A., 1989, «Providence ou Prévoyance? Les prises en charge du malheur et la santé des ouvriers, au cours des XIXe siècles britannique et français», *Prévenir,* n°19, 2e semestre.

Desaive, J.-P. et al., 1972, *Médecins, climats et épidémies à la fin du XVIIIe siècle,* Paris: Mouton.

Dreyfus, M., 1988, *La mutualité, une histoire maintenant accessible,* Paris: Mutualité Française.

Durkheim, E., 1950, *Leçons de Sociologie. Physique et des moeur et du droit,* Paris: PUF. (=宮島喬・川喜多喬訳, 1974,『社会学講義』みすず書房)

―――, 1975, *Texes,* présentation de victor karady, Paris: Les Éditions de Minuit.

―――, 1978, *De la division du travail social,* Paris: PUF. (=井伊玄太郎訳, 1989,『社会分業論 上・下』講談社)

Duroselle, J.-B., 1951, *Les débuts du catholicisme social en France 1822-1870,* Paris: PUF.

Faure, O., 1993, *Les Français et leur médecine au XIXe siécle,* Paris: Belin.

Faure, O. et D. Dessertine, 1994, *La maladie entre libéralsime et solidarités (1850-1940),* Paris: Mutualité française.

Foucault, M., 1972, *Histoire de la folie à l'âge classique,* Paris: Gallimard. (=田村俶訳, 1975,『狂気の歴史──古典主義時代における』新潮社)

―――, 1975, *Surveiller et punir : Naissance de la prison,* Paris: Gallimard. (=田村俶訳, 1977,『監獄の誕生──監視と処罰』新潮社)

Fuster, É. (sous la direction de), 1905, *Alliance d'hygiène sociale,* Bordeaux, Imprimerie de l'Avenir de la Mutuailtè.

Garden, M., 1980, *Le budget des hospices civils de Lyon 1800-1976*, Lyon: PUL.
Gélis, J., M. Lagetet et M.-F. Morel, 1978, *Entrer dans la vie : naissances et enfances dans la France tradittionnelle*, Paris: Gallimard-Julliard.
Gibaud, B., 1986, *De la Mutualit à la Sécurité sociale. Conflits et convergences*, Paris: Les Éditions ouvrières.
Goubert, J.-P., 1975, *Malades et médecins en Bretagne 1770-1790*, Paris: Klincksieck.
―――, 1982, «The medicalization of french society at the end of the Ancient Régime», in L. G. Stevenson (ed.), *A celebration of medical history. The fiftieth Anniversary of The Johns Hopkins Institute of the History of Medicine and the Welch Medical Library*, Baltimore and London: The Johns Hopkins University Press, 157-172.
Gueslin, A., 1998, *L'invention de l'économie sociale*, Paris: Economica.
Guillaume, P., 2000, *Mutualistes et Médecins. Conflits et convergences XIXe-XXe siècles*, Paris: Les Éditions de l'Atelier/Édiotions Ouvrières, Mutualité française.
Laurent, E., 1856, *Études sur les sociétés de prévoyance ou de secours mutuels*, Paris: Guillaumin et Cie, Libraires.
―――, 1860, *Le paupérisme et les association de prévoyance. Nouvelles études sur les sociétés de secours mutuels (Hisoire-Economie politique-Administration)*, Paris: Guillaumin et Cie, Libraires.
Lebrun, F., 1975, *Les hommes et la mort en Anjou aux XVIIe et XVIIIe siècles*, Paris: Flammarion.
Léonard, J., 1978, *Les médecins de l'Ouest au XIXe siècle*, Paris: Diffusion Librairie Honore Champion.
Paugam, S., 2011, «Les fondements de la solidarité», in Paugam (dir.), *Repenser la solidarité. L'apport des sciences sociales*, Paris: Quadrige 1 PUF, 5-28.
Rapport à l'Empereur sur la situation des sociétés de secour mutuels (RE), 1852-1870, par la Comission supérieure d'encouragement et de surveillance des sociétés de secours mutuels, Paris: Imprimerie impériale.
Revue de la prévoyance et de la mutualité, tome 13, 1904.
Roche, D., 1977, «Talents, raison et sacrifice: les images du médecin des Lumières dans les éloges de la Société royale de médecine», *Annales, économies, sociétés, civilisations*, 5, 866-886.
Rosanvallon, P., 1981, *La crise de l'État-providence*, Paris: Éditions du Seuil.
Siney-Lange, C., 2008, «La mutualité, grande oubliée de l'histoire sociale ?», *Vie Sociale*, n°4, CEDIAS-Musée social, 5-9.
Siney-Lange, C. et M. Dreyfus, 2008, «Les grands jalons de l'histoire mutualiste, Entretien avec Michel Dreyfus», *Vie Sociale*, n°4, CEDIAS-Musée social.

第Ⅱ部

医療セーフティネット：日仏米における医療保険の検討

第6章

日本における医療のセーフティネットは擦り切れているか
——雇用と健康保険，そして生活保護——

長谷川千春

1　はじめに：国民皆保険の下での「無保険」問題

　日本が国民皆保険の国として歩み始めてから，50年以上が経過した。それは，職業，年齢，性別，地域にかかわらず加入できるよう，公的医療保険を包括化，一般化する道であった。しかし，21世紀に至り，日本において「無保険」問題が発生している。日本における「無保険」問題とは，大きく二つの側面で捉えることができる。第一の側面とは，雇用形態の多様化，失業をともなう雇用の流動化により職域保険から排除されることで，保険入手可能性に問題が生じている。そして，第二の側面とは，医療費の増加にともなって保険料そのものが上昇しており，特に公的医療保険の最後のセーフティネットである市町村国民健康保険（以下，市町村国保）に加入する人の保険料負担可能性に問題が生じ，実質的に保険診療が受けられない事態が生じている。
　国民皆保険とは全ての国民にいずれかの公的医療保険に加入することを義務づけ，被保険者とその被保険者を雇用する事業主に対し，保険料の納付義務を課すことを意味する。すなわち，社会保険方式に基づく医療保障システムは，社会保険料の拠出を給付の根拠とする側面をもつ。公的医療保険を包括化，一般化することは，負担能力の低い被保険者や財政力が低水準の保険者をも社会保険に包摂することを意味しており，保険料の負担可能性の追求と国家負担は不可欠である。しかし，雇用構造が変化する中で職域保険から排除される被用者が増加しており，保険料拠出と保険給付が連動する「保険」としての側面が強調され，社会保険料の徴収が厳しく追及されることで，市町村国保が十分に

セーフティネットとしての機能を果たさなくなってきている。経済的困窮により保険料納付が困難ということになれば、ラストリゾートとして生活保護制度が残されるだけとなる。

本章では、日本の医療保険制度の特徴をふまえた上で、「無保険」を生み出す構造的要因について検討し、公的医療保険のセーフティネットとしての機能について考察する。

2　日本の医療保険制度の特徴

（1）社会保険方式の国民皆保険システム

日本の医療保障システムは、全ての国民を対象とした社会保険方式の公的医療保険を基盤として成り立っている。公的医療保険は、職域保険と地域保険で構成される。歴史的には、戦前から被用者対象の健康保険（職域保険）が存在しており、この職域保険を中核として、もう一つの柱として地域保険である市町村国保を配置することで、国民皆保険システムを確立した。具体的には、1958年に国民健康保険法を改正し、全ての市町村に対して国民健康保険事業の実施を義務づけ、職域保険の加入者以外の全ての国民を市町村国保の被保険者とすることで、制度的に国民皆保険を実現した。

これにより、全ての住民が何らかの公的医療保険への加入を義務づけられた（ただし、生活保護受給者は例外的に健康保険から脱退）。社会保険方式ではあるが、制度発足当初から、国は、国民健康保険事業が健全に行われるよう、国庫負担、補助を行うこととされた。

（2）公的医療保険の制度体系

日本の国民皆保険体制の特徴は、第一に職域保険と地域保険に区分されていること、第二にその中で複数の保険者が分立していること、そして第三にどの保険に加入するかは被保険者の働き方あるいは年齢によって異なるということである。被保険者に扶養されている家族は、被保険者の加入する保険に加入する。

主な職域保険として，健康保険組合，全国健康保険協会，各種共済組合がある。主に，大企業に勤めている場合，その企業が設立する健康保険組合が管掌する健康保険（組合管掌健康保険）に加入する。健康保険組合のない民間企業（主に中小企業）に勤めている場合，全国健康保険協会管掌の健康保険（協会けんぽ）に加入する。国家公務員および地方公務員，私立学校教職員は，それぞれの共済組合が短期給付事業として提供する健康保険に加入する。組合健保の保険者は全国に1443（2012年3月末）あり，協会けんぽの保険者は協会一つで都道府県ごとに支部（47支部）がある。協会けんぽは，2008年までは国が管掌する政府管掌健康保険であった。民間企業が健康保険組合を設立していない場合，被用者やその扶養家族は協会けんぽに加入することとなるため，協会けんぽは，職域保険におけるセーフティネットといえる。

　以上の職域保険に加入できない75歳未満の人全てが，地域保険である国民健康保険に加入する（一部同業者による国保組合）[2]。具体的には，農業，自営業の人，年金受給者などの無職者，あるいは勤め先に健康保険の適用がない被用者やその家族が，住所のある市町村の運営する国民健康保険（市町村国保）に加入することとなる。市町村国保は，職域保険と違って，個人ごとに加入する。市町村国保の保険者は，市町村数と同じ1717（2014年9月末）存在する。

　そして，2008年4月以降，あらたに75歳以上の者を対象とした後期高齢者医療制度が開始された。保険者は，都道府県ごとに設立された後期高齢者医療広域連合である。年齢区分による新たな医療保険を導入したのは初めてのことであり，後述の高齢者医療費の財政負担のあり方を巡る検討を経て，新たに導入された。

　国民の公的医療保険の加入構造（2013年3月末時点）を見ると，職域保険への加入者（被扶養者としての加入を含む）が6割を占めている（図6-1）。

（3）保険給付と患者自己負担

　複数の医療保険が分立しているが，保険給付についてはほぼ共通している。保険給付には，「医療給付（現物給付）」と「現金給付」がある。「医療給付（現

第Ⅱ部　医療セーフティネット：日仏米における医療保険の検討

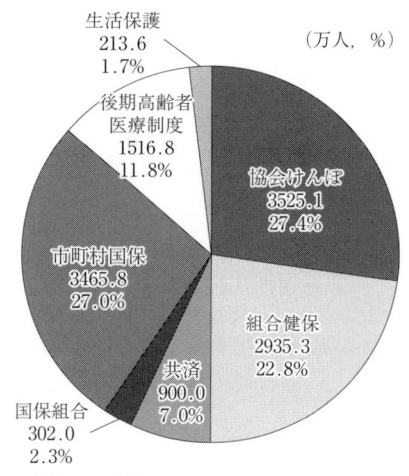

図 6-1　日本の公的医療保険加入状況（2013年3月末）

（万人，%）

- 生活保護　213.6　1.7%
- 後期高齢者医療制度　1516.8　11.8%
- 市町村国保　3465.8　27.0%
- 国保組合　302.0　2.3%
- 共済　900.0　7.0%
- 組合健保　2935.3　22.8%
- 協会けんぽ　3525.1　27.4%

（注）　1：協会けんぽには，全国健康保険協会が管掌する船員保険および日雇特例被保険者を含む。
　　　 2：生活保護は，2012年度1ヶ月平均の被保護実人員数である。
（出所）厚生労働省（2014e）より筆者作成。

物給付）」とは，加入者が保険診療を行う医療機関を受診した場合，加入者には直接医療サービス（現物）が提供され，かかった医療費（公定価格である診療報酬などにより算出）の7割が保険者によって医療機関に支払われるというものである（療養の給付）。患者は，医療機関の窓口で医療費の残り3割を患者自己負担として支払う。ただし，義務教育就学前は2割（市町村による児童医療補助があるので実際はもっと低い），70～74歳は2割，75歳以上は1割（現役並み所得者は3割）と，患者自己負担が軽減されている。また，入院の際には別途，所得に応じた食事療養費（65歳以上の場合「生活療養費」）が自己負担となる。

患者自己負担は，歴史的には，1972年までは国保は3割負担，職域保険では被用者本人は定額負担，家族は5割負担であった。1973年福祉元年を宣言する改革により，老人医療費支給制度が開始され，高齢者の自己負担は無料となった。しかし，10年後には定額負担が導入され（入院300円／日，外来400円／月），

その後1997年には入院1000円／日，外来500円／日（月4回まで）＋薬剤一部負担に引き上げられた。2001年には，月額上限付きの定率1割負担となり，翌年には上限が撤廃され，現役並み所得者は2割負担とされた。2006年には現役並み所得者は3割負担に引き上げられ，2008年の新たな高齢者医療費の財政調整の導入とともに，70～74歳は2割負担（ただし，2014年3月末までに70歳に達している者は1割），75歳以上は1割負担とされ，負担軽減の範囲が狭められた。

現役世代に対しては，1973年に全ての患者を対象とした高額療養費制度を導入して，高額な医療費負担の軽減を図る一方，職域保険の被用者本人負担は定額負担から1割負担に引き上げられ，家族は5割から3割負担に軽減された。その後，入院，外来の患者自己負担は徐々に引き上げられ，2003年には一律3割負担となった。高額療養費制度により，医療費の自己負担分が一定の水準を超える場合，年齢（70歳以上か70歳未満か），所得別（上位所得者［月収53万円以上など］，一般，低所得者［住民税非課税］）に予め提示された自己負担限度額の超過分が保険給付されることとなった。

「現金給付（金銭給付）」には，出産育児一時金，埋葬料，傷病手当金，出産手当金がある。ただし，市町村国保では傷病手当金，出産手当金は任意給付であり，実施している市町村はない。このことは，後述のように市町村国保に加入する被用者が増加してきていることを考えると，業務外での怪我や病気で仕事を休まねばならない場合，その被用者には経済的保障がないことを意味する。

3　医療費の財源

（1）国民医療費の現状

医療費の主な財源は，保険料，公費（国，都道府県，市町村），そして患者自己負担である。第2節第3項で述べた健康保険による保険給付は，医療費支払いの中心的制度であり，業務外の病気やケガに対して，療養の給付が行われる。[3]ただし，病気の種類や患者の条件によっては，国あるいは地方自治体が医療費の全額あるいは一部を負担する公費負担医療制度が適用される。例えば，国の

法律に基づく公費負担医療制度には，戦傷病者や原爆被爆者に対する医療給付，結核や新感染症・指定感染症の患者に対する医療給付，いわゆる「難病」のうち原因不明，治療法未確立かつ後遺症を残す疾患患者に対する医療給付，障害者福祉や児童福祉などの法律に基づく公費負担などがある（全額国庫負担の場合もあるが，健康保険からの給付を優先した上で，患者自己負担分を所得や治療状況などに応じて免除あるいは軽減するよう公費助成する場合もある）。また多くの地方自治体が乳幼児・子どもを対象とした医療費助成や障害者，母子家庭などを対象とした医療費助成を行っている（自治体により内容は異なる）。

　具体的に国民医療費の現状と構造を見てみる。2012年度の国民医療費は総額39兆2000億円となっている（図6-2）。制度区分別で見ると，医療保険等給付分が約47％，後期高齢者医療給付分が約32％，公費負担医療給付分が約7％，患者等負担分が約13％である。財源別で見ると，保険料が約49％，公費が約39％（国約26％，地方約13％），患者負担約12％である。

（2）保険料（率）と拠出

　医療保険の財政運営は，それぞれの保険者によって独立して行われている（ただし，高齢者医療費および高額医療費に関しては，保険者間での財政調整がある）。保険料の算定方法は，職域保険と地域保険，後期高齢者医療制度で異なっており，それぞれの保険者によって保険料率も異なる。

　職域保険の保険料は，月々の給与とボーナスに対して保険料率をかけて算出される応能負担である。協会けんぽの場合，5万8000円から121万円までの47等級に分かれた標準報酬月額と標準賞与額に保険料率をかけて算出される。保険料率（一般保険料率）そのものは，組合健保の平均保険料率が8.9％（2014年度）に対し，協会けんぽのそれは10.0％である。さらに，後述の高齢者医療費などの支援分として特定保険料率（協会けんぽの場合4.07％［2014年3月～］）を負担する。保険料は基本的に労使折半であり，組合健保の場合，事業主の負担割合が高いことが多い。職域保険の被保険者の保険料負担は，賃金比例の応能負担のみであり，応益負担部分もなく，また被扶養者数に応じた保険料負担

第❻章 日本における医療のセーフティネットは擦り切れているか

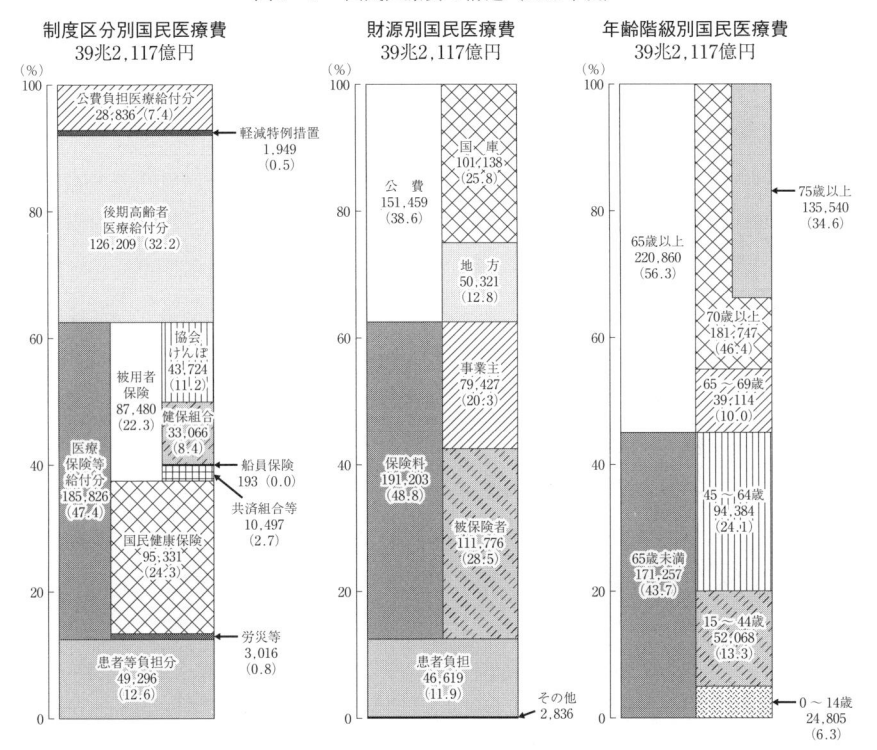

図6-2 国民医療費の構造（2012年度）

[制度区分別国民医療費 39兆2,117億円: 公費負担医療給付分 28,836 (7.4), 軽減特例措置 1,949 (0.5), 後期高齢者医療給付分 126,209 (32.2), 医療保険等給付分 185,826 (47.4)（被用者保険 87,480 (22.3): 協会けんぽ 43,724 (11.2), 健保組合 33,066 (8.4), 船員保険 193 (0.0), 共済組合等 10,497 (2.7)）, 国民健康保険 95,331 (24.3), 労災等 3,016 (0.8), 患者等負担分 49,296 (12.6)]

[財源別国民医療費 39兆2,117億円: 公費 151,459 (38.6)（国庫 101,138 (25.8), 地方 50,321 (12.8)）, 保険料 191,203 (48.8)（事業主 79,427 (20.3), 被保険者 111,776 (28.5)）, 患者負担 46,619 (11.9), その他 2,836]

[年齢階級別国民医療費 39兆2,117億円: 65歳以上 220,860 (56.3)（75歳以上 135,540 (34.6), 70歳以上 181,747 (46.4), 65〜69歳 39,114 (10.0)）, 65歳未満 171,257 (43.7)（45〜64歳 94,384 (24.1), 15〜44歳 52,068 (13.3), 0〜14歳 24,805 (6.3)）]

（注）単位：億円，（ ）内％。

（いわゆる「家族保険料」）もない（島崎 2011）。

　職域保険の中でも，組合健保に比べ協会けんぽは中小企業の被用者が多いことから，平均所得が低く，財政力が弱い。強制加入制の下で被用者が自由に保険者を選べない以上，健保組合と協会けんぽの財政力の格差を国庫補助などにより縮小させることは必要である（島崎 2011）。そのため，協会けんぽに対しては，給付費などの16.4％の国庫補助があり，これにより保険料の引き上げを抑制している。

　一方，地域保険である市町村国保の保険料は，応能負担と応益負担の組み合わせで算出され，また被保険者数（世帯を構成する人数）に応じた保険料負担部

分がある。具体的には，所得割，資産割（以上二つは一定の料率［税率］を掛けて算出される応能負担），被保険者均等割，世帯平等割（以上二つは被保険者1人あたりあるいは1世帯あたり定額の応益負担）の四つの賦課方式がある。そのうち，所得割と被保険者均等割は必ず賦課せねばならず，それに資産割あるいは世帯平等割あるいはその両方を組み合わせるかどうか，は市町村の裁量である。また，それぞれの保険料率や定額負担の額も，市町村の裁量である。例えば，京都市の場合，国民健康保険料は，所得割，均等割，平等割の3方式であり，医療分と後期高齢者支援分，そしてさらに40～64歳の被保険者がいる場合には介護保険料も合わせて納入する。

市町村国保は職域保険と比べても，年齢構成が高く医療費水準も高い一方で，所得水準が低く，財政基盤が弱い。そのため，市町村国保については給付費等の50％を公費で賄っている（定率国庫負担32％，国庫調整交付金9％，都道府県調整交付金9％）[5]。残りの給付費分50％を保険料で賄わねばならないが，市町村間で保険料収入・支出に差があるため，財政安定化，保険料負担の標準化のための都道府県単位での共同事業がある。具体的には，高額な医療費の発生による国保財政の急激な影響の緩和を図るために，高額医療費共同事業（1件80万円超の医療費のレセプト対象。国4分の1 都道府県4分の1 市町村2分の1拠出），保険財政共同安定化事業（1件30万円超の医療費のレセプト対象。市町村100％拠出）がある[6]。それでも赤字になる市町村国保がほとんどであり，市町村一般会計から法定外繰入・繰上充用が行われている。

（3）高齢者医療費の財政調整

人口の高齢化とそれにともなう医療費の増加は，先進諸国共通の課題である。2013年10月時点で日本の高齢化率（総人口に占める65歳以上人口の割合）は25.1％となっており[7]，前出の2012年度国民医療費を年齢階級別に見ると，65歳以上が22兆860億円（構成割合56.3％）を占めており（図6-2），高齢者医療費をどのように財政的に支えるかが問題となる。ただ，日本においては制度上，現役時代は職域保険に加入していた人たちの多くが退職とともに地域保険に移動するた

め，保険制度間での高齢者の加入状況に偏在が生じる。具体的には市町村国保の高齢者比率が高まり，一般に医療の必要性が高い高齢者の医療費負担も，市町村国保が過重に担うようになった。そのため，保険者間で高齢者医療費の財政調整を行う仕組みをもっている。国は，2006年医療保険改革により，前期高齢者（65歳以上75歳未満）に係る財政調整制度と後期高齢者医療制度を導入し，保険者間での負担の公平化，高齢者間での保険料負担の公平化，そして世代間の負担割合の明確化を図ろうとしている。

　前期高齢者に係る財政調整は，前期高齢者の全国平均加入率を基準に，それより当該保険への加入率が下回れば納付金を拠出し，上回れば交付金を受け取る仕組みである。実際には，職域保険が拠出，市町村国保が交付金を受け取っている。

　後期高齢者医療制度では，後期高齢者も医療費財源の支え手として，係る医療費の1割分を保険料で負担し，4割を現役世代が保険料で負担，残りの5割を公費で負担するとされた。後期高齢者の保険料は，都道府県単位で均一の保険料率で，応益負担部分である均等割と応能負担部分である所得割で構成される。

(4) 低所得者対策（保険料負担軽減）

　健康保険のセーフティネットである市町村国保と後期高齢者医療制度では，低所得被保険者に対する段階的な保険料負担軽減策がとられている。

　市町村国保については，国による「保険料減額制度」（法定軽減）と，市町村が独自に行う「保険料減免制度」（条例）がある。国による法定軽減では，応益負担である均等割，平等割について，世帯全員の所得の合計が軽減の基準となる所得額を下回った場合，7割，5割，2割軽減する。軽減の基準となる所得金額は，7割軽減の場合33万円，5割軽減の場合33万円＋（24万5000円×世帯人数），2割軽減の場合33万円＋（45万円×世帯人数）である。特に申請は不要で，確定申告などで把握された所得が判定基準の所得となる。また，市町村が独自に行う「保険料減免制度」は，法定軽減の基準以外に別途基準を設けて軽

減を図るものであり，例えば大阪市では 3 割軽減の基準を別途設けている。

市町村国保加入世帯において，応益保険料軽減世帯は全体の48.8%に及んでおり，7 割軽減世帯が31.3%である。世帯主の職業別で軽減世帯割合を見ると，「無職」が28.1%で最も多く（軽減世帯の約 6 割），次いで「被用者」が13.3%（約 3 割）となっている。

後期高齢者医療制度では，低所得者の保険料は均等割のみで，その額も市町村国保と同様に段階的に軽減される（7 割，5 割，2 割軽減［本則］）。さらに制度創設にともなう負担増を軽減するため，上記の制度上の軽減措置に加えて，制度発足当初から保険料軽減特例（予算措置）がとられ，2014年度においても継続されている（ただし，厚生労働省は2014年10月の社会保障審議会医療保険部会において軽減特例を段階的に縮小することを提案し，2017年度には本則に戻すことが了承されている）。

後期高齢者医療制度被保険者において，均等割軽減被保険者は全体の60.7%，所得割軽減被保険者は9.4%，ともに軽減されていない被保険者は37.4%にすぎない。

4　無保険状態を生み出す構造的要因

（1）雇用形態による職域保険からの排除

日本においては，「適用事業所」（従業員 5 人以上）に雇用される労働者とその扶養家族は，強制的に職域保険に加入することになる。しかし，被用者であるにもかかわらず雇用先での職域保険に加入していない労働者が存在している。すなわち，非正規雇用（パート・アルバイト，派遣，契約，臨時など）とされる労働者は，同じ被用者であっても雇用先で職域保険への加入資格が認められない現状がある。

職域保険が制度上想定する被用者とは，適用事業所で働くフルタイムの正規被用者であり，終身雇用制と年功序列賃金が適用されるような労働者と理解されてきた。正規被用者とは，2 ヶ月以上の雇用期間が定められ，かつ原則とし

て当該事業所において所定労働時間および所定労働日数の4分の3以上就労する者である。ゆえに,これを満たさない短期雇用労働者や短時間労働者は原則として職域保険の被用者にはあたらない。さらに,終身雇用制や年功序列賃金といった日本型雇用システムの外側にある雇用形態すなわち非正規雇用は,職域保険の対象ではなく,国民健康保険法の適用ないし正規従業員の被扶養者として扱うべきものとされていた。倉田(2004)は法律的観点から,日々雇用や2ヶ月以内の臨時使用,季節的業務や6ヶ月未満の臨時的事業者に使用される者を適用除外とする規定が存在しており,また標準報酬制度の設計や運用実態などからも,正規被用者を念頭に置いた仕組みと解釈することは可能である,という。さらに,実際的には,収入額の多寡や労働時間の長短などを基準に,健康保険や厚生年金の適用を除外ないし緩和してきた。

日本の雇用構造を雇用形態別に見てみると,1984年には正規の職員・従業員が役員を除く雇用者の84.7%を占めていたのであるが,その後徐々に低下し始め,2013年平均は63.3%にまで低下している。それに対して,いわゆる非正規雇用の職員・従業員の割合が増加し,2013年平均は1906万人,36.7%を占めるまでになっている(図6-3)。1990年代後半から2000年代にかけての労働者派遣事業法や労働基準法の改正は,いずれも労働派遣事業の規制緩和であり,正社員との均等待遇などの労働者保護の側面を欠いたまま,非正規雇用が増大することとなった。

雇用形態別の社会保険の適用状況(2010年度)を見てみると,正社員のほぼ100%が職域保険である健康保険が適用されている一方で,正社員以外の労働者すなわち非正規社員では半数程度しか健康保険が適用されていない(表6-1)。詳しく見ると,出向社員では約95%が適用されている一方で,契約・嘱託社員では約88%,派遣社員では約78%,パートタイム労働者では約35%しか適用されていない現状がある。

派遣労働者は短期・断続的雇用契約であり,派遣先企業の職域保険に加入できず,また派遣元企業も登録型派遣に対して社会保険を適用することはほとんどなかった。しかし,派遣労働者の増加を受け,「短期・断続的就労に伴う派

第Ⅱ部　医療セーフティネット：日仏米における医療保険の検討

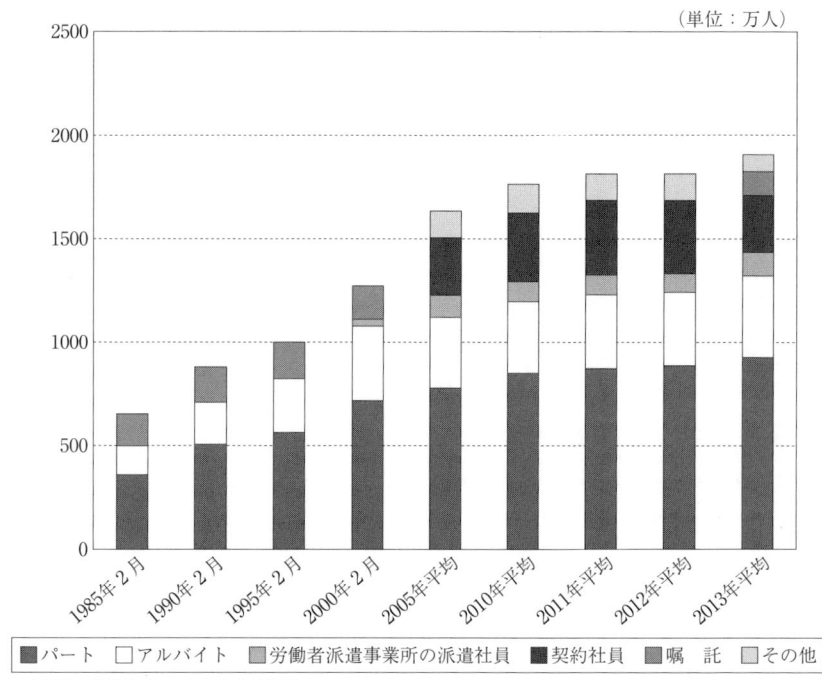

図6-3　非正規雇用者数の推移（1985〜2013年）

（単位：万人）

■パート　□アルバイト　■労働者派遣事業所の派遣社員　■契約社員　■嘱託　■その他

（出所）　総務省（2014）より筆者作成。

遣社員の生活の安定と福祉の増進に努めるため」人材派遣健康保険組合（通称「はけんけんぽ」）が2002年に設立された。(17)はけんけんぽの加入資格は，雇用契約が2ヶ月を超える場合，雇用契約の初日から認められる。はけんけんぽは「終身雇用を前提とした一般の健康保険組合とは異なり」，一定の条件を満たす場合には雇用契約の中断期間があっても被保険者の資格継続を認める，という特徴を有する。その条件とは，「使用関係の継続」すなわち同じ派遣元会社で登録型社員として働き，かつ雇用契約終了時に，次の仕事（1ヶ月以上の雇用契約）が確実に見込まれており，かつその仕事が1ヶ月以内に開始される場合にのみ，雇用契約の中断期間があっても被保険者の資格は継続できる。逆にいえば，中断期間が1ヶ月より長くなる場合や違う派遣元会社に移動する場合には，被保険者の資格継続は認められない。

第6章　日本における医療のセーフティネットは擦り切れているか

表6-1　雇用形態別の社会保険の適用状況（2010年度）　　　（単位：％）

	計			男性			女性		
	雇用保険	健康保険	厚生年金	雇用保険	健康保険	厚生年金	雇用保険	健康保険	厚生年金
正社員	99.5	99.5	99.5	99.3	99.3	99.3	99.8	99.8	99.8
正社員以外の労働者	65.2	52.8	51.0	66.1	64.4	61.3	64.7	46.0	44.9
契約社員	85.1	88.5	85.4	83.2	88.6	85.0	87.3	88.5	85.8
嘱託社員	84.0	87.8	85.2	82.7	88.0	85.1	88.6	87.1	85.3
出向社員	90.3	94.9	92.6	90.3	95.6	93.0	90.3	89.7	89.8
派遣労働者	84.7	77.9	75.6	84.7	81.4	77.8	84.6	75.3	74.0
登録型	80.9	76.7	73.0	79.3	75.1	66.5	81.5	77.4	75.6
常用雇用型	89.0	79.3	78.6	87.7	85.0	84.1	90.7	71.1	70.8
臨時的雇用者	16.6	13.5	11.0	33.4	15.9	11.2	10.3	12.5	10.9
パートタイム労働者	55.3	35.3	33.8	45.5	39.1	35.6	58.8	34.0	33.2
その他	74.6	70.0	67.9	72.2	69.6	68.4	76.3	70.2	67.6

（注）　1：労働者計には，適用を受けている制度，もしくは利用ができる施設の不詳を含む。
　　　　2：派遣労働者は，派遣元での状況についての回答とした。
　　　　3：正社員以外の労働者の定義は以下の通りである。
　　　　　　契約社員：特定業種に従事し，専門的能力の発揮を目的として雇用期間を定めて契約する者
　　　　　　嘱託社員：定年退職等を行って再雇用する目的で契約し，雇用する者
　　　　　　出向社員：他企業より出向契約に基づき出向してきている者（出向元に籍を置いているかどうかは問わない）
　　　　　　派遣労働者：労働者派遣法に基づく派遣元事業所から調査対象事業所に派遣された者
　　　　　　臨時的雇用者：臨時的に又は日々雇用している者で，雇用期間が1ヶ月以内の者
　　　　　　パートタイム労働者：正社員より1日の所定労働時間が短いか，1週の所定労働日数が少ない者で，雇用期間が1ヶ月を超えるか，または定めがない者
（出所）　厚生労働省（2011）より筆者作成。

　正規雇用以外の労働者の中には「家計補助的労働者」，すなわち配偶者や親が職域保険の被保険者であり，「主としてその被保険者により生計を維持する者」，すなわち年間収入が130万円未満であるため，被扶養者として配偶者などの職域保険に加入し，自らの雇用先での健康保険の加入を必要としない者も含まれていると考えられる。しかし，表6-2で見るように，自らの収入が主な収入源であるとする割合は少なくない。非正規雇用の45.4％が，特に男性の場合は，自らの収入に大きく依存している割合が高い。

　職域保険に加入できない労働者は市町村国保に加入することになるが，両者で賃金所得喪失のリスクへの対応が異なっている。職域保険に加入している場合，業務外の病気や怪我で仕事を休む際には一定期間「傷病手当金」が支給さ

第Ⅱ部　医療セーフティネット：日仏米における医療保険の検討

表6-2　主な収入源別労働者の割合（雇用形態別）（2010年度）

	自分自身の収入			配偶者の収入			親の収入		
	計(%)	男性	女性	計(%)	男性	女性	計(%)	男性	女性
正社員	85.5	97.7	55.2	10.0	0.3	34.4	3.7	1.8	8.5
正社員以外の労働者	49.1	82.3	29.6	38.1	1.2	59.7	10.1	13.5	8.1
契約社員	74.7	92.2	55.8	17.4	1.3	34.8	6.1	4.5	7.9
嘱託社員	87.4	96.2	55.4	9.4	1.1	39.7	0.5	0.2	1.6
出向社員	94.9	99.1	63.1	4.0	0.4	31.3	0.9	0.5	3.5
派遣労働者	70.9	91.7	55.3	19.5	1.0	33.3	8.1	5.5	10.0
登録型	61.6	84.3	52.4	25.8	1.3	35.8	10.8	11.9	10.4
常用雇用型	81.5	95.9	61.0	12.3	0.9	28.6	5.0	2.0	9.2
臨時的雇用者	32.3	77.0	15.4	47.9	5.0	64.2	18.4	17.9	18.6
パートタイム労働者	34.0	68.4	21.9	50.7	1.3	68.1	12.2	26.1	7.4
その他	59.0	85.8	40.7	27.2	1.4	44.8	10.5	8.9	11.6

（出所）　厚生労働省（2011）より筆者作成。

図6-4　世帯主（75歳未満）の職業別世帯数構成割合の推移（市町村国保）（1965～2012年度）

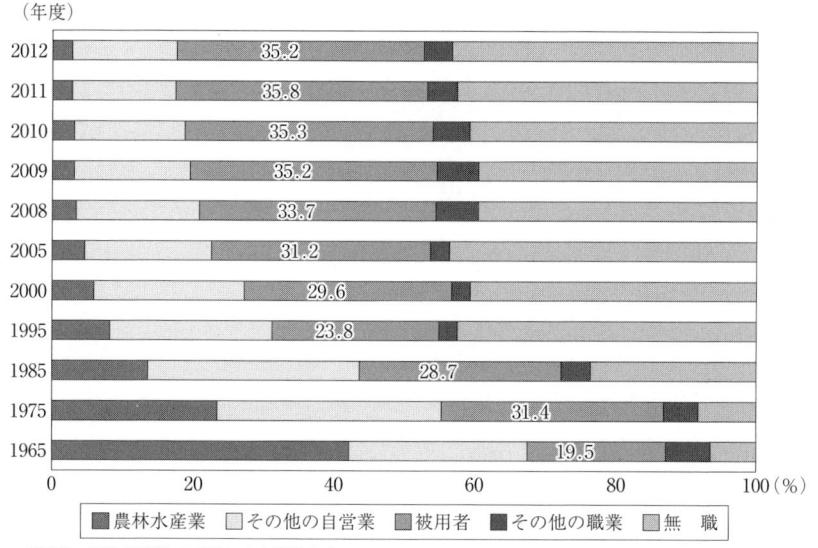

年度	農林水産業	その他の自営業	被用者	その他の職業	無職
2012			35.2		
2011			35.8		
2010			35.3		
2009			35.2		
2008			33.7		
2005			31.2		
2000			29.6		
1995			23.8		
1985			28.7		
1975			31.4		
1965			19.5		

（出所）　厚生労働省（2014b）より筆者作成。

れ，女性の場合出産前後に仕事を休んだ場合は一定期間「出産手当金」が支給される。しかし，これらの制度は市町村国保では任意給付であり，給付する市町村はない。そのため，国保加入の労働者が病気や怪我をして，あるいは出産前後に仕事を休まねばならなくなった場合，賃金所得喪失のリスクに対する医療保険からの手当てがないということになる。市町村国保の世帯主（75歳未満）の職業別に世帯数の構成割合を見てみると（図6-4），長期的には農林水産業およびその他の自営業の割合が減少傾向にあり，被用者および無職の世帯割合が増加している。特に，世帯主が「被用者」である世帯割合は2012年には35.2％に上っている。世帯主の年齢階級別に世帯数割合を見ると，世帯主が20～24歳の世帯の約65％，25～29歳の約72％，30～34歳の約67％，35～39歳の約60％が「被用者」なのである。[18]

（2）仕事の途絶にともなう保険喪失のリスク

　自発的非自発的を問わず失業した場合，勤め先での健康保険を喪失することになる。その場合，失業者には主に二つの選択肢がある。第一に，二ヶ月以上連続して職域保険（協会けんぽおよび組合健保）に加入していた場合，失業した日から20日以内に任意継続の届出を行うことで，最長2年の間その加入を継続することができる（任意継続制度の利用）。ただし，原則労使折半であった保険料は全額自己負担となり，保険料を納付期限までに納付しなかった場合は任意継続被保険者の資格を失う。第二に，任意継続制度を利用しない場合，セーフティネットとしての地域保険，すなわち市町村国保に新たに加入手続きをして加入しなければならない。だが，いずれの場合でも，一定期限内での届出や加入手続きをとらなければ，前職での被保険者証が使えなくなり，実質的な「無保険」状態は生じる。つまり，雇用関係の途絶（失業）の可能性の高まりが，医療保険喪失の危険性を高めている。

　日本における完全失業率は1990年代以前と以後とを比較すると，1990年代以降のほうが変動はあるものの比較的高い比率となっている（図6-5）。全体で見ると，1990年代初頭までは完全失業率は2％台であったのが，その後徐々に

図 6-5　年齢階級別完全失業率の推移（1973～2014年）

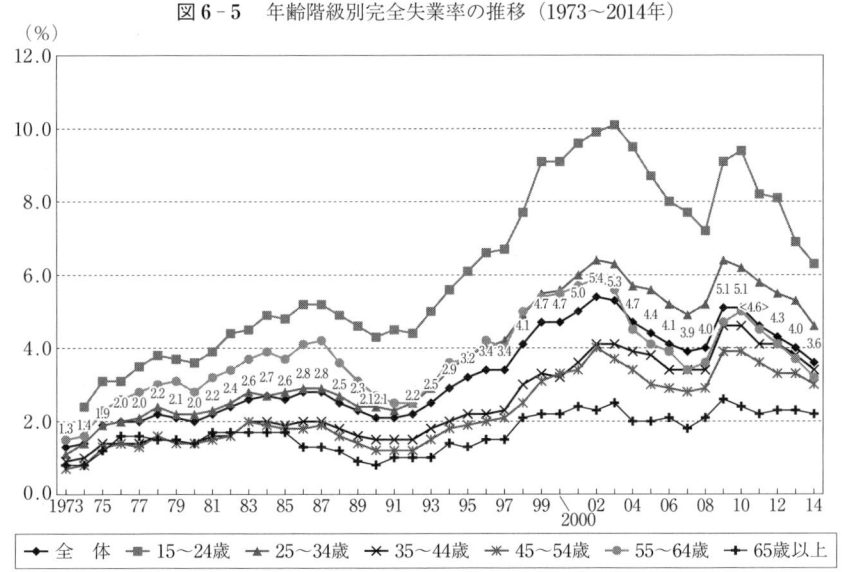

(注) 2011年の＜　＞内の数値は補完的に推計した値（2005年国勢調査基準）である。
(出所) 総務省（2014）より筆者作成。

上昇し2000年代には5％台にまで上昇した。その後の改善はほぼ4％台にとどまっている。特に2008年秋以降の世界同時不況を受けて，完全失業率は，2008年10～12月期に4.1％となった後，急激に上昇し，2009年7～9月期には5.4％となった（月次では2009年7月に5.6％と過去最悪となった）。その後若干低下したが，その水準は引き続き高水準であるといえる。2008年から2009年にかけての失業のリスクは，特に非正規雇用において顕著な形で顕在化することになった。[19] また年齢階層別に完全失業率の推移を見ると，34歳未満の若年層の完全失業率が非常に高い。

突然の雇い止めなどで仕事を失うとともに会社の寮を退去するなどした場合，新たな住所が定まらなければ，市町村国保への加入手続きすらとれない可能性が高い。さらに，任意継続制度あるいは市町村国保への加入により医療保険を継続したとしても，保険料の負担が大きく，その支払の困難に直面することになる。失業によって収入が途絶して無収入でも，市町村国保の保険料は前年の

所得をもとに算定された。2010年，政府は倒産・解雇などにより離職した者（雇用保険の特定受給資格者）や雇い止めなどにより離職した者（雇用保険の特定理由離職者）が市町村国保に加入する場合，失業時からその翌年度末までの間，前年の給与所得を30／100と見なして保険料算定することにより，国民健康保険料（税）を軽減する制度を創設した。ただ，後述のように，国民健康保険料が上昇傾向にあり，たとえ市町村国保に加入したとしても，所得が安定しない状態では保険料を払えないことによって実質的な無保険状態に陥る危険性が高くなっている。

(3) 国保加入者が「無保険」となるリスク

職域保険に加入できない場合，セーフティネットとしての市町村国保に加入することになるため，「無保険」という状況は生じないというのが建前である。しかし，市町村国保も保険である限り，「保険料負担と給付」の論理が適用される。すなわち，市町村国保への加入は保険料納入の義務をともなうものであり，保険料を納付できない状態が長期にわたれば，保険からの給付が停止され，保険医療を受けられない実質的な「無保険」状態が生じ得る。

政府は2000年4月に，保険料を1年以上滞納した加入者に被保険者証を返還させて保険給付を差し止め，代わりに加入者であることを示す「資格証明書」を交付するよう，市町村国保の保険者である市町村などに義務づけた。「資格証明書」に切り替えるということは，その被保険者の医療サービス利用に対し，保険からの給付を行わないということである。つまり，もし資格証明書で病院などを受診すれば，その医療費負担は10割自己負担で，後に保険料を納付すれば保険給付分（原則医療費の7割，高齢者に対しては8～9割）が還付される。また，保険料滞納分の一部を納入し分納などを約束することで，短期被保険者証に切り替えられた人もいる。短期被保険者証は保険料納付を継続的に行い，更新しなければ期限切れとなり，保険給付を受けることができなくなる。このことが，保険料滞納による「無保険」状態に陥る人を顕在化させている。

1990年代，2000年代と，保険料の収納状況は悪化している。保険料の収納状

況を金額ベースでみると，市町村国保の保険料収納率（収納額[20]／［調定額[21]－居所不明者分調定額］で算出）は，1990年代末から低下傾向にある。2009年度の保険料収納率は全国平均で88.01％となり，2007年度より2.48％ポイント低下した。これは国民皆保険となった1961年度以降最低の収納率であり，未納率は11.99％となった。

市町村国保の保険料（税）収納率を所得階級別，世帯主の年齢階級別に見ると（表6‐3），年齢階級が上位に移動するほど収納率は高い一方で，低所得であるほど収納率が低くなっている。25歳未満で年収200万円未満の所得階層は収納率が非常に低く46.7％〜62.2％である。54歳未満で見ると年収500万円未満の所得階層はいずれも未納率が1割を超えている。

図6‐6によると，市町村国保の滞納世帯は，2008年から2010年の間，市町村国保全世帯の20.6％に達したが，その後改善傾向にある。とはいえ，2013年滞納世帯数は372万1615世帯，18.1％である。そのうち，被保険者証から資格証明書に切り替えられた世帯は滞納世帯の約7.4％で，短期被保険者証に切り替えられた世帯は滞納世帯の約31.4％であった。2003年と比較すると，資格証明書を交付された世帯は約2ポイント，短期被保険者証に切り替えられた世帯は約10ポイントも増加している。

保険料滞納増加の背景には，市町村国保の保険料そのものが上昇傾向にあるということがある。2004年から2008年まで国民健康保険料（税）調定額は年々増加しつづけ[22]，2009年以降所得の低下も反映して調定額そのものは低下傾向にあるものの，被保険者の所得に対する割合は10.1％となっている（応益保険料軽減世帯では16.5％）[23]。

そしてこの市町村国保の保険料負担は，低所得者ほど過重となっている（図6‐7）。市町村国保加入世帯全体での保険料調定額の所得に対する割合は10.1％であるが，年収500万円未満の世帯ではそれを上回っている。そもそも，市町村国保の加入世帯のうち約79％が世帯所得200万円未満であり，その保険料負担は過重であるといえる。

経済的困窮により国民健康保険料の納付が長期にわたり滞り，保険診療が受

第❻章　日本における医療のセーフティネットは擦り切れているか

表6-3　市町村国保の保険料収納率（世帯の所得階級別，世帯主の年齢階級別）

(単位：％)

所得階級	年齢階級						
	合計	25歳未満	25歳～34歳	35歳～44歳	45歳～54歳	55歳～64歳	65歳～74歳
合　計	90.3	59.1	72.7	79.9	82.3	90.1	96.9
所得なし	84.6	61.5	64.7	72.4	77.2	88.3	94.5
～30万円未満	85.7	46.7	71.5	77.2	78.1	85.4	93.9
30万円以上～50万円〃	87.5	61.6	68.4	77.9	81.1	90.0	93.5
50万円〃～100万円〃	89.8	62.2	66.0	75.0	79.4	89.7	95.8
100万円〃～200万円〃	90.7	57.4	72.6	74.0	78.3	88.3	97.2
200万円〃～300万円〃	90.6	78.6	77.5	81.5	78.8	89.6	97.2
300万円〃～500万円〃	93.3	89.5	89.0	85.0	86.9	93.5	97.8
500万円〃～	97.1	-	92.9	95.6	94.9	97.2	98.7
所得不詳	70.2	44.8	50.7	63.3	65.6	71.1	89.8

(出所)　厚生労働省（2014b）より筆者作成。

図6-6　市町村国保保険料の滞納世帯数等の推移

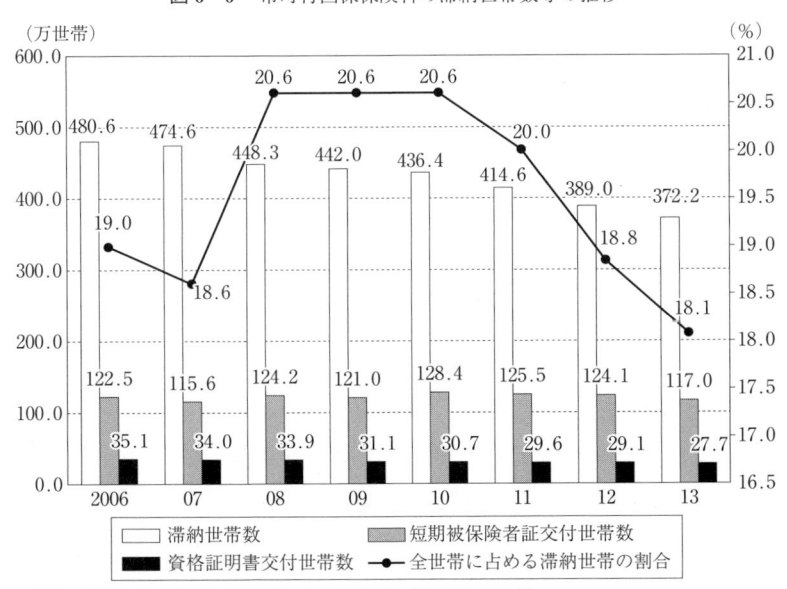

(注)　各年6月1日現在。2013年については速報値（2014年1月時点）。
(出所)　厚生労働省（2014c）より筆者引用。

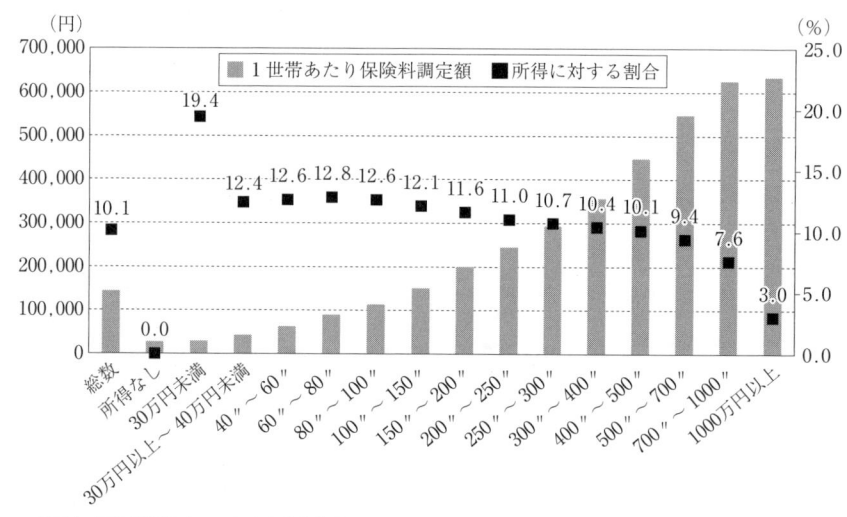

図6-7 世帯の所得階級別保険料調定額と所得に対する負荷率

(出所) 厚生労働省 (2014b) より筆者作成。

けられない実質的な無保険状態になった場合，ラストリゾートとしての生活保護制度が残されるだけとなる。つまり，保険料拠出が困難となった場合，保護申請を行い保護受給が認められて初めて，医療扶助により医療費が賄われることとなる。[24]

生活保護の受給世帯は，1980年代後半から1990年代半ばまでは減少傾向にあったが，21世紀に突入する辺りから急増している。2012年度の被保護実世帯数（1ヶ月平均）は155万8510世帯で過去最多であり，保護率は32.4‰であった。1996年以降生活保護受給世帯数（1ヶ月平均）は増加している。被保護世帯数を世帯類型別に見ると，非稼働世帯である「高齢者世帯」が67万7577世帯（43.7％），「傷病・障害者世帯」が47万5106世帯（30.6％）と被保護世帯の約74％を占めている。しかし稼働能力のある者を含む「その他の世帯」も増加しており，2012年度の「その他の世帯」の被保護世帯数（1ヶ月平均）は28万4902世帯と，前年度比3万1162世帯増（12.3％増）であった。[25]

21世紀における生活保護受給者の急増という事実は，「派遣切り」や「雇い

止め」に対する運動の成果とともに，1990年代後半以降の雇用構造の再編が進む中で，20世紀型の社会保険が機能不全を起こしていることの証左といえよう。

5　考察：社会保険方式の医療保険はセーフティネットたり得るか

　非正規雇用者を中心とした被用者の職域保険からの排除，雇用関係の途絶（失業）にともなう健康保険加入の途絶のリスク，そして過重な保険料負担によるセーフティネットであるはずの市町村国保からの実質的な離脱，という「無保険」問題は，日本の国民皆保険システムの中でも，拡大しつつある。それは，日本の社会保険方式による公的医療保険が前提としてきた労働編成が変化する一方で，公的医療保険システムそのものがその変化に十分に対応しきれていない結果であるといえよう。

　社会保険方式による国民皆保険の実現は，負担能力の低い被保険者や財政力が低水準の保険者をも社会保険に包摂するということであった。ゆえに，保険料負担可能性を追求し，給付水準を維持・改善するためには，国による管理責任，そして財政責任が必要不可欠なものであったといえる。しかし，例えば，国民健康保険法における国の義務や財政負担割合についての規定や，健康保険法における協会けんぽに対する国庫負担の規定のように，個別制度における国家責任が定められた一方で，全体としての社会保険方式による医療保障システムに対する国家責任はあいまいなままとされてきた。さらに，近年の医療改革における政府の論調は，少子化の進展，経済の低迷，財政制約を全面に打ち出した上で，保険者による医療費適正化の努力や保険者間での調整を強調しており，国としてより一層求められる責任を負う方向には向いていないようである。

　現在の制度的枠組の中で公的医療保険のセーフティネットとしての機能を高めるためには，少なくとも以下の二点が必要である。第一に，不安定な雇用形態の被用者と失業者の増加は，職域保険に加入できない被用者を増加させている。ゆえに，国は職域保険への加入可能性を改善する必要がある。第二に，職域保険に加入できない全ての人（75歳未満）が見いだす公的医療保険は，地域

保険である国民健康保険である。しかし，所得に対する保険料負担は年々重くなっており，また低所得者ほどその負担が過重となり，保険料を滞納することで「無保険」状態に陥るものが少なくない。ゆえに，国民健康保険の保険料負担可能性を向上させ，最後のセーフティネットとしての機能を高める必要がある。

　職域保険への加入可能性を拡大するためには，被用者範囲の見直しが不可欠である。就労形態が多様化し，非正規雇用あるいはフルタイム雇用以外の働き方をする労働者の中には，保護を必要とする者も多く存在する。そして，労働者でありながら，職域保険に加入できず市町村国保に加入することは，保険料を全額負担せねばならず，また業務外の病気や怪我で働けなくなった場合の所得保障（傷病手当金の支給）が得られない，といった負担および給付の不均衡が大きい。

　そもそも，職域保険の保険料を労使折半とするのは，健康保険によって事業主も一定の利益を享受することを基調としつつ，労働者を使用することにともなう責任，「配慮義務」が根底にある（島崎 2011）。だとすれば，保護を必要とする非正規雇用の被用者に対しても，職域保険の適用を拡大することは合理的であるといえる。島崎（2011）は，被用者を対象とした雇用保険においては，対象となる被用者の基準を週あたり所定労働時間20時間以上（雇用期間31日以上［見込み］：筆者）としていることから，所定労働時間を「4分の3」から「2分の1」に引き下げるべきであると主張している。

　社会保障・税一体改革の中で，職域保険（年金，医療）については，2016年10月より，①週20時間以上，②月額賃金8.8万円以上（年収106万円以上），③勤務期間1年以上の見込み，④従業員501人以上の企業（適用拡大前）の短時間労働者（学生は適用除外）に対して適用拡大することとなった。これにより新たに職域保険に加入できるのは，約25万人と見込まれている[26]。

　市町村国保のセーフティネットとしての機能を高めるためには，保険料負担可能性の向上が不可欠である。先述のように，市町村国保の財政基盤は構造的に脆弱である。職域保険と比較して，市町村国保は加入者年齢構成が高く，医

療費水準が高い。その一方で加入者の所得水準は低いにもかかわらず、保険料負担が重い。国保事業を行う市町村の多くは、一般会計からの法定外繰入や繰入充用を行うことで、保険料引き上げを緩和してきた。

しかし、現在進められている国による国保改革は、市町村国保の財政運営を都道府県単位化して、各市町村は、加入者数と過去の医療給付費実績に応じた拠出金を支払うように切り替えようとしている。国は、毎年3400億円の財政支援の拡充などにより被保険者の保険料負担の軽減やその伸びの抑制が可能であるとしているが、医療費適正化に向けた取り組みとして保険料収納率の改善を例示した上で、努力を行う自治体に支援を行う仕組みの創設も含んだものとなっている。

横山編著（2013）は、市町村国保財政の都道府県単位化は、「医療費実績を拠出金に反映させることで、各市町村を医療費抑制で競わせようというねらい」があり、「都道府県内の各市町村の国保保険料を高位平準化していく」ことにつながると批判している。また市町村の一般会計からの法定外繰入は事後的に決算を補填するだけでなく、国保保険料の軽減に寄与するものであるが、都道府県単位化により法定外繰入が難しくなれば、国保の保険料が上昇し、保険料負担の不公平がさらに強まる恐れがある。社会保障審議会における議論では、国保運営の安定化による国民皆保険の堅持が謳われている一方、保険料負担可能性が低下する現状についての指摘や改善についてはふれられておらず、今後の改革議論とその影響について注視する必要がある。

注

(1) 外国人住民についても、住民基本台帳法の対象となり住民票が作成された外国人住民で、3ヶ月を超える在留資格がある、あるいは客観的な資料により3ヶ月を超えて日本に滞在すると認められる場合、勤務先などでの健康保険に加入する場合を除き、国民健康保険への加入義務がある（2012年7月9日より前は1年以上の在留期間等が加入要件とされていた）。ただし、在留期限の切れている場合、在留資格が「外交」、医療を受ける目的で発給された「特定活動」の場合、在留期限が3ヶ月以下の場合（ただし、在留資格が「興行」「技能実習」「家族滞在」「特定活動」で日本に3ヶ月を超えて滞在することを証明できる場合を除く）については、国民

健康保険に加入することができない。（厚生労働省保険局国民健康保険課長通知「外国人に対する国民健康保険の適用について」［保国発第0608001号］平成16年6月8日）。
(2) 自営業者の中には，業種別母体組織（例えば，医師，薬剤師，土木建築，理容など）によって国民健康保険組合（国保組合）を作り，健康保険事業を管理・運営しているものもある（保険者数164，加入者数302万人［144万世帯］［2014年5月現在］）（厚生労働省，2014e）。
(3) 業務上の病気やケガと認められる場合は，労働者災害補償保険法に基づく業務災害または通勤災害となり，その医療費全額が労働者災害補償保険により給付されることとなる。
(4) 厚生労働省（2014a）。
(5) 2012年改正により，2012年度から都道府県調整交付金が7％→9％に引き上げられた一方，定率国庫負担が34％→32％に引き下げられた。
(6) 2012年改正により，2015年度から保険財政共同安定化事業について，事業対象を全診療報酬に拡大する。
(7) 総務省（2015）。
(8) 厚生労働省（2014b）。
(9) さらに政令本則において，被用者保険の被扶養者であった者（元被扶養者）については，均等割5割軽減，所得割は賦課しない（2年限り）とされた。
(10) 保険料軽減特例の具体的内容は，①低所得者のさらなる保険料軽減（均等割7割軽減のところを9割あるいは8.5割軽減，所得割5割軽減），②元被扶養者のさらなる保険料軽減（均等割9割軽減，期限なし）である。
(11) 厚生労働省（2014g）。
(12) 厚生労働省（2015b）。
(13) 第4節は，長谷川（2010；2011）をもとにして，新たな統計資料などを用いて加筆・修正したものである。
(14) 「4分の3要件」は，昭和55年6月6日厚生省保険局保険課長等の都道府県民生主管部局保険課長宛内かんによるものである（島崎 2011）。
(15) 総務省（2014）。
(16) 現在の労働者派遣事業法（「労働者派遣事業の適正な運営の確保及び派遣労働者の就業条件の整備等に関する法律」）は1985年に制定され，翌1986年から施行された。それまで「供給契約に基づいて労働者を他人の指揮命令を受けて労働に従事させること」（職業安定法第4条第6項）を「労働者供給事業」として原則禁止してきた。しかし，1970年代に指揮命令が派遣先で行われる人材派遣業が違法な状態で広がり始め，これを一定の規制のもとに合法化する形で労働者派遣事業法が制定された。

労働者派遣事業法は，「労働者派遣」を「自己の雇用する労働者を，当該雇用関係の下に，かつ，他人の指揮命令を受けて，当該他人のために労働に従事させること」と規定し，16の専門業務（1996年には26専門業務に拡大）のみに派遣雇用を認

めるポジティブリスト方式を採用した。だが，1999年には大改正が行われ，原則禁止・例外許可というポジティブリスト方式から，港湾運輸・建設・警備・医療関係・製造工程以外の業務を認めるネガティブリスト方式に転換した。2003年にはさらに規制緩和され，「物の製造」への派遣労働を解禁して，派遣業務を原則自由化し，派遣期間規制は26の専門業務については撤廃，その他の業務については派遣期間の上限を3年に延長した。久本（2010）は，製造業への派遣労働の解禁と派遣期間の延長あるいは撤廃が，派遣労働者の急増をもたらしたと指摘している。

有期労働契約についても，2003年に労働基準法が改正され（2004年1月施行），有期労働契約の契約期間の上限が1年から3年に延長されるなどした。2012年には労働契約法が改正され，有期労働契約が繰り返し更新され通算5年を超えた時は，労働者の申し込みにより，期間の定めのない労働契約（無期労働契約）に転換できるルールが導入された。

(17) 人材派遣健康保険組合ホームページ（http://www.haken-kenpo.com/index.html 2015年5月1日アクセス）。

(18) 厚生労働省（2014b）。

(19) 2009年10月30日に厚生労働省が発表した「非正規労働者の雇止め等の状況について」によると，派遣または請負契約の期間満了，中途解除による雇用調整および有期契約の非正規労働者の期間満了，解雇による雇用調整について，2008年10月から2009年12月までに実施済みまたは実施予定として把握できたものは，全国で4262事業所，約24万4000人（内，「派遣」約14万3000人［58.6％］，「契約［期間工など］」約5万6000人［22.8％］，「請負」約1万9000人［7.8％］，「その他」約2万6000人［10.8％］）にのぼった。

(20) 保険料収納額とは，国民健康保険の被保険者が，保険者である市町村に対し，実際に納税した金額のことである。

(21) 保険料調定額とは，保険者である市町村が，納税者である国民健康保険の被保険者に通知した，納付すべき金額のことである。

(22) 毎日新聞（2009年6月8日）によると，2008年度に保険料を値上げしたのは全1794市区町村のうち801市町村（約44.6％）で，204市町村が5万円以上を増額していた。

(23) 厚生労働省（2014b）。

(24) 日本の生活保護の捕捉率は非常に低いことが政府による推計および多くの調査研究により明らかにされている。2010年に厚生労働省が行った低所得世帯数に対する生活保護世帯数の割合の推計（2007年度国民生活基礎調査による。所得および資産を考慮）によると，捕捉率は32.1％であった（厚生労働省 2010）。また尾藤ほか（2011）は捕捉率を15～18％，駒村（2003）は1984年から1999年までの4時点（全国消費実態調査による。所得および資産を考慮）における捕捉率を12～25％程度としている。

(25) 国立社会保障・人口問題研究所；厚生労働省（2014d；2015a）。

(26) 厚生労働省（2014f）。

⑵⁷　横山編著（2013：63）。
⑵⁸　髙山（2013）。

参考文献

倉田聡，2004，「非正規就業の増加と社会保障法の課題」『季刊・社会保障研究』40(2)：127-138。
厚生労働省，2010，『生活保護基準未満の低所得世帯数の推計について』。
―――，2011，『平成22年就業形態の多様化に関する総合実態調査』。
―――，2014a，『平成24年度国民医療費の概況』。
―――，2014b，『平成24年度国民健康保険実態調査』。
―――，2014c，『平成24年度国民健康保険（市町村）の財政状況（速報）』。
―――，2014d，『平成25年国民生活基礎調査』。
―――，2014e，『平成26年版厚生労働白書』。
―――，2014f，『第81回社会保障審議会医療保険部会資料』（2014年10月6日）。
―――，2014g，『第82回社会保障審議会医療保険部会資料』（2014年10月15日）。
―――，2015a，『平成25年度被保護者調査』。
―――，2015b，『平成26年度後期高齢者医療制度被保険者実態調査報告』。
―――，2015c，『第86回社会保障審議会医療保険部会資料』（2015年2月20日）。
国立社会保障・人口問題研究所，「『生活保護』に関する公的統計データ一覧」（http://www.ipss.go.jp/s-info/j/seiho/seiho.asp　2015年5月10日アクセス）。
駒村康平，2003，「低所得世帯の推計と生活保護制度」『三田商学研究』46(3)：107-126。
里見賢治，2014，「厚生労働省『自助・共助・公助』の特異な新解釈と社会保障の再定義」『賃金と社会保障』1610：4-27。
島崎謙治，2011，『日本の医療――制度と政策』東京大学出版会。
総務省，2014，『労働力調査・長期時系列データ』（http://www.stat.go.jp/data/roudou/longtime/03roudou.htm　2015年5月10日アクセス）。
―――，2015，『平成26年版高齢社会白書』。
髙山一夫，2013，「福祉国家における社会保険制度」二宮厚美・福祉国家構想研究会編『福祉国家型財政への転換――危機を打開する真の道筋』大月書店．153-175。
長谷川千春，2010，「国民皆保険システムのほころび」渋谷博史・櫻井潤・樋口均編『グローバル化と福祉国家と地域』学文社，138-157。
―――，2011，「日本の「無保険者」問題――アメリカとの比較の観点から」『國學院経済学』60(1・2)：237-272。
久本憲夫，2010，『日本の社会政策』ナカニシヤ出版。
尾藤廣喜・吉永純・小久保哲郎，2011，『生活保護「改革」ここが焦点だ！』あけび書房。
横山壽一編著，2013，『皆保険を揺るがす「医療改革」――「自助」論やTPPがもたらすもの』新日本出版社。

第7章

普遍主義と私的財政
——普遍的医療給付のフランスモデル——

モニカ・ステフェン／松田亮三監訳，中澤　平訳

1　制度設計および関連する知的論争

　フランスの社会保障システムは，全人口（6600万の住民）への医療給付を目指しており，被雇用者，独立専門業者・自営業者，農業労働者を対象とした三つの制度からなる法定健康保険（以下，法定健保と略記）を通してこれを行っている。加えて，恵まれない住民に焦点をあてた二つの特別な制度がある。普遍主義的なアクセスは，明確に区別される五つの部分の組み合わせによって編制されている（表7-1）。

1．強制加入健康保険。その設立理念はビスマルクの社会健康保険のものであり，職業上の身分と勤労所得とに基づいている。この健康保険は，給与を算出基準とする雇用者保険料によっても賄われている。一方で，被保険者は，総収入に課せられた目的税を1996年から支払っている[(1)]。
2．私的組織によって運用されている，任意加入の補完健康保険（以下，補完健保と略記）。これは，法定健保によっては償還されない約25％の費用の大部分を給付している。ほぼ全住民（96％）[(2)]がこうした補完健保に加入している。補完健保の広範な普及は連帯を後押しする効果をもっている。つまり，補完健保は，償還外費用を加入者の全住民にわたって拡散し，患者個々人に自己負担の集中が生じることがないようにしている。補完健保市場の3分の2が非営利組織によって占められている。この保険料は所得に基づいているが，営利組織による補完健保の場合のように，一緒に保険に

表7-1 医療機構における財政（2013年）

医療消費にかかる支出[3]	割合	財源
社会健康保険	76.0	強制的保険料
国（普遍的医療給付と国家医療扶助）	1.4	公財政
補完共済健康保険	7.3	非営利の私財政
補完商業的健康保険	3.9	営利の私財政
労使共済保険における補完健保	2.6	部分的には非営利の私財政
自 費	8.8	私的な個々人
総計：1870億ユーロ，GDPの8.8%[4]	100%	1人あたり2843ユーロ

（出所） Ministry in charge of health and social affairs: Zaidman et al.（2014：19, 69-84）.

加入している家族構成員の数と年齢に応じて保険料を調整することもなされ得る。フランスでは，ただこうした限定的なリスク選択のみが許可されている。

3．重症・長期疾病（ALD：Affection de Longue Durée）リストによって，健康保険の償還が100%となる32疾患カテゴリー（400以上の具体的疾病を含む）が定義されている。この優遇制度は医師の判断なしには用いることができない。医師はしばしば，自分の患者への完全な償還を得るために，重症・長期疾病者優遇制度を使ってきた。[5] 重症・長期疾病者優遇制度受給者の急速な増大は，濫用の源としてきまって批判されているが，医療セーフティネットの必要を示すものと見なせる。[6]

4．普遍的医療給付（CMU: Couverture Médicale Universelle）は，2000年から運用されている。これは，健康保険によっては給付されていない人たち，そして／もしくは補完健保に加入する資力がない人たちのために，一元化されたセーフティネットとして法によって創出された。この制度は三層からなる。まず，他の制度に加入することができない住民のために健康保険に加入できるようにする「基礎普遍的医療給付」（CMU-B）である。もし，所得が基準より少ない場合には，無料で健康保険に加入することになる。次に，補完健保への無料加入を提供する「補完普遍的医療給付」（CMU-C）であり，これにも所得基準がある。三つ目に，これは現金給付なのだが，「健康小切手（Chèque Santé）」と呼ばれるものであり，低所得ではあ

るが普遍的医療給付の基準を超える所得のある人々を援助し，補完健保に加入できるようにするものである。
5．国家医療扶助（AME: Aide Médicale d'État）。不法住民は普遍的医療給付の援助を得ることができないので，この特別な制度が普遍的医療給付法に付け加えられた。これは，ビザをもっていない移民を意図したものではあるが，医療ケアを必要としても健康保険あるいは普遍的医療給付に加入できない状況にある人なら誰でも利用できる。給付範囲は普遍的医療給付の患者のためのものと同等のものである。

さらにもう一つの制度が，ここで言及されねばならない。人道的医療扶助である。これは，公的な制度では援助の手を差し伸べることができないか，できても障壁がある，あるいは不十分な成果を挙げることしかできないような特定の集団に焦点をあてている。人道援助組織は苛酷な現場に携わっている。彼らは，公的補助金を受け取ってよいし，諸々の事業について，地方のあるいは中央の政府と，さらには健康保険とも協定を結び得る。社会的に極度に周辺的な地位に追いやられ，公衆衛生的なリスクを抱える住民とそれにまつわる状況において，「火消し役」として活動する。例えば，ホームレス，孤立した精神病者，重度の薬物依存症患者のようにアンダーグラウンドで生きる人々，追放されることに怯えている移民，ロマのコミュニティなどに携わっている。彼らの仕事は，主にコミュニティの組織化と，困窮している諸個人と第一線で接触を図ることにある。彼らは通訳と助言活動を提供し，行政上の問題を解決し，患者を普遍的医療給付や国家医療扶助に加入するように導くのである。彼らの活動は，情報提供と助言活動の面において，法定制度に対する欠かすことのできない補完となっており，したがって「公共サービスの権限委譲」として活動しているわけである（Maury 2013）。

この章では，普遍的医療給付制度（CMU）とその副産物である国家医療扶助（AME）に焦点をあてる。そして，困窮している全住民に対して効果的な医療セーフティネットを提供するという使命を，それらの設計が，どのように，ま

たどの程度果たしているかということを精査する。

　普遍的医療給付の法律制定は，1999年に，左翼から右翼にいたるまで全ての大政党の広範な政治的合意をもって可決された。しかしながら知識人は，新たな普遍的医療給付の設計についての法的妥当性と，そしてその仕組みと社会保障システム，ならびに「通常の」健康保険機構の諸原則との接合根拠とについての理論的討議が中心となった論争を行った。

　一方での確立した権利に基づく社会健康保険と，他方での所得基準によったセーフティネットの仕組みとの結合は，まさに挑戦的な理論的課題である。フランス内の論争において展開された議論にとってはそれほどでもなかったが，立憲的な枠組およびそれがもたらす政治的意味ということにおいて国家間に相違があるので，それは挑戦的である。ここでの興味深い問いはこうである。すなわち，この概念枠組はどの程度一般的意味をもっているのか。あるいは国家的また歴史的境界線に限定された意味しかもっていないのか。

　フランスの知的論争は，三つの項目のもとに要約することができる。第一点目は，社会保障と社会扶助との結合に関するものである（Borgetto et al. 2004; Chauchard et Marié 2001; Després 2010; Lafore 2010）。それらは相矛盾する要素なのか，それとも補完的な要素なのか？　幾人かの著者にとっては，普遍的医療給付はフランスの社会保障機構の歴史における大きな転換点であり，「市民権と職業人の活動との関係性を砕く」改革である（Frotiée 2006：12）。しかしながら，しばしば想起されるように，この進展は普遍的医療給付以前に，最低所得手当の全ての受給者が健康保険に自動的にかつ無料で加入することとなった時に，すでにはじめられていた。また他の論者は，普遍的医療給付は社会保障と健康保険給付の一般化を単に一歩進めるものだと論じている（Chauchard et Marié 2001）。Lafore et Borgetto（2000）は，「社会的共和国（République sociale）」における社会扶助の役割を，とりわけ民主主義，法，そして義務の相互主義との関連において論じている。本論文では，普遍的医療給付によるセーフティネットは，新たな社会経済的現実への実際的な適応であり，既存の制度配置の更新を目的とした近代化の漸次的過程であると論じる。

第7章　普遍主義と私的財政

　理論的討議の第二の論点は，普遍主義の概念に関係している。そしてそれは，公平性，平等な機会，そして貧困への闘争との関連においてである（Borgetto 2000）。フランスでの普通の理解では，普遍主義という用語は相矛盾した意味をもっている。一方では，普遍主義という用語は平等な待遇として理解されており，つまり対象となる住民を限定した制度や政策を拒絶するということである。他方では，それは「全ての人が利用可能である」ということを示しており，特別困窮している人々に援助の手を差し伸べるため，対象となる住民を限定した活動がしばしば要求されるような目標のことを示している。この文脈では，普遍的医療給付に関する論客の多くが，フランスの健康保険は全支出を償還するのではないこと，それが明らかに普遍主義を達成するための障壁となっていること，さらに普遍主義はただ居住に基づいてのみ可能であって，ビスマルク型の社会健康保険によっては不可能であることを引き合いに出す。それらの議論は，フランスの医療機構は普遍的な給付を達成できないと示唆するものである。その原因は，雇用と結びついたビスマルク型の構造であること，また私的供給者が重要な役割を果たしていること——そこには追加請求をする医師もいる——，そして政策ネットワークだけでなく世論においてもイギリス型の国民保健サービスを採用することが拒絶されていることである。しかしながら，経験的にも国際比較からしてみてもフランスの医療給付は際立って高い水準にあり，また以下で統計が示すように，普遍的医療給付はアクセスをさらに改善することに貢献してきた。

　第三の争点は，一方では労働人口のために考え出され，また労働人口によって賄われている社会保障制度と，国の責任として考えられている「国民連帯」という課題とを対立させている積年の政治的論争を理論化することである。この観点では，普遍的医療給付の受給者のような限定された住民のための医療は，「国民連帯」と一般的な税による財政のみによってなされるべきだとされる。とはいえ，この見方では，経済的に脆い住民のための医療ケア・サービスを別途「公的に」分配する，新たな機関を必要とする。しかしながら，このような「二階級の」医療機構は，フランスでは政治家にも世論にも支持されない。経

験的な観点からすれば，この問題は次のような組織上の問題に関連している。すなわち，どの組織体が医療セーフティネットの運営を管理するのに最適であるのか，そして誰がそのための費用を払うべきなのか，という問題である。

　これらの議論は，フランスの医療機構の特殊性と関連づけられる必要がある。フランスの医療機構は，よくある国際比較の区分とは合わない。それは，ビスマルク型とベヴァリッジ型との中道として（Hassenteufel 2001），主要には「公私ミックス」体制であるものとして（Godt 1991; Kervasdoué et al. 2003），「ネオ・ビスマルク規制医療国家」の実現として（Hassenteufel and Palier 2007），国家による直接的コントロール下にある機構として（Rochaix and Wilsford 2005），拒否点（veto points）がほとんどないものとして（Immergut 1992），様々なまた相矛盾する言葉で描かれてきた。

　法定健保と医療扶助制度との接合を理解するためには，国家および地方の権力と社会健康保険との関係性に焦点をあてる必要がある。この観点から見れば，フランスの医療機構は「社会健康保険の国家統制主義モデル」と類似している（Matsuda and Steffen 2013; Steffen 2010b）。さらには，この機構において重要である私的な要素を考慮する必要がある。普遍主義的アクセスや，患者の自由選択，私的診療を実施している医師，補完健保，これらの独特な結びつきは，「リベラルな普遍主義（liberal universalism）」（Steffen 2010a）として概念化されている。この文脈で考えるならば，次の三つの重要な問いに答える必要がある。

——どのようにして，居住に基づいたセーフティネットは社会健康保険と結びつけられるか。

——どのようにして，セーフティネットはケア・保険の私的提供者と接合されるか。

——どのようにして，非登録住民のためにケア・行政が組織されるか。

　別の言い方をすれば，保険料を払っていない住民のためのケアにかかる費用を誰が払うのか，彼らのためのケアの給付範囲は何であるのか，それらの諸問題を誰が決定するのか，という問いである。

2 社会的包摂：近代化，調和化，中央集権化

　1999年7月27日に可決され，2000年1月1日に適用された普遍的医療給付および国家医療扶助を創設した法律は，ゼロからはじめられたわけではなかった。それは，1893年にまで遡る古い法律(11)の下で運用されていた以前の医療セーフティネットに取って代わったものであった。その法律は，地方公共団体（コミューン，県）に自分たちの管轄区域の「貧困者」に医療的ケアを提供するように義務づけるものであった。その仕組みには，何らの全国的規則も明確に定められたガイドラインもなく，むしろ独自の裁量によるものであった。医療扶助への要求が受諾されると，地方の長・当局は所定の様式を配布し，患者はそれを医師の所へもっていった。医師にはその地方で取り決められた料金表にしたがって地方当局から直接に支払われた。この仕組みは，医療専門職が連携を望まず，利用条件と給付金の条件が全国各地で極端に異なっているという欠陥があった。改革と諸権利の統一が，とりわけ労働市場が変化し失業が増加している中で必要とされた。1999年の立法により，所得調査と社会サービスに対する責任が地方政治家から法定健保の地方基金に移転された。それは，単一の国の所得基準を定めるものであり，その基準はただ世帯規模によってのみ変動するものである。またそれは，全国で妥当とされる給付金を一覧的に定めた。無料ケアは今や正当な権利となり，もはや地方政治家の善意に頼る扶助ではなかった。
　普遍的医療給付は，古い地方的医療扶助の仕組みに代わっただけではなく，健康保険に「個人的加入」を組織する仕組みにも代わるものであった。後者は，雇用を通じた健康保険への強制加入資格に該当しなかった人々のために1980年代初頭に作られたものである。しかし，「個人」保険料は非常に高く，人々は加入を避け，それゆえこの仕組みは運用上の不正の元になった。普遍的医療給付の基準よりも所得の低い，かつての「個人」加入者（ないしは加入者であるべき人）はいまや無料での加入資格を与えられた。さらに，新たな法は1995年にアラン・ジュペ（Alain Juppé）前首相（保守的な党を出自とする）によって計画

203

第Ⅱ部　医療セーフティネット：日仏米における医療保険の検討

されたより総合的な改革に対する政治的な対案をなすものであり，その対案こそ野党と労働組合が企図し，よって激しくそして成功裡に戦い取られた「普遍主義的健康保険」であった。

　1999年の普遍的医療給付についての法律は，ビザをもっていない移民のための追加的条項を含んでいた。ビザをもっていない移民たちは居住に基づく普遍的医療給付制度からは除外されていた。一方，かつての地方での医療扶助制度——これも不安定とはいえ——は廃止されたので，ビザをもっていない移民はケアへのアクセスが奪われることになる。それゆえ1999年法は，おもに不法な外国人住民に向けた特別なセーフティネット，すなわち国家医療扶助（AME: Aide Médicale d'État）を含んでいた。それは行政的な困難をともなう他のあらゆる人に対しても益するものであった。

　普遍的医療給付の立法は成功した。それは，貧困の影響との戦いを目的とするより大きな政策潮流の一部であったからである。拒否されたジュペ・プランとは目立って対照的に，普遍的医療給付の法律制定は世論の大きな支持に恵まれた。普遍的医療給付の立法には重要な先例があった。すなわち，（社会主義者の）首相ロカール（Michael Rocard）により1988年に導入された「最低所得手当」の全受給者は，自動的に健康保険に無料で加入した。1998年に社会主義が権力の座に返り咲いた時，所得の乏しい人々の「全ての根源的権利へのアクセス」を改善するために，さらなる法律が採択された。医療ケアへのアクセスに障壁があることはよく知られていた。障壁とは，不十分な償還と補完医療保険に支払いを行う必要性，最初に費用を支払うことにならざるを得ない償還制，そして多くの医師の規定料金以上の追加請求という慣行のことである。社会的に周辺に追いやられた人々の公衆衛生問題について前線で仕事をしている人道支援組織の強力な動員によって，政策立案が後押しされた。大衆動員，政治的陳情，資金調達に長けたこれらの組織は，医療セーフティネットは「社会的急務」であると主張した。それらの組織は，保健省の幹部の意見聴取を受け，実際に法案準備に関わった（Frotiée 2004）。

　普遍主義的健康保険を目指したジュペ・プランの失敗と普遍的医療給付の成

功，そしてその個々の組織設計——これらは以下で分析されるが——は，医療分野での構造改革を遂行することの困難性と，既存の制度を基礎として，そしてアイデアや信念を継承して漸進的に変えていくことの重要性を示している。新たな法律制定の成功は，三つの実践手段を通して達成された。すなわち，明らかになった必要に対して効果的に応じること，明確で共通のルール，そして単一窓口設置による管理運営上の簡素化，である。

「基礎的」普遍的医療給付は低所得者が健康保険に無料加入できるようにした。これに加えて，「補完」普遍的医療給付は補完健保への無料加入を提供している。どちらの普遍的医療給付も公認された居住と所得という条件により運用されている。受給者のためのケアの代金は直接供給者に支払われ，患者が前払いする必要も，通常適用される現金一括払いの支払いをする必要もない。この優遇に加え，普遍的医療給付の患者には，メガネ，差し歯，補聴器，その他もろもろの用品のような，通常は償還されない，あるいはただ象徴的な意味しかもたないような水準でのみ償還される処方品目が，平均的な質のものを購入できる価格の限度内において無料で提供される。それゆえ，普遍的医療給付の受給者，また国家医療扶助の受給者たちは，健康保険に保険料を払っている加入者よりも，基本的な医療の必要に対してより広い給付を得ている。

収入が普遍的医療給付の基準よりもわずかばかり高い住民は，「健康小切手」を受け取ることができる。「健康小切手」は，彼らが市場で補完健保を買うことを援助するためのものである。これは，補足医療扶助（ACS: Aide pour l'acquisition d'une Complementaire Santé）と呼ばれる。

セーフティネットの各層——普遍的医療給付，国家医療扶助，補足医療扶助——に対する申請は，全て健康保険の同じ地方事務所に提出され，そこで処理される。事務所は，それらの書類——特に所得関係書類——を管理し，補足医療扶助における健康小切手の支払いを準備する。そして，普遍的医療給付や国家医療扶助の電子ヘルス・カードを発行する。これらの手続は毎年更新される必要がある。家族構成員は，法定健保の規程と同じ規程にしたがって加入している。

表7-2　2013年の所得基準（フランス本国）

世帯成員の数	普遍的医療給付 国家医療扶助 〔ユーロ〕		補足医療扶助 （健康小切手） 〔ユーロ〕	
	年　間	月　間	年　間	月　間
1	8,645	720	11,670	977
2	12,967	1,081	17,505	1,459
3	15,560	1,297	21,006	1,751
4	18,153	1,513	24,507	2,042
5	21,611	1,801	29,175	2,431
6～（一人あたり）	+3,457	+288	+4,668	+389

（注）　フランス海外の領土における基準は，これよりも12％高い。

　普遍的医療給付と補足医療扶助に関わり必要とされる書類は，身元証明書と（電気料金とか家賃支払証明のような）居住を証する文書と所得を証する文書（納税通知書や社会控除，など[13]）だけである。国家医療扶助については，外国籍を証明するものが必要とされる。それから，少なくとも3ヶ月前から，ただし1年未満で，フランスに滞在していることの証明書[14]（ホテルの請求書や目撃者の供述）が必要とされる。

　二つの定型的論争が，普遍的医療給付のセーフティネットの実施にともなって行われた。

　第一の定型的論争は，所得の基準に関するもので，それがあまりにも低すぎるという批判である。基準よりもやや高い所得の人々が，補完健保に加入するには所得が十分でないのに普遍的医療給付の給付から排除されている，という事実を批判者はとりわけ指摘した。それに対する医療担当省庁の意思決定者の回答は以下のようなものであった。すなわち，基準は他の社会的な最低基準（最低所得，旧時代の社会扶助，など）に鑑みて設定される必要があり，公的支出の諸事情に鑑みても低いままにとどめておかれる必要がある。それに，補完健保に無料で加入できないということは，日々の生計のための金銭的分配を失うことに比べればそれほど深刻なことではなく，病気というものは永続的なリスクではないのだから，このことは社会的に許容され得ることである，と

(CMU-Fonds 2001：3)。

　とはいえ，修正は導入された。すでに普遍的医療給付法の第23条は，今では所得が基準を超えて普遍的医療給付制度から適用外となった後，少なくとももう1年は，先に補完普遍的医療給付（CMU-C）の受給者であった人を同じ保険料で継続加入させておくよう補完健保組織に義務づけている。政府は2000年に「普遍的医療給付のボーダーラインにいる人々を救う」ため，法定健保に40万ユーロの特別公的補助金を供出した（CMU Fonds 2001：3）。地方の健康保険基金は，このボーダーラインにいる人々への援助に様々な手段を講じた。基準から10％所得が高い申請者については受け入れるというのが，健康保険基金における一般的やり方となっていた。それをふまえて担当省庁は，こうした様々な取り組みを中央政府の権限の下に置き，この法に段落をいくつか書き加えた。それゆえ2000年には，基準から10％所得の高い人々を受け入れ，ケアへの事前支払いをしなくてもこの第三者支払いの仕組みから給付を受けることができる，という方針が立法化された。これと同じ条項が後に拡大され，所得の基準から適用外となって後———その人が雇用され，強制的に通常の仕組みにより保険に入るということにならない限り——もう1年は普遍的医療給付制度の対象となることになった。

　2004年8月13日の法律による修正は非常に重要なものであった。その法律は，補足医療扶助（健康小切手）という仕組みを導入し，2005年1月1日より申請可能とした。この補助金は，普遍的医療給付の基準より所得が高い——最初は20％超過とされ[15]，その後2013年には35％超過まで拡大された[16]——全ての人々に，補完健保の購入を援助するために提供される。補足医療扶助による補助水準は，個々の世帯員の年齢に応じて様々である。2014年には，年間1人あたり，16歳未満の世帯員には100ユーロで，16歳から49歳までの世帯員には200ユーロ，60歳以上には550ユーロであった。この公的補助金は，リスクに応じた保険料を取る私的補完健保市場を促進しようとしている。しかし，ほとんどのこの制度の受給者（84.7％）は自分の補完健保の引き受けに法定健保を選んでいる（CMU Fonds 2013b: 36-37）。公の健康保険は，普遍的医療給付の受給者につい

てのみ補完健保としても機能している。この特別の対策は，オランダやドイツではすでに存在しているような，医療給付の選択肢の一覧的提示に向けた，フランス健康保険の将来的な進化形を示すものかもしれない。

　補足医療扶助の「健康小切手」給付の支給基準は，純所得中央値の60％の額に一致するよう設定されていた。この60％のところは貧困基準に相当する。この貧困基準とは月間一人あたり所得が977ユーロとされている（2011年）[17]。総じて，普遍的医療給付と補足医療扶助の基準は低いままであり，受給者の数を限度内に保っている。基準は長年の間改訂されなかった。それゆえ，オランド大統領（社会主義者）が2013年7月1日から8.3％の全般的引き上げを決定したのである。さらなる引き上げが計画されているが，公共債務の状況を考えると実行されないかもしれない。

　第二の論争は，法定健保と補完健保との接合に関するものである。このフランスに特有の問題について理解するためには，次のことを想起する必要がある。
――普遍的医療給付における補完給付（CMU-C）の枠組は，補完健保への無料加入を含めて，ケアへの無料でのアクセスを用意している。
――これは，必要な補完である。というのも，法定健保は，ただ医療費の約75％を償還するだけであるからである。これは「基礎的」普遍的医療給付（CMU-B）についてもあてはまる。
――諸々の補完健保は任意加入の私的団体である。しかしながら，ほとんどの普遍的医療給付の受給者は，自らの加入先として法定健保を選ぶ。

　フランスの医療機構において重要な理念的要素は「選択の自由」である。普遍的医療給付の法律が準備された時，人道援助団体は，将来の受給者は自らの普遍的医療給付の補完給付を受けるためにどの組織に加入したいかに関して「選択の自由」をもつべきであると主張した。この議論は，普遍的医療給付患者のための公的ケアが特定の仕方でなされる場合に生じかねない「スティグマを防ぐこと」を目的としていた。これらの立法準備を担当した高官は，「ノーマリゼーション」論に敏感であった。その結果，補完普遍的医療給付の受給資格が与えられた場合，受給者は補完健保として法定健保を使うか，それとも私

的補完健保に加入するかを選び,どちらにするかを表明しなければならない。

　ひとたびこの仕組みが稼働すると,運営上のやっかいな問題を引き起こした。なぜなら,受給者の選択に従って,受給者を抱えている組織に政府から公的資金が配分されるからである。まず,健康保険基金は,普遍的医療給付支出について実際に要した費用を償還される。一方,私的補完健保は一人あたりの定額支払を受け取るので,自分たちで財政リスクを支えなければならない。医療の所管省庁の社会保障部門の高官の考えは,セーフティネットは「国民連帯」という使命であり,それゆえ公的部局と一般的な税によって賄われるべきではあるが,受給者は私的補完健保の「顧客」でもあるので,国家は「加入」に対してのみ支払う必要があり,普遍的医療給付の受給者が惹起した実際の医療費について支払う必要はない,というものである。2004年の法律が準備され,より運営面に関わる健康保険の改革がなされた時に,もろもろの見解が出てきた。その時,国家は国民連帯という国家の使命を法定健保に「委任」することができ,それゆえ今後は全支出額ではなく普遍的医療給付に加入しているそれぞれの受給者数に応じた定額を支払うことが決定された（Frotiée 2008：14）。かくして,法定健保は私的補完健保と横並びになった。ここで問うべきは,この前例はフランスの将来の健康保険改革にとって,新たな道を切り拓くものになるかどうか,ということである。

　労働力や職業訓練,そして創造的な制度刷新という点から見て,新法の間接費用はかなりのものであった。地方の健康保険基金は,所得基準の扱い方や,他の社会的行政組織,税務署,労働局,多くの補完健保との連携法を学ばなければならなかった。新法実施のために設置された普遍的医療給付基金（Fonds de Financement de la Protection Complémentaire de la Couverture Universelle du Risque Maladie, CMU Fonds）の最初の評価書によれば,健康保険行政に1930の新たな安定的職（終身雇用）が生まれ,加えて973の有期労働契約が結ばれた（CMU Fonds 2001：3）。新規則と公衆の高い期待の中,特に初年には訴訟が増えた。2000年には仲裁委員会が3万8000件の普遍的医療給付絡みの裁判を扱った。そのほとんど全てが所得の水準をめぐって争われたものだった。[18] 地方ない

し国家の水準でほとんどの訴訟が却下されたが，特にフランス社会保障機構においてまさに革新的であった所得基準のゆえに，審査のための莫大な労働が一連の裁判に注がれた。政府は，新たな仕組みの執行に向けて，大まかなガイドラインをただ出しただけであり，公衆の怒りを買うことを避けるために融通の利くものにしておいたが，公財政が爆発しないよう基準については控えめなままにしておいた（CMU Fonds 2001：4-5）。

3　受給者，経費，財政

　普遍的医療給付の仕組みを編制・操作・運営していくため，1999年法により新たな公的機関である普遍的医療給付基金が設立された。この基金は普遍的医療給付の実施体制を構築するものであり，段階的に活動をすすめ，年1回の詳細な評価書を書き，政府および社会保障に関わる諸々の組織に政策提言を行う。この基金の主な仕事は，普遍的医療給付の仕組みに関する財務運営を編制することである。この基金が規定の資源をまとめ，普遍的医療給付の受給者を抱えた諸組織に資金を割りあてていく。

　2012年まで，この基金は一人あたり年間370ユーロを一度に受け取り各団体に振り当てているが，これは受給者一人あたり平均440ユーロ（2013年）となる実費を賄うのには不足していた（法定健保が引き受けている補完普遍的医療給付の受給者については，共通の計数が知られている）。社会保障財政に関する2013年法は，年間一括補助金の金額を400ユーロと設定したが，経費抑制のため規則を変更した。すなわち，給付機関は健康保険も補完健保も同じように，今や実際の年間経費まで償還されるが，それはより高くなった一括補助額の上限内——2014年では408ユーロに設定された——においてである。

　ただ，財源はかなり大きくなってきている。当初は，全補完健保機関からわずかばかりの任意資金供出があったものの，国が賄っていた。補完健保組織機関の全国連盟によって進められた交渉後定められた協約にしたがい，この連盟は「連帯拠出金」——当時総契約高の1.75％と設定された——を供出すること

となった。その割合は，2006年には2.5％，2009年には5.9％と何回か上げられたが，2011年に大きな変化が起きた。社会保障財政年次法律により，拠出金が「追加連帯税（Taxe de solidarity additionnelle）」という名称の「税金」（総契約高の6.27％）に転換され，普遍的医療給付制度に参加していない場合を含め，全ての補完健保機関によって支払われるべきものとなった。このことが，ゲームのルールを変えた。なぜなら，税金というものは交渉の余地なく強制的なものだからである。この税金は，法人税を収納する官庁に支払われ，そこから普遍的医療給付基金に送付される。補完健保，特に共済補完健保組織は，自分たちは私的な組織であり，会員は自発的に参加した人のみであると主張して抗議したが，それでも政府が引き下がることはなかった。

　結果として，普遍的医療給付というセーフティネットは，一般的な税を財源とする——前述の居住によるセーフティネットは通常そうだが——ことにはならず，今ではほとんど私的補完健保からの資金によっている。補完健保は経費増大を保険料価格に組み入れている。つまり，「国民連帯という課題」の経費を，私的に支払いを行っている加入者へと転嫁しているのである。公的投入は，最近定められたたばこ税からのわずかな配分（3.15％）に限定されている。

　セーフティネットにかかった精確な支出を知ることは困難なのだが，[20]総支出はおよそ年30億ユーロだと概算できる。普遍的医療給付基金によって運用された移転資金（20億9700万ユーロ）に加えて，居住権・居住許可のない住民のための国家医療扶助は7億1200万ユーロ（2013年）であり，医療人道支援組織への補助金が別途1億ユーロである。さらに，重症・長期疾病者優遇制度における全額償還の一部は，患者負担の軽減を意図しており，[21]この実態は不明だが無視できないものである。

　図7-1は，2009〜10年から受給者の数が急激に増加したことを示している。これは，多くの失業を生み出した金融危機と景気減退の直接的な影響として解釈できる。普遍的医療給付制度がはじまって以来，受給者数は失業率の増加を精確に反映している（CMU Fonds 2013b：35）。

　受給者数はまさにその制度で違う増え方をしており，また政策決定によって

表7-3　普遍的医療給付全国基金における財務バランス（2013年）

支出（単位：100万ユーロ）		収入（単位：100万ユーロ）	
法定健保に対する，普遍的医療給付受給者のための支払い[1]	1,581	私的補完健保によって支払われた連帯税	2,066
私的補完健保に対する，普遍的医療給付受給者のための支払い[2]	264	政府から移転されたたばこ税の一部	352
補完健保に対する，「補足医療扶助」補償のための支払い[3]	234	使わなかった事業設備費	16
事業設備費	17		
管理費	1		
支出計	2,097	収入計	2,434
最終決算		繰越金	+337

（注）（1）公的健康保険への移転：補完普遍的医療給付（CMU-C）の受給者一人につき，最大440ユーロまで。
　　　（2）私的補完健保への移転：受給者一人につき370ユーロまで。
　　　（3）受給者に対して補足医療扶助の費用を補償するため，私的補完健保に移転されたもの。
（出所）Zaidman et al.（2014：95）；CMU Fonds（2013a）．

表7-4　健康のためのセーフティネットにかかった総費用の推計（2013年）

支出の用途（単位：100万ユーロ）		財務管理者
基礎普遍的医療給付および補完普遍的医療給付，補足医療扶助（健康小切手）	2,097	全て普遍的医療給付基金の管理（私的な補完健保にかけられた税金）
国家医療扶助	712	国家（中央政府）
強制による制度への支出総額	2,809	
私活動のための公的補助金	100	人道援助組織（中央政府および地方政府）
総支出	2,909	

（出所）CMUの公式報告（CMU Fonds 2013a）およびZaidman et al.（2014：90-95）に基づく筆者の計算。

変わる基準の影響だけでなく経済的な状況をも反映している。基礎普遍的医療給付によってカバーされる住民はゆっくりとしかし着実に増加してきている一方で，補完普遍的医療給付の受給者数は2007年から2012年までの間ほとんど同じ水準に留まり，むしろ2009年には減ってさえいる。これは，基準が変わっていないからである。したがって，社会主義者が権力の座に返り咲いて基準を引き上げると受給者数はすぐに増えた。これは補足医療扶助の受給者にはなおさら強力に働き，その数は2013年には100万人を超えた。国家医療扶助を含めて，

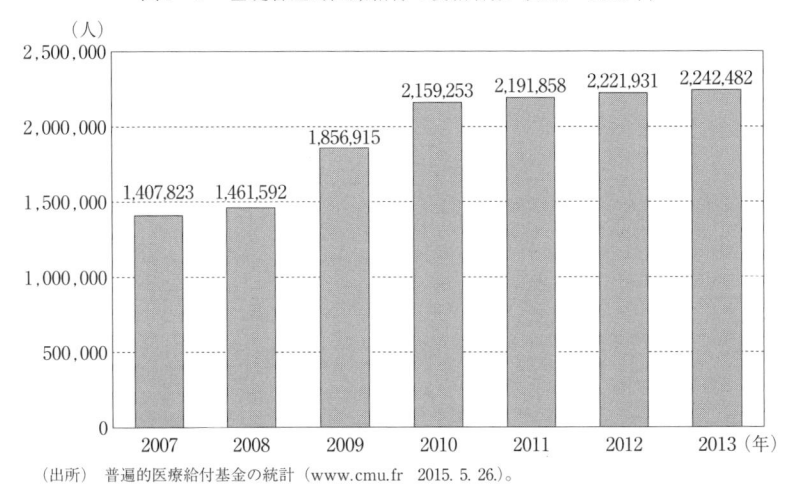

図7-1 基礎普遍的医療給付の受給者数（2007～2013年）

（人）
- 2007: 1,407,823
- 2008: 1,461,592
- 2009: 1,856,915
- 2010: 2,159,253
- 2011: 2,191,858
- 2012: 2,221,931
- 2013: 2,242,482

（出所）　普遍的医療給付基金の統計（www.cmu.fr 2015. 5. 26.）。

普遍的医療給付関連諸制度の受給者はほぼ900万人，全人口の13％[22]と概算される。

　詳細な分析により，普遍的医療給付制度から恩恵を受けているのは主に若者であるということが明らかになっている。フランスでは，大部分の女性とともに若者こそが最も深刻に失業に苦しんでいるのである。また，地理的にはフランス海外県・領土に激しい分布の集中が見られ，そこでは普遍的医療給付および国家医療扶助の受給者は住民の30％に及び，これに続くのが，大都市特にパリ周辺の恵まれない郊外地域（13％）や，工業化の激しく進んだ地域（ノール，地中海沿岸，10～12％）である。医療セーフティネットの地理的分布は最低所得受給者の分布に似ている。これらの数字が示唆しているのは，セーフティネットは経済的に最も必要とされているところでこそ広まっている，ということである。

　国家医療扶助の受給者は，医療ケアセーフティネットをめぐる公的論争の主要な論点となっている。その数の増大は政治を反映し，その政治では移民問題が選挙戦の主要争点となる。これにより2011年に導入された制限規則が，2012年に右派から左派に政権が渡った大統領選挙後すぐに廃止されたことが説明さ

第Ⅱ部　医療セーフティネット：日仏米における医療保険の検討

表7-5　基礎普遍的医療給付の受給者数

	フランス本土		海外県・領土		合　計	
	受給者数	構成率(%)*	受給者数	構成率(%)*	受給者数	構成率(%)*
2007	1,146,748	1.8	261,075	14.3	1,407,823	2.2
2008	1,195,541	1.9	266,051	14.4	1,461,592	2.2
2009	1,554,821	2.4	302,094	16.2	1,856,915	2.8
2010	1,848,554	2.9	310,699	16.6	2,159,253	3.3
2011	1,877,343	2.9	314,515	16.7	2,191,858	3.3
2012	1,878,274	2.9	343,657	18.2	2,221,931	3.3
2013	1,898,330	2.9	344,152	18.2	2,242,482	3.4

(注)　* 当該地域の全住民に占める割合。
(出所)　普遍的医療給付基金の統計。

表7-6　補完普遍的医療給付の受給者数

	フランス本土		海外県・領土		合　計	
	受給者数	構成率(%)*	受給者数	構成率(%)*	受給者数	構成率(%)*
2007	3,808,648	6.0	589,415	32.2	4,398,063	6.8
2008	3,632,406	5.7	574,488	31.0	4,206,894	6.4
2009	3,577,406	5.6	577,244	31.0	4,154,650	6.3
2010	3,637,234	5.7	566,477	30.3	4,203,711	6.4
2011	3,754,887	5.8	560,703	29.7	4,315,590	6.5
2012	3,857,456	6.0	559,192	29.6	4,416,648	6.7
2013	4,057,196	6.3	566,173	30.0	4,623,369	7.0
2014 速報値					5,125,000	

(注)　* 当該地域の全住民に占める割合。
(出所)　普遍的医療給付基金の統計。

表7-7　「健康小切手」の受給者数

前年12ヶ月の間	総　数	全人口に占める割合（%）
2010年1月1日	597,892	0.90
2011年1月1日	634,620	0.96
2012年1月1日	784,575	1.19
2013年1月1日	1,014,209	1.54
2014年1月1日	1,160,863	1.76
2014年6月1日，利用可能な直近の数字	1,173,339	1.78

（出所）　普遍的医療給付基金の統計。

れる。この制限規則は，以下のようなものであった。
——成人受給者一人につき年間30ユーロ。
——病院内の治療に対して健康保険を優先適用すること。
——この制度の受給資格のある家族構成を，（一人の）配偶者と本人の子供だけに限定し，尊属および兄弟姉妹は除くということ。

　国家医療扶助の基準は，普遍的医療給付と同じであり，必要なケア全てを支払い無しに利用できることを認めている。さらに，自己購入による薬剤もいくつか入っている。ただ温熱療法と子供を作るための人工授精は除かれている。

　国家医療扶助の受給者数は，2013年には28万4000人だった。2007年から2010年にかけて年に5.4％の着実な増加があったが，その後この数字は2011年——すなわち保守主義のサルコジ大統領統治下での選挙戦の前年——に突如8.4％減少した。社会主義のオランド大統領の到来とともに，この数字は2012年には20％急増し，2013年にはさらに12％急増した（Zaidman et al. 2014：90）。

　きまって新たな論争を引き起こし，またよりよい管理法が模索されるが，概して目立った成功に至らない二つの問題がある。第一に，不法移民の真の所得を同定するのがきわめて困難であり，正確な家族関係を同定するのが同じく困難であるということである。とりわけ貧弱な行政システム——多くの移民がフランスに来るアフリカでは共通の状況——しかもっていない諸国からの入国者にあっては，そうである。第二に，国家医療扶助制度に関する社会問題監察総局の報告書では，重大な濫用が同定されるとともに，認知され確認されている時でさえも不正行為がめったに訴えられることがないことが遺憾とされている（IGF/IGAS 2007）。この報告書の後，警察と健康保険との連携がやっとはじまった。

　やっかいだが日常的な問題として，難民保護申請者の問題がある。フランスでの彼らの居住は，拒否決定がなされない限り合法であり，渡航してきた直後から普遍的医療給付制度の受給資格を得る。ただ，健康保険当局が難民保護申請者から不法入国者を見分けるのは困難であり，しばしば誤って国家医療扶助制度を促してしまう。重要になってきている新たな懸案は，しばしば重篤な病

気に関わって，合法的に提供される無料医療ケアを享受しようとして，数ヶ月か1年もかかる最終的拒否決定に至るまでの間，ルートとして難民保護を使う無料ケア志望者を特定することである。この事案が示すのは，合法住民も不法住民も同じように，全ての住民を包摂する首尾一貫したセーフティネットの運営には多くの実際上の困難がある，ということである。

4　フランスの医療セーフティネットへの評価

諸々の知的批判や実務上の欠陥にもかかわらず，普遍的医療給付は疑いもなく成功といえるものになっている。普遍的医療給付は全国で一元的で正当なセーフティネットを編制している。そしてそのセーフティネットは，以前の仕組みよりもより効果的で包括的なものになっている。それは，普通の健康保険制度に統合されており，それゆえ普遍的医療給付の受給者に，平均的な保険料を払っている患者と同じ制度と同じ範囲のケアを利用する権限を与えている。このノーマリゼーションはスティグマを抑止するだけでなく，扶助を正当な権利へと変換し，また経済的に最も恵まれない住民になされるケアの質を保証している。

政策の成果を包括的に相矛盾する成果をも含めて評価することは，細心の注意を要する仕事である。この実例では，私は「公的な統治における成功と失敗」を分析するために Bovens, t'Hart と Peters によって開発された枠組を使うことにし (Bovens et al. 2001)，また EU 研究から取り入れられた「制度的適合性」の概念を使うことにする (Giuliani 2003)。より綿密な評価に向けて，これらの理論的道具により，三つの密接に絡み合った水準，すなわち事業の水準，制度の水準，政治の水準，の区別を行うことができる。

（1）事業の成功と失敗

フランスにおいて，ケアへの平等なアクセスのために大きな障壁となっているのは，法定健保の不完全な償還であり，このため補完健保への加入が必要と

なる。それゆえ，諸々の報告書がいつも指摘しているとおり（Jusot 2014），セーフティネットが有効であるには特にこの問題に対応しなければならない。普遍的医療給付制度こそは，まさにこの問題に焦点をあてている。医療経済研究・分析機構の分析（IRDES 2010）によれば，何の補完健保にもなお加入していないのは全人口の4％だけである。この内43％未満の人々に該当するが，補完健保に加入しておらず，かつ普遍的医療給付制度の受給資格のない人々（全国住民の1.7％未満に該当）は，補完健保の購入資金がないと表明している。上記以外の人々は，自分たちは重症・長期疾病者優遇制度によるか，家族員としてすでに十分給付されているので補完健保を必要としない，あるいは関心がない，情報がないとしている。こうした非受給住民の平均年齢が比較的若いこと（人口の平均年齢が41歳であるのに対して，29歳である）を考えると，むしろ健康状態が十全であるので，結果的に医学的治療の必要が低いと考えることもできる。そこで肝心な問題になってくるのは，普遍的医療給付が，狙いを定めた特定の住民，例えば全人口の中で最も貧しい部分に手を差し伸べているのかどうかということである。この制度は綿密に状況を把握されており，この問いに答えるためには二つの包括的な指標で十分である。一つの指標は，補完普遍的医療給付の社会経済的分布である。「未就労者」と「無資格の労働者および小売業店員」という二つのカテゴリーを合わせると，全受給者の総計の4分の3以上に及ぶ。二つ目の指標は，経済的理由から少なくとも年に1度はケアを断念したことがある人々の相対的割合である。補完普遍的医療給付の受給者と，私的補完健保に加入している一般人口との間には，それほど大きな差があるわけではなく，補完普遍的医療給付受給者で6％低いだけである（Després et al. 2011：2）。

　「健康小切手」（補足医療扶助）についての結果はより複雑である。2011年において，潜在的な補足医療扶助の受給者のうち78％が利用の意向を示していなかった（CMU Fonds 2013a；Guthmuller et al. 2013）。この補足医療扶助の低申請率の理由を特定するため，実証実験を用い様々な仮説を検証する綿密な研究が行われた（Guthmuller et al. 2010；2011；2014）。検証では補助金額の増額と潜在

的受給者に説明会への参加を個別に招待することによって情報を改善することに焦点をあてていた。「健康小切手」への申請率は，補助金増額によって対照群に比べて若干増加しただけであったが，それに向けた説明ではそれ以上の効果があることが示された。実際，この研究は，多くの潜在的受給者が行政上の手続きをとっていないということ，かなり単純化すれば，彼らの3分の1が読み書きのできない状態にあることを明らかにした。このことから得られる結論は，この部門別政策，普遍的医療給付制度は，その狙いとしている最も恵まれない住民にうまく合っていない，ということかもしれないし，逆に，医療部門は，行政活用の能力の欠如，一般的な読み書き能力の欠如のような社会的不平等の累積効果を是正することができない，ということかもしれない。こうした要因は外部から生じ，そして医療部門に押しつけられるのである。

　情報格差は，指摘され，対策がなされてきた。格差は最低所得手当が改革された2009年以来厳密に生じていた。もともと最低所得手当受給者は，特段何もしなくても自動的に普遍的医療給付に加入されるようになっていたが，改革版つまり積極的連帯所得手当（RSA: Revenu de solidarité active）では，公的分配と限度額までの労働所得を集約することができるようになったものの，潜在的な受給者はいまや所得を健康保険に申告せねばならず，したがって普遍的医療給付に加入するよう具体的に動かなくてはならなくなった。普遍的医療給付基金は，2013年の報告書で，この隔たりを埋めるための健康保険と雇用関係機関との連携強化を提言している。この報告書は，地方雇用関係機関が利用者に諸手続きの変更を系統的に知らせることを義務化すること，重要データを自動的に電子送信することを提案している。しかしながら，フランスではこうしたデータ連携には公衆も政治家も著しく反発する。

　こうしたなお存続している諸問題にもかかわらず，普遍的医療給付は医療部門内ではその事業の狙いを実現しているように思われる。行政的調整，社会的不平等，データ・システムの連携に対する文化的制約のような，より一般的諸問題を解決することはできていないにしても，である。

（2）制度的な首尾一貫性

　ここでの問いは，普遍的医療給付制度がどれほど他制度の構造や原理と調和しているかということである。普遍的医療給付の基準は非常に低いままであり，他の社会的制度の最低水準より低い。これはこの制度の主な欠陥であり，公的費用の抑制と結びつけられた明白な政策的選択である。健康保険は20年間赤字を積み重ねており，今日では退職年金にまさる社会保障の赤字の主要要因となっている。低基準は失敗と見なすこともできるが，同じくらいに，国の債務がヨーロッパ連合基準を超えてしまっているような状況では普遍的医療給付を目立った成功と見なすことも可能である。

　普遍的医療給付は医療機構の制度的編制および権力構造に適合している。これは，一方ではこの制度を可能にしたものであり，他方ではその欠陥の原因を説明するものである。普遍的医療給付や国家医療扶助の患者に追加請求することが許されていないので，多くの医師はそうした患者を診療所から遠ざけておこうとする。補足医療扶助の受給者が保有する契約は，概して最も安いカテゴリーに入り，また追加請求された診療料の償還を除外している。だから医師を自由選択する見込みは，現実には限られたものである。普遍的医療給付は，出来高払いや追加請求のような私的医業の特権を排除することはできず，普遍的医療給付や国家医療扶助の受給者のための第三者による支払いの仕組みを生じさせる。私的補完健保，例えば保険料を支払う会員のための健保による償還額の半分が，私的な医師・歯科医師の外来診療に関わっていること，さらに必須とはいえない医薬品に関わるものである，ということを諸々の研究が明らかにしている（Le Garrec et Bouvet 2013：194）。このパターンは，セーフティネット受給者が外来も含めて公立病院を主に利用しているのと対照的である。

　普遍的医療給付の制度的な適合性に重要なのは，補完健保を提供していることである。これにより，もし全額償還を法定健保に導入するならば必要となるような大改革が不要となっている。その代わりに，普遍的医療給付はセーフティネットの追加費用を，私的補完健保の保険料を払っている会員に転嫁しているのである。居住に基づくセーフティネットは，雇用に基づく法定健保を無用

のものにはしない。加入の基準として，居住はただ副次的なものに過ぎない。

（3）政治上の成功と失敗

　世論および全ての政党が普遍的医療給付システムを支持している。普遍的医療給付の受給者は就労し健康保険に保険料を払っている者よりも「多くを得ている」という考えについては，公費の効果的な削減にともなってようやく今になって批判が生じている。論争の重要な点は，その仕組みと費用の周辺的ではあるが非常に象徴的なところに限局している。つまり，不法移民の包摂――例えば国家医療扶助制度のような――およびそれに関連した給付金制御の難しさ，そして悪用の防止およびその懲罰の難しさである。この争点は選挙戦を活気づけ続けている。これは受給者にとっては有害なことであり，また普遍的医療給付および国家医療扶助という仕組みの発展のためにも有害である。とはいえ，ヨーロッパおよびフランスに大量の移民・難民が到来するにつれて，この論争は大きなものになっていくだろう。

　要約すれば，成功しているという主張を支持する十分な証拠はある。事業の水準では，セーフティネットは想定している人々のもとに届いている。政治の水準では，世論および正式の報告書によりこの仕組みは是認され続けている。制度の水準では，普遍的医療給付は複雑な公私ミックスに適合しており，このことはフランスの医療・保険機構の設計に調和している。医療部門ならびにフランス社会の一般的性質が，平等なアクセスを制限しているという事実，もしくは選挙の論戦が医療にまで広がるという事実は，普遍的医療給付にとって失敗を意味するわけではない。普遍的医療給付の成功は，効率的な問題の特定および政策立案の結果であり，その失敗は全体的な国民政治からの余波である。普遍的医療給付は社会的必要に応えており，また貧しい人々のための権利保障に関するより全般的な政策に基づいている。

　このフランスの普遍的医療給付の事例から，三つの教訓を学ぶことができる。――第一に，普遍的医療給付は，完全な権利が一つの社会扶助事業に正式に統合されている稀有な例の一つである（Lafore 2008）。さらに稀有なことに，こ

の事例は社会扶助と社会保障の境界線がはっきりと線引きされ得ないということを示している。
——第二に，普遍的医療給付は，フランスのような改革に抗する医療機構がどのように新たな必要や条件に適合し得るかということを示している。変化の過程は公的支出の点からすれば，漸進的で，ボトムアップ主導型であり，また実際的である。
——第三に，普遍的医療給付は単なるセーフティネットではなく，それ以上のものである。それは，不安定な仕事，ワーキング・プア，若年失業者をともなった社会経済的変化に対応することにより，「社会的諸権利の新時代」(Gazier et al. 2014) の一部となっている。またそれは，社会健康保険機構および国家の規制が，安定した普遍主義的アクセスといかに作用し合うかということの例を提供している。

注
(1) このいわゆる「一般社会拠出金」(CSG: Contribution Sociale Généralisée) は最初，全ての非勤労所得にかけられる小額の追加的拠出金として1980年代半ばに導入され，それから徐々に拡大された。1996年の改革では，勤労に関わる拠出金は，全収入にかけられた「一般」社会拠出金に完全に変更された。
(2) 2010年の数字。これが利用可能な最新のものである。(http://www.irdes.fr/EspaceEnseignement/ChiffresGraphiques/CouvertureComplementaire/DonneesGnles.html 2015. 2. 10.)
(3) フランスの「総健康費用」はきわめて高く，2500億ユーロ，つまりGDPのほぼ12%になる。「医療消費にかかる費用」(Biens et Services Médicaux) はフランスの健康に関する統計の中では最も小さな統計カテゴリーであって，それはただ患者に費やされた支出を算出しているに過ぎない。
(4) GDPを計算する方法は，2010年に改訂された。以前の計算だと，医療消費は0.3%増えて，(上記で述べられた8.8%ではなく) GDPの9.1%に達したであろう。
(5) 今日ではやや程度が弱まっているが，医療制度のこの「社会的な迂回路」は，2000年以降，費用制御のための最優先事項となっている。重症・長期疾病者優遇制度給付の判断は，今日，健康保険の国家基金によって，また保健規制高等委員会 (Haute Autorité de Santé) によって厳しく管理されている。しかし，受給者の数は増えつづけている。
(6) 重症・長期疾病者優遇制度の受給者数は1994年の370万人から2011年には920万人

へと増大した。これは，全住民のうちほぼ7人に1人に相当する。
(7) 医療援助と苛酷な現場とに特化した巨大な人道援助組織である「世界の医療団（Medécins du Monde）」は，約6500万ユーロの予算をもっている。そのうち，40％は公的な資金（補助金，事業請負）であり，60％は私的な財源（街頭募金，寄付のためのキャンペーン）からの調達である（Maury 2013：252）。
(8) 「基礎的」（CMU-B）か「補完」（CMU-C）かが特に明記されない場合には，普遍的医療給付はセーフティネットを提供するその施策を一般的に意味している。
(9) 普遍的医療給付についての国際的な文献はほとんどないが，それについてのフランスの文献は豊富にある。この段落で引用される出版物にくわえて，Frotiée（2004；2006；2008）；Borgetto（2000）；Borgetto et al.（2004）；Lafore（2008；2010）；Kerleau（2012）を参照せよ。
(10) 世界保健機関（WHO）は，待機リスト［waiting list］および普遍主義的で平等なアクセスという観点から見て，フランスのシステムを「最も包括的な医療」を実現しているものとして見なしている（WHO 2000）。
(11) これは，「貧困者（indigents）」に向けた「医療扶助（Aide Médicale Gratuite）」を創出したかの有名な1893年の法律である。詳しくは，Renard（1995）を参照。
(12) この箇所および以下の頁で使用されている情報は，フランスの公文書の原本からとったものであり，それは，法文書，報告書，保健担当省の統計，そして医療経済研究・分析機構（IRDES: Institut de Recherche et de Documentation en Economie de la Santé），会計院（Cour des Comptes），社会問題監察総局（IGAS: Inspection Generale des Affaires Sociales），全国被用者疾病保険基金（CNAM: Caisse nationale de l'assurance maladie des travailleurs salaries），普遍的医療給付基金（CMU-Fund［特に同基金の年次事業報告］），からの情報である。
(13) その世帯の全成員の全所得が計算される。勤労による所得，資産による所得，社会扶助による所得，年金所得，そしてさらに家賃免除住宅への居住やその他何らかの無料用品についても，全て計算される。
(14) この3ヶ月の適用外期間は，「ケア移住」による悪用を防ぐことを目的としている。この制限は，ビザ規則での制限，特に家族の滞在に関わる規則に合わせて定められている。戦闘的な組織はこの適用外期間を猛烈に批判し続けており，それは医療の切迫性をふまえた議論である。実際のところ，救急事例では必要なケアがケース・バイ・ケースで許可され給付されるであろうが，これは事前の許可不要でケアへのアクセスを可能にする国家医療扶助の電子ヘルス・カードではない。
(15) 2004年の政府（保守）の最初の案では，普遍的医療給付の所得基準から10％上がる考えられた。2004年の法律草案の初版では16％上と書かれており，議会で可決された最終版では20％上であった。このことは，所得基準が低い水準であること，そして病気という場面においては公衆がさらなる連帯への感受性をまだ高くもっているということを示している（Guthmuller et al. 2010：5）。
(16) オランド大統領の選挙公約は当選後直ちに実行された。政府は44.5％への引き上げを計画しているが，これまでのところ国債残高が多いため実行されていない。

⒄　2011年フランス本土での数値（CMU-Fonds 2013a: 18）を参照。CMU に関する事業報告書は www.cmu.fr から利用できる。
⒅　これらの３万8000件の訴訟の内，１万2000件は地方委員会によって処分を改める判定を受け取った。260件は国家レベルへの上訴の後判決され，そのうち60件は原告有利に処分を改める判定となった（CMU-Fonds 2001：4-5）。
⒆　この基金による報告書は，この論文を書くにあたって最も価値のある情報を提供してくれた。
⒇　私的補完健保の会計から普遍的医療給付受給者が医療ケアに要した実際の費用を取り出すことは不可能である（CMU-Fonds 2013b）。
(21)　2009年には，重症・長期疾病者優遇制度は法定健保加入者の15％に関わっており，860万人が健康保険支出のほぼ60％を消費していた（Dourgnon et al. 2013：1-2）。同制度の受給者数は，2011年には920万人に増えた。
(22)　ただし，全国被用者疾病保険基金（CNAM）は基礎普遍的医療給付（CMU-B）と補完普遍的医療給付（CMU-C）とで，もしかすると150万人を重複計上している惧れがあると指摘している（www.ameli.fr を参照）。そうなると，この数字は580万受給者，つまり人口の10.5％まで下がる。
(23)　2013年には，法定年金基金の赤字が31億ユーロであったのに対して，法定健保の赤字は総計68億ユーロに達していた。年金基金の赤字は16億ユーロ（2014年）から14億ユーロ（2015年）に改善していく見込みであるのに対して，法定健保の赤字は同時期に73億ユーロから105億ユーロへと急激に増加する見込みである（CCSS 2014：12, 17-19）。

参考文献

Borgetto, M., M. Chauvière et B. Frotiée, 2004, "Les débats sur l'accès aux droits sociaux entre lutte contre les exclusions et modernisation administrative," *Dossiers d'études,* n°60, Paris: CNAF (Caisse Nationale des Allocations Familiales).

Borgetto, M., 2000, "Equité, égalité des chances et politiques de lutte contre les exclusions," in G. Guglielmi and G. Koubi, *L'Egalité des chances,* Paris: La Découverte.

Bovens, M., P. t'Hart and G. Peters, 2001, *Success and Failure in Public Governance. A Comparative Analysis,* Cheltenham: Edward Elgar.

Chauchard, Jean-Pierre and R. Marié, 2001, "La couverture maladie universelle: résurgence de l'aide sociale ou mutation de la sécurité sociale?," *Revue française des affaires sociales,* n°4：137-156.

CMU-Fonds de Financement de la protection complémentaire de la couverture universelle du risque maladie. Reports, Paris: CMU Fonds

―― 2001, *Première évaluation de l'application de la loi du 27 juillet 1999.*

―― 2013a, *Rapport d'activité du Fonds CMU, 2012.*

―― 2013b, *Sixème Rapport d'évaluation de la loi du 27 juillet 1999.*

Commission des comptes de la Sécurité sociale (CCSS), 2014, *Les comptes de la Sécurité sociale. Résultats 2013, prévisions 2014 et 2015 (septembre 2014)*.

Després, C., 2010, "La Couverture maladie universelle, une légitimité contestée : analyse des attitudes de médecins et dentistes à l'égard de ses bénéficiaires," *Pratiques et Organisation des Soins*, Vol. 41, n°1 : 33-43. DOI : 10.3917/pos. 411.0033.

Després, C., P. Dourgnon, R. Fantin et F. Jusot, 2011, "Le renoncement aux soins pour raisons financières : une approche économétrique," *Questions d'économie de la Santé*, n°170-novembre.

Dourgnon, P., Z. Or et C. Sorasith, 2013, "L'impact du dispositif des affections de longue durée (ALD) sur les inégalités de recours aux soins ambulatoires entre 1998 et 2008," *Questions d'économie de la Santé*, n°183-janvier.

Frotiée, B., 2004, *La fabrique du social, l'exemple de la CMU*, Rapport au Fonds CMU, Paris, Documents du Fond pour la Couverture Médicale Universelle.

―, 2006, "La réforme française de la Couverture maladie universelle, entre risques sociaux et assurance maladie," *Lien social et Politiques-RIAC*, 55 : 33-44.

―, 2008, "La légitimité des politiques sociales en question," Paper presented at the Colloquium of the Network *Réseau RT6*, Grenoble (CNRS/Pacte), 17-18 January.

Le Garrec, M., M. Bouvet, 2013, *Comptes nationaux de la Santé-2012*, Document de Travail, Série Statistique n°185, Paris : DREES (Direction de Recherche, Etudes, Evaluation and Statistiques).

Gazier, B., B. Palier and H. Périvier, 2014, *Refonder le système de protection sociale. Pour une nouvelle génération de droits sociaux*, Paris : Presses de Sciences-Po.

Godt, P., 1991, "Liberalism in the *Dirigiste* State : A changing Public-Private Mix in French Medical Care," in C. Altenstetter and S. Hayward (ed.) by *Comparative Health Policy and the New Right. From Rhetoric to Reality*, Basigstoke : Macmillan : 23-47.

Giuliani, M., 2003, "Europeanization in Comparative Perspective : Institutional Fit and Adaptation," in K. Featherstone and Claudio M. Radaelli, *The politics of Europeanization*, Oxford : Oxford University Press.

Guthmuller, S., F. Jusot, T. Renaud and J. Wittwer, 2014, "Comment expliquer le non-recours à l'Aide à l'acquisition d'une complémentaire santé ? Les résultats d'une enquête auprès de bénéficiaires potentiels à Lille en 2009," *Questions d' economie de la santé*, n°195 (février). (http://www.irdes.fr/recherche/questions-d-economie-de-la-sante/195 2015. 5. 26.)

Guthmuller, S., F. Jusot, T. Renaud and J. Wittwer, 2013, "Le non recours à l'

Aide Complémentaire Santé: Les enseignements d'une enquête auprès d'une population éligible de la CPAM de Lille," Rapport pour le Fonds CMU, Novembre, Paris: Université Paris-Dauphine.

Guthmuller, S., F. Jusot, J. Wittwer, in coll. with C. Desprès, 2011, "Take-up of a Subsidising Scheme for Acquiring a Complementary Health Insurance In France: Key Findings from a Social Experiment in Lille," *Questions d'économie de la santé*, n°162 [février].

Guthmuller, S., F. Jusot, J. Wittwer and C. Desprès, 2010, *Le recours à l'Aide complémentaire santé : les enseignements d'une expérimentation sociale à Lille*, Paris: IDRES (Document de travail, n°36, Decembre 2010).

Hassenteufel, P., 2001, "Liberalisation through the State: Why is the French Health System becoming so British?," *Public Policy and Administration*, 16 (4) : 84-95.

Hassenteufel, P. and B. Palier, 2007, "Towards Neo-Bismarckian Health Care States? Comparing Health Insurance Reforms in Bismarckian Welfare Systems," *Social Policy and Administration*, 41(6) : 574-96.

IGF/IGAS (Inspection Générale des Finances/Inspection Générale des Affaires Sociales), 2007, *Mission d'audit de modernisation rapport sur la gestion de l' aide médicale d'État*, Paris: IGF/IGAS.

Immergut, E., 1992, "The rules of the game. The logic of health policy-making in France, Switzerland, and Sweden," in S. Steinmo and K. Thelen (eds.), *Structuring Politics. Historical Institutionalism in Comparative Analysis*, Cambridge: Cambridge University Press.

IRDES, 2010, *Enquête Santé et Protection Sociale (ESPS) 2010*, Section: "La couverture complémentaire santé." (http://www.irdes.fr/EspaceEnseignement/ChiffresGraphiques/CouvertureComplementaire/DonneesGnles.html 2015. 5. 26.)

Jusot, F., 2014, "La complémentaire santé: une source d'inégalités face à la santé?," *Les Tribunes de la santé*, 2014/2 n°43 : 69-78, DOI: 10.3917/seve.043.0069.

Kerleau, M., 2012, "De la couverture maladie universelle aux politiques d'accès à l'assurance-maladie complémentaire: diversité des modèles et des protections," *Revue Française de Socio-Économie*, 2012/1 n°9 : 171-189, DOI: 10.3917/rfse.009.0171.

Kervasdoué, J., K. Okma and T. Marmor, 2003, "Les gouvernements de quelques pays de l'OCDE et l'État Providence depuis 1990," in *Carnet de Santé de la France, 2003*, Paris: Mutualité Française.

Lafore, R., 2008, "Droit et pauvreté: les métamorphoses du modèle assistanciel français," *Revue de droit sanitaire et social*, n°1 : 111-126.

―――, 2010, "L'État-providence, quel équilibre entre assurance et assistance?,"

Cahiers français, n°358: 32-40.
Lafore, R. et M. Borgetto, 2000, *La République sociale. Contribution à l'étude de la question démocratique en France*, Paris, PUF.
Matsuda, R. and M. Steffen, 2013, "Variations in Institutions and Politics. The case of social health insurance in France and Japan," First International Conference on Public Policy, Grenoble. Accessible via HAL. (https://halshs.archives-ouvertes.fr/WP-IEPG/halshs-00936082v1 2015. 5. 26.)
Maury, C., 2013, *L'humanitaire médical en France. Rôle de l'action associative dans la prise en charge sanitaire des populations précaires. Le cas de Médecins du Monde*, Thèse de Doctorat, Institut of Political Studies, Grenoble University.
Renard, D., 1995, "Assistance et assurance dans la constitution du système de protection sociale français," *Genèses*, n°18: 30-46.
Rochaix, L. and D. Wilsford, 2005, "State Autonomy, Policy Paralysis: Paradoxes of Institutions and Culture in the French Health Care System," *Journal of Health Politics, Policy and Law*, Vol. 30, n°1-2: 97-119.
Steffen, M., 2010a, "The French Healthcare system: Liberal Universalism. The French health care system and its reforms," *Journal of Health Policy, Politics and Law*, n°35-3: 335-365.
―――, 2010b, "Social Health Insurance Systems: What makes the difference? The Bismarckian case in France and Germany," *Journal of Comparative Policy Analysis*, vol. 12, n°1-2: 141-161.
World Health Organization, 2000, *The World Health Report 2000 ― Health systems: Improving performance*, Geneva: The WHO.
Zaidman, C., R. Roussel, M. Le Garrec, M. Bouvet, J. Solard et M. Mikou, 2014, *Les Comptes nationaux de la santé en 2013*, Collection Études et statistiques, DREES.

第8章

米国における医療保険とセーフティネット供給者

髙山一夫

　本章の課題は，米国における医療保険改革とセーフティネット供給者の役割に焦点をあてつつ，医療における公私ミックスの議論に関して考察を深めることである。この課題に照らして，第1節では，米国における医療保険制度を概観し，医療保障の公私ミックスがもたらす問題点を指摘する。続く第2節では，民間保険主導の普遍的医療保障を企図したオバマ医療改革について，その主な内容を整理する。最後に第3節では，米国医療でセーフティネット供給者が果たしている役割とオバマ医療改革が及ぼす影響について検討する。

1　米国の医療保険制度の概要：医療保障の公私ミックス

(1) 米国における医療保険制度の概要

　多くの国々において，人々に普遍的な医療アクセスを保障するための制度が構築されている(1)。日本やフランスのように社会保険制度に立脚した医療制度を有する国もあれば，英国など国営医療システムによって，医療アクセスを保障する国もある。しかし米国は，先進諸国の中では例外的に，そうした普遍的な医療保障を実現していない。

　米国の医療保障は，民間保険と公的保険との混合体制というべき特徴を有している。公的医療保険は，軍関係者，公務員，ネイティブ・アメリカ人等に対するものを除けば，65歳以上の高齢者および障がい者を対象としたメディケア（Medicare）と，貧困者を対象としたメディケイド（Medicaid）とに限定される。現役世代とその家族に対する医療保障は，もっぱら民間医療保険によって担われている(2)。

第Ⅱ部　医療セーフティネット：日仏米における医療保険の検討

表8-1　医療保険加入率の推移（2000～2013年）

(単位：％)

年	総人口 （千人）	民間医療保険		公的医療保険		無保険
		雇用主提供	個人加入	メディケア	メディケイド	
2000	279,517	65.1	10.2	13.5	10.0	13.1
2005	293,834	60.7	9.9	13.7	13.0	14.6
2010	306,553	55.3	9.9	14.6	15.8	16.3
2013	313,395	53.9	11.0	15.6	17.3	13.4

(出所)　U. S. Census Bureau, *Health Insurance Coverage in the United States*, 2012年版および2013年版より筆者作成。

　表8-1は，米国における近年の医療保険の加入状況を整理したものである。同表で注目されることは，第一に，雇用主提供型医療保険への加入者割合が，2000年の65.1％（1億8186万人）から2013年には53.9％（1億6902万人）へと，11ポイントの減少を見たことである。個人加入者を加えた民間医療保険全体で見ても，やはり加入割合は減少している。米国では，日本の被用者保険とは異なり，従業員に対して医療保険を提供することは，雇用主に義務づけられてはいない。医療保険はあくまで任意の従業員福祉の一環であり，その提供は，業種や企業規模，労使関係といった様々な要因に左右される。一例を挙げると，医療保険提供の割合と企業規模との関連に注目すると，大企業（従業員数50名以上）では9割を超える企業が医療保険を提供する一方，中小企業（従業員数49名以下）ではそれ以下の水準にとどまる[3]。

　第二に，民間医療保険とは対照的に，公的医療保険の受給者数が急増したことである。中でも公的医療扶助メディケイドの受給者が，2000年の10.0％（2806万人）から2013年には17.3％（5408万人）へと，1.7倍（実数では1.9倍）も増加している。メディケイドの運営は州政府が担っており，連邦政府からの財政補助を受けるための最低基準はあるものの，受給要件や給付内容等について，州政府に幅広い裁量権が認められている。メディケイドの加入率に州ごとの差が生じているのが実情である。

　第三に，民間保険にも公的保険にも加入していない，無保険者の動向である。表8-1が示すように，リーマン・ショック後の2010年に記録した16.3％をピークとして，2013年には人口の13.4％，およそ4200万人が医療保険に加入して

表8-2　医療保険加入状況と医療アクセスの格差　　　（単位：％）

	かかりつけ医療機関をもたない（2012年）		過去12ヶ月で受診歴なし（2012年）	
	18歳未満	18歳〜64歳	18歳未満	18歳〜64歳
民間医療保険加入者	1.7	10.1	9.5	13.2
メディケイド受給者	3.1	13.1	10.3	10.6
無保険者	28.4	54.1	31.9	38.4

	乳がん検診の受診（2010年）	子宮頚部がん検診の受診（2010年）
	40歳以上64歳以下の女性	40歳以上64歳以下の女性
民間医療保険加入者	75.6	84.2
メディケイド受給者	64.4	78.0
無保険者	36.0	61.9

（出所）U. S. Department of Health and Human Services（2013）より筆者作成。

いない。これら無保険者の医療アクセスをどう保障するかが，米国における医療保険制度の中心的な課題をなす。ただし，次節で述べるオバマ医療改革の施行にともない，2014年以降は無保険者数が大幅に減少することが見込まれる。

以上述べたように，民間医療保険加入者の減少と医療扶助受給者の増大，そして何よりも4200万人もの無保険者の存在は，医療保障における公私ミックス体制が，必ずしも普遍的な医療保障を実現しないことを示している。

（2）無保険者の社会経済的属性と医療アクセス面での不公平

医療保険の加入状況は，人々の社会的経済的な状態と関連がある。一つは，保険の有無と就労状態との関連である。パートタイム労働者の場合，無保険者の比率は2013年で24.0％であり，フルタイム労働者の13.9％と比べて，約1.7倍も高い。いま一つは，エスニシティとの関係である。無保険者の割合が一番大きいのは中南米出身のヒスパニック系の人々であり，2013年でその24.3％，実数にして1320万人が医療保険をもたない。

米国保健福祉省（U. S. Department of Health and Human Services）の調査によれば，医療保険の加入状況と医療アクセスのあいだに関連を見出すことができる（表8-2）。2012年の調査では，「かかりつけ医療機関をもたない」「過去

12ヶ月間で受診歴なし」と回答した者の割合は，民間医療保険加入者およびメディケイド受給者と比較して，無保険者の方が高かった。中でも，12ヶ月間で受診歴なしと答えた小児（18歳未満）の無保険者の割合は31.9％と，民間医療保険およびメディケイドを受給している子どもの3倍に達している。

予防医療へのアクセスに関しても，医療保険加入状況に関連した不公平が存在する。2010年の調査によれば，40歳以上64歳以下の女性のうち，乳がん検診や子宮頸部がん検診を受信した者の比率は，無保険者でそれぞれ20ポイントから40ポイント低かったという。医療保険をもたない女性は，がん治療の遅延というリスクに直面しているわけである。

無保険者が直面するこうした医療アクセス上の問題に対処することが，第3節で述べるセーフティネット供給者の基本的な役割となる。

(3) 一部保険の問題と民間保険による補完・補足

米国では，無保険者に加えて，必要な医薬品や医療サービスが保険から給付されない，いわゆる一部保険患者（underinsured patients）という問題もある。一部保険の問題は，保険者が患者の既往症を保険給付の対象から外し，あるいは年間ないし生涯での保険金支払上限を設定した時に発生する。一部保険患者に関する公式の統計は見当たらないものの，これまでの研究によれば，1600万人から2900万人の一部保険患者が存在すると推計されている[6]。

公的医療保険においてさえも，給付制限に起因する一部保険の問題が生じている。高齢者向け公的医療保険メディケアの入院保険（パートA）は，病院，ナーシングホーム，ホスピスケア，在宅医療などを対象とする[7]。そのうち，病院への入院およびナーシングホームへの入所に関しては，患者負担（免責および定額負担）が設けられている（表8-3）。例えば，入院のケースを取り上げると，患者は，毎回の入院ごとに1260ドルの免責額を負担するとともに，入院61日から90日までは毎日315ドルの定額負担が課せられる。メディケアの給付日数は90日が上限であるため，91日目以降は入院費の全額が患者の負担となる。なお，生涯にわたり一度だけ行使できるライフタイム・リザーブが別に60日間

表 8-3 メディケア入院保険における患者負担と給付制限

給付対象	患者負担（免責および定額負担）
病　院	入院ごとに1260ドル（免責）
入院初日から60日	0ドル
入院61日から90日	毎日315ドル
ライフタイム・リザーブ（60日）	毎日630ドル
ライフタイム・リザーブ終了後	全額患者負担
ナーシングホーム	入所ごとの免責なし
入所初日から20日	0ドル
入所21日から100日	毎日157ドル50セント
入所101日以上	全額患者負担

（出所）Centers for Medicare & Medicaid Services ウェブサイト（https://www.cms.gov/medicare/medicare.html　2015年1月10日アクセス）より筆者作成。

ある。リザーブの期間中，患者は毎日630ドルを支払わなければならない[8]。

　メディケアにおける給付制限の問題に対処するため，メディケア受給者の多くは，別途，メディギャップないしメディケア補足給付と呼ばれる民間医療保険にも加入する。2013年の65歳以上高齢者4450万人（うちメディケア加入者4144万人）に対して，個人で民間保険に加入した者が1200万人おり，多くがこのメディギャップ保険に加入したケースと推定される。メディギャップは，公的医療保険を補完・補足（supplementary, complementary）する民間医療保険といえる。こうしたタイプの民間医療保険は，ほかの先進国においても存在する。日本では，患者負担や室料差額などに対して現金給付を行う医療保険ないし生命保険特約が販売されている。

　米国の医療保障における公私ミックス体制は，公的医療保険制度が不十分な下で，現役世代に対する公的保険の不在を代替する民間医療保険と，公的医療保険の給付制限を補完・補足する民間医療保険とによって，構成されているといえる。

2 オバマ医療改革:民間保険主導の普遍的医療保障の試み

(1) オバマ医療改革の主な内容

2010年,アメリカの医療政策上の画期というべきオバマ医療改革法(the Patient Protection and Affordable Care Act)が成立した[9]。同法は,政治的な妥協を重ねた上での成立ではあるものの,保険加入を促すための革新的な政策手段が盛り込まれている。本節では,その主な内容について,医療保障の公私ミックスの観点から整理する(表8-4)。

第一に,全ての米国人に対して,適格医療保険への加入を義務づけたことである。ネイティブ・アメリカンや宗教的信条による場合などを除き,医療保険に加入しない者は,罰金を科せられる。罰金額は,2015年時点では,世帯所得の2%または325ドル(18歳未満の小児は各162ドル50セント)のいずれか高い方である。同様に,従業員数50名以上の雇用主に対しても,従業員に医療保険を提供することを義務とした。大企業の9割はすでに従業員向け医療保険を提供しているものの,雇用主への義務づけについては,2017年10月まで施行が延期されることとなった。

第二に,民間医療保険市場の改革を目的として,医療保険取引所が新たに開設され,また医療保険会社に対する規制も強化されたことである。医療保険取引所(Exchange)とは,原則として州政府が開設するオンライン上の医療保険加入システムである。取引所には複数の適格医療保険プランが上場され,取引所を通じて適格医療保険に加入した者(世帯年収が連邦貧困基準の400%まで)に対して,連邦政府が補助金を交付する[10]。同様に,従業員向け医療保険を提供する中小雇用主に対しても,保険料負担分に係る税額控除が認められる。

また,医療保険会社に対する規制強化に関しては,オバマ医療改革法は,最低給付内容(minimum coverage)の設定,特別な理由のない保険加入および契約更改の拒否の禁止,保険料設定における調整地域料率(adjusted community rating)の適用などを導入した。これらの規制強化によって,保険会社による

表8-4　ACA法の主な内容

(a)個人に対する義務（individual mandate）
(b)雇用主に対する義務（employer mandate）
(c)医療保険取引所の開設
(d)医療保険会社に対する規制強化
(e)メディケイド受給要件の緩和
(f)効率的な医療提供の促進
(g)医療保険および医療機器への新税の導入

医療保険加入の制限，既往症のある患者や高リスク者の保険からの締め出しを制限したわけである。ただし，同種の規制は，多くの州ですでに導入済みではある。

　第三に，医療扶助メディケイドの受給要件の緩和である。オバマ医療改革法は，メディケイド受給のための世帯年収要件を連邦貧困基準の133％にまで引き上げるとともに，HIV／AIDS患者などの慢性疾患患者や扶養家族をもたない貧困な成人なども，新たに受給対象に含めることとした。

　第四に，オバマ医療改革法は，医療提供体制面でも若干の改革を行うとしている。特に注目すべきは，同法が効率的で患者中心の医療提供を掲げており，メディケア・シェアード・セービング・プログラム（Medicare Shared Saving Program）を新たに開始したことである。同プログラムは，医療の質や効率性など，連邦政府の定める基準に合格したアカウンタブルケア組織（Accountable Care Organizations）に対して，メディケア診療報酬に上乗せして支払う。

　最後に，オバマ医療改革法は，財源調達のために，新たな税を課している。具体的には，①メディケア税率の0.9％引き上げ，②高額所得者（個人20万ドル以上）への3.8％の新税，③高額医療保険プラン（個人の年間保険料10200ドル以上）に対する40％の新税，④医療機器に対する2.3％の新税，そして，⑤室内日焼けサロン等における10％新税の導入である。こうした税率引き上げおよび新税導入の是非をめぐって，共和党との激しい政治的対立が続いている。

(2) オバマ医療改革と医療保障の公私ミックス

　前節でまとめた医療保障の公私ミックスの観点からオバマ医療改革を見るならば，以下の三点を指摘しなければならない。

　第一に，オバマ医療改革は，公的医療保険を通じた国民皆保険制度を企図したものではないという点である。オバマ医療改革は，表8-4で整理したように（特にa～dの項目），民間医療保険への加入者を増やすことで，無保険者を減らすことを目指している。むしろ，各州で新設される医療保険取引所において複数の医療保険プランの上場を求めるなど，独占ないし寡占状態にある地域医療保険市場において，保険会社間の市場競争を強め，民間医療保険市場の活性化を図ることすら企図している。改革では，無保険および一部保険の問題を改善すべく医療保険市場の規制強化には踏み込んだものの，新たな公的医療保険の導入（パブリック・オプション）については，審議過程において早々に撤回された経緯がある。

　第二に，公的医療保険とりわけメディケイドをめぐる問題である。オバマ医療改革では，上述のとおりメディケイドの受給要件を緩和するよう定めている。しかし，メディケイドにはそもそも広範な州政府の裁量が認められていることから，メディケイド受給要件の緩和をめぐる裁判が行われた。連邦最高裁判所は，メディケイドの受給要件は各州の裁量に委ねるべきであるとの判決を下した。2014年末の時点では，共和党知事を有する州を中心に，23州がメディケイドの拡充を見送っている。オバマ医療改革における公的医療保険の拡充は，メディケイド受給要件の緩和という点においても，限定的であるといえる。

　第三に，オバマ医療改革は，それが完全に施行された後も，無保険者を解消しないとしている。議会予算局の試算によれば，オバマ医療改革の完全施行後も，米国の市民権をもたない者を中心に，なお2300万人が無保険者として残されると推計されている。現状でも無保険者の4分の1を占める中南米諸国出身のヒスパニック系移民に対しては，オバマ改革の恩恵があまり及ばないわけである。[11]普遍的な医療保障という観点からは，改革はいまだ不十分といわざるを得ない。

ただし,移民労働者に対する医療保険の提供については,米国に限った問題ではなく,国際的な労働移動が盛んになるにつれて,公的医療保険制度を有する国々においても対応が問われる状況にある。

3 米国医療におけるセーフティネット供給者

(1) セーフティネット供給者とは

これまで述べてきたように,米国は普遍的な医療保障制度をもたない。それゆえ,米国の医療供給体制においては,セーフティネット供給者(Safety Net Providers)が,無保険者やメディケイド受給者,あるいは米国市民権をもたないといった医療弱者に対する診療を担ってきた。セーフティネット供給者は,州および地方政府立の病院と,コミュニティ・ヘルスセンター(Community Health Centers)からなる。コミュニティ・ヘルスセンターが主として外来診療を担うとすれば,州および地方政府立病院は,入院および外来診療の両方を担っており,特に貧困な患者の入院ケアに不可欠な医療施設である。

開設者区分別地域病院数の推移を見ると,州および地方政府立病院は1980年から741施設減少している(表8-5)。同時期において,民間非営利病院(米国内国歳入庁が認定した公益法人［public charities］)も減少する一方,投資家所有の民間営利病院は増加している。ただし,公立病院は単純に減少したわけではない。ある研究によると,1983年から2003年にかけて,318の公立病院が閉院したものの,同期間に212の公立病院が新規に開設されたという。それら開設病院の大半は,民間非営利からの法人区分の変更によるものであった。[12]

無料・減額診療と未収金は,あわせて未償還医療費(uncompensated care costs)と呼ばれる。米国病院協会の調査によると,2012年の未償還医療費は460億ドルに達し,医療費全体の6％を占めたという。こうした未償還医療費総額のうち,米国公立病院協会(America's Essential Hospitals)の加盟病院は,うち77億ドルを占める。また,別の研究によれば,2013年の未償還医療費は533億ドルに達した。その財源構成を見ると,メディケアおよびメディケイド

表8-5　開設者区分別に見た地域病院数の推移（1980～2012年）

地域病院数	1980年	1990年	2000年	2012年	増減
地域病院総計	5,830	5,384	4,915	4,999	▲831
民間非営利	3,322	3,191	3,003	2,894	▲428
民間営利	730	749	749	1,068	338
州・地方政府立	1,778	1,444	1,163	1,037	▲741

（出所）　Health Forum（2014）より筆者作成。

表8-6　未償還医療費の財源構成（10億ドル，2013年）

	連　邦	州・地方	合　計	構成比
総　計	32.8	19.8	53.3	100.0
メディケイドDSH・UPL	11.8	1.6	13.5	25.3
メディケアDSH・IME	8.0	0.0	8.0	15.0
州・地方政府補助金		9.8	9.8	18.4
コミュニティ・ヘルスセンター	1.9	0.8	3.0	5.6

（注）　合計には表に計上していない民間寄附等も含まれる。
（出所）　Coughlin et al.（2014: table 4）より筆者作成。

における追加支払い（DSH: Disproportionate Share Hospital payment）が全体の40％，次いで州および地方政府の補助金も18％を占めている（表8-6）。メディケアおよびメディケイドのDSH支払い政策は，州および地方政府の予算とならんで，セーフティネット供給者の財務状態に大きな影響を及ぼすことが分かる。

（2）オバマ医療改革が及ぼす影響

　オバマ医療改革は，無保険者を減らすことで，セーフティネット供給者の負担をも軽減するはずである。にもかかわらず，改革がセーフティネット供給者の財務に危機的状況をもたらす可能性もある。
　その理由は，第一に，改革法が全ての人々を対象とするわけではないため，米国市民権をもたない者を中心に，引き続き大量の無保険者が残ることである。医療保険の加入は，米国市民権（U. S. citizenship）の有無とも関係する。市民権をもたない人々の38.1％は無保険者であり，帰化した者の無保険者（15.9％）の2.4倍にも達する。こうした医療保険をもたない，いわゆる不法移民（illegal

immigrants）はおよそ830万人であり，前述したように，オバマ医療改革法の対象に含まれない。したがって，不法移民を主たる対象に，無保険者の診療は，今後ともセーフティネット供給者の中心的な役割であり続けるといえる。

　オバマ医療改革後のセーフティネット供給者の役割を考える際，マサチューセッツ州の経験が参考になる。同州は，2006年に州レベルの医療保険制度改革を実施した。その主な内容は，①小児のMassHealth（同州メディケイド）の受給要件の緩和，②公的医療保険であるCommonwealth Care Health Insuranceの創設，③個人に対する医療保険加入の義務づけ，④企業（従業員数11名以上）に対する従業員向け医療保険提供の義務づけなどである。こうした改革の結果，マサチューセッツ州では30万人を超える住民が新たに医療保険に加入することができたものの，言語やエスニシティ，米国市民権の有無などの非経済的な障壁を主たる理由として，医療アクセスの阻害が観察されたという。

　仮に保険加入によって経済的障壁が撤去されたとしても，なお非経済的な障壁による医療アクセスの阻害が生じ得るわけである。その意味では，無保険者あるいはエスニック・マイノリティを対象としてきたセーフティネット供給者の役割は，オバマ医療改革後も，なお米国の医療提供体制において不可欠であるといえる。

　第二に，オバマ医療改革法は，メディケイド受給者の拡大を図る一方，メディケイドの診療報酬については見直しをしていない。反対に，メディケイド受給者を多く診療した医療機関に追加的に診療報酬を支払う制度（Disproportionate Share Hospital Payment）の削減を定めている。そのため，メディケイド受給患者の急増は，セーフティネット供給者の財務状態に，悪影響を及ぼすことが予想される。

　オバマ医療改革法は，メディケアで新設されるメディケア・シェアード・セービング・プログラムにおいて，アカウンタブルケア組織に対して，診療報酬にボーナスをつける仕組みを導入している（表8-4のf）。しかしながら，アカウンタブルケア組織としての要件を満たすことは，多くのセーフティネット供給者にとって，容易ではない。組織において中心的な役割をになうプライマ

ケア医の確保が困難であるためである。そもそも高齢者を主たる患者としないセーフティネット供給者も少なくない。

　米国の医療制度とその改革から，日本は何を学ぶことができるだろうか。まず強調しておきたいことは，日本では国民皆保険が設けられていることである。ほとんどの事業主は従業員とその家族に対して被用者保険を提供することが義務づけられており，また，自営業者，失業者，被用者保険が適用されない被用者，75歳未満高齢者等に対しては，市町村が運営する国民健康保険が制度化されている。こうした強制加入制度に加えて，高額療養費制度（患者自己負担額に対する制度的な上限）の存在，混合診療の禁止（保険診療と自由診療との併用禁止）とそれにともなうほぼ全ての医療行為や医薬品，医療機器等の保険適用などにより，日本では医療費を理由とする破産や，一部保険患者といった問題がほぼ存在しない。[14] 医療保障の点については，米国と比べて日本の制度の優位性は明らかである。

　しかしながら，米国では，国民皆保険制度が確立していないことの裏面として，イノベーティブな政策的代替案が考案され，試行される余地がある。医療保険取引所やアカウンタブルケア組織の取り組みについては，その成果が注目される。また，日本が本格的な人口減少に直面する中，例えば外国人労働力の活用を政策的に推進するならば，多様な言語や文化を有する患者に直面する医療機関においても，対応が切実な課題となる。その際には，米国のセーフティネット供給者の経験から，実践的な知見も得ることができるだろう。[15]

　　［謝辞］　本章は，立命館大学産業社会学部50周年記念シンポジウム「社会保険と医療のセイフティネット——日仏米医療制度の比較検討」での報告に基づいている。コメントを頂いた先生方，とりわけ松田亮三先生（立命館大学産業社会学部教授），ジェームズ・ワーナー・ビヨルクマン先生（エラスムス大学ロッテルダム校国際社会科学研究所名誉教授）の両先生に，深く謝意を表したい。

注
(1) 本章では，もっぱら経済的負担の側面を論じている。普遍的医療アクセスのいま一つの構成要素である医療機関の地理的な均等配置については，他日を期したい。

(2) 米国の医療制度については髙山(2009)を参照。
(3) カイザー・ファミリー財団のまとめによれば、医療保険を提供する事業主の割合と企業規模との関係は、従業員数3～9人の企業が45%、10～24人は68%、25～49人は85%であるのに対して、従業員数50～199人の企業は91%、200人超は99%であった。全企業の平均は57%である(Kaiser Family Foundation 2013)。
(4) *Kaiser Morning Briefing,* Aril 2 2014.(http://kaiserhealthnews.org/morning-breakout/7-million-signups-and-counting/ 2015年4月28日アクセス)
(5) 無保険者の属性に関する以下の数値は、いずれも U. S. Census Bureau (2013) による。
(6) Schoen et al. (2005) ; Short and Banthin (1995).
(7) メディケアは、本論で取り上げたパートAを加えて、四つのパートからなる。パートAは入院費を支給する。パートBは、医師やその他の臨床専門家の診療費を支払う(米国では、病院に対する支払いと医師等に対する支払いとは別建てになることが一般的である)。パートCは、メディケア・アドバンテージと呼ばれ、メディケアの給付を民間医療保険会社(HMO, PPOなどのマネジドケア)に代替させる仕組みである。パートCは、公的医療保険を代替するタイプの民間医療保険である。最後のパートDは、外来処方薬剤費を支払う保険であり、2003年のメディケア近代化法(Medicare Prescription Drug, Improvement and Modernization Act)によって創設された。
(8) メディケア・パートDにも、いわゆる「ドーナッツ・ホール」とよばれる給付ギャップがある。2013年時点では、2960ドル以上4700ドル未満の薬剤費について、メディケアは費用の45%しか給付しない。オバマ医療改革法は、2020年までにこの問題を解消するとしている。
(9) 髙山(2014)参照。
(10) 取引所の開設は州政府の裁量であり、共和党知事を有する州など34州が取引所を開設しなかった。連邦政府はそれらの州の住民に対して、連邦政府の開設した取引所から医療保険に加入した場合でも補助金を支給するとした。その是非をめぐって争われた裁判において、2015年6月25日、合衆国最高裁判所は合法との判断を示した(King v. Burwell)。
(11) ただし、オバマ大統領は、移民法に係る大統領声明(2014年11月20日)において、①370万人の不法移民で、米国で生まれた子ども、合法的な滞在資格または永住権をもつ子どもの親に労働許可を与えること、②子どもの頃、不法移民の両親に伴って入国した30万人の子どもたちに労働許可を与えること等を発表しており、それらが実現すれば、659万人の市民権をもたない無保険児童の状況が改善する可能性もある("Obama acts on immigration, announcing decision to defer deportations of 4 million Obama acts on immigration, announcing decision to defer deportations of 4 million," The Washington Post, 20 November, 2014)。
(12) Hall and Rosenbaum eds. (2012).
(13) Andrulis and Siddiqui (2010) ; Neuhausen et al. (2013).

(14) もちろん日本の医療保険制度にも問題はある。市町村国民健康保険料を滞納しているおよそ30万人が事実上医療保険をもたず、受診時に経済的な障壁に直面している。被保険者と無保険者のあいだに、およそ50倍の受診率格差があるとの報告もある。また、市町村内に住所をもたないホームレスも、無保険者である。ホームレスは全国で20万人以上とも推定される。これら無保険の人々は、生活保護が受給できなければ、必要な医療にアクセスすることが困難である。

(15) 本章では、医療政策を評価する際に重要な三つの視点である、アクセス、コスト、質のうち、もっぱらアクセスに焦点をあてて米国の医療改革を考察した。実はコストの面では、米国の医療費は、2012年で2兆8000億ドル、対国内総生産比17.2％と、先進国中でも突出している。こうした高額の医療費は、民間医療保険、メディケアおよびメディケイド、患者自己負担などで賄われている。セーフティネット供給者の財源も同様に、メディケア・メディケイドや州・地方政府補助金に依拠している。それだけに、オバマ医療改革法にともなうアクセスの改善が、実際にどの程度のコスト増大を引き起こすのか、今後とも注目する必要がある。また、医療の質に関しては、営利と非営利を含む民間病院で世界最高水準の医療が提供される一方、セーフティネット供給者では最低限の医療が無保険者等に提供される、いわゆる2階層の医療提供システムが、事実上、存在している。ただし、セーフティネット供給者は、特に大都市部において、外傷ケア、重度の火傷、精神科といった高度で専門的な医療を担っていることが多い。さらに、健康教育や各種の支援サービスなど、貧困な地域住民を対象とするアウトリーチ・プログラムも実施している。こうした活動を通じて、セーフティネット供給者は、米国における健康格差の縮小に貢献しているといえる。

参照文献

髙山一夫、2009、「アメリカ合衆国における医療格差」松田亮三編『健康と医療の公平に挑む』勁草書房、173-198。

―――、2014、「オバマケアと日本への示唆」『大阪保険医雑誌』571：37-41。

Andrulis, D. P. and N. J. Siddiqui, 2010, "Health reform holds both risks and rewards for safety-net providers and racially and ethnically diverse patients," *Health Affairs,* 30(10)：1830-1836.

Coughlin, T. A., J. Holahan, K. Caswell and M. McGrath, The Urban Institue, 2014, *Uncompensated Care for the Uninsured in 2013 : A Detailed Examination.* (http://kff.org/uninsured/report/uncompensated-care-for-the-uninsured-in-2013-a-detailed-examination/　Accessed 2015 Jan 10)

Coughlin, T. A., S. K. Long, E. Sheen and J. Tolbert, 2012, "How five leading safety-net hospitals are preparing for the challenges and opportunities of health care reform," *Health Affairs,* 31(8)：1690-1696.

Hall, M. A. and S. Rosenbaum (eds.), 2012, *The Health Care "Safety Net" in Post-reform World,* New Brunswick, New Jersey, and London: Rutgers University

Press.

Health Forum, 2014, *AHA Hospital Statistics*, U. S. A.: American Hospital Association.

Institute of Medicine, Committee on Monitoring Access to Personal Health Care Services, 2000, *America's Health Care Safety Net : Shaping the Future for Health*, Washington, D. C.: National Academy Press.

Kaiser Family Foundation, 2013, *2013 Employer Health Benefits Survey*. (http://kff.org/health-costs/report/2013-employer-health-benefits-survey/ Accessed 2015 Jan 10)

Ku, L., E. Jones, P. Shin, F. R. Byrne and S. K. Long, 2011, "Safety-net providers after health care reform," *JAMA*, 171(15) : 1379-1384.

Neuhausen, K., A. C. Davis, J. Needleman, R. H. Brook, D. Zigmond and D. H. Roby, 2013, "Disproportionate-Share Hospital Payment Reductions May Threaten the Financial Stability of Safety-Net Hospitals," *Health Affairs*, 33(6) : 988-996.

Schoen, C., S. R. Collins, J. L. Kriss and M. M. Doty, 2005, "How many are underinsured ? Trends among U. S. adults, 2003 and 2007," *Health Affairs*, 27(4) : 298-309 (Web 版).

Short, P. F. and J. S. Banthin, 1995, "New estimates of the underinsured younger than 65 years," *JAMA*, 274(16) : 1302-6.

U. S. Census Bureau, 2013, *Health Insurance in the United States : 2013*. (http://www.census.gov/hhes/www/hlthins/ Accessed 2015 Jan 10)

U. S. Department of Health and Human Services, 2013, *Health, the United States, 2013*. (http://www.cdc.gov/nchs/hus.htm Accessed 2015 Jan 10)

終　章

社会保障の公私ミックスのゆくえ

鎮目真人

1　福祉の混合経済（ウェルフェアミックス）の発展

　本書のテーマである社会保障の公私ミックスの分析枠組の嚆矢は，福祉の混合経済論であろう。これは，社会における福祉の全体量は，家族や地域社会などのインフォーマルセクター，市場を通じた民間企業によるプライベートセクター，国家や自治体などフォーマルセクターの三部門の供給主体によって担われているとするものであり，その関係は以下の恒等式であらわされる（Rose 1986 : 18）。

　　社会における福祉の全体量＝家族（および地域社会）による福祉＋民間による福祉＋国家（地方自治体も含む）による福祉

　伝統的には，所得保障，介護や医療ケア，保育などの福祉的サービスは家族をはじめ，地域社会が担ってきた。多世代が同居する拡大家族ではサービスを供給する人的余力があり，また，そうした家族による扶養を得られない無告の窮民については，村落共同体や宗教団体などによる慈恵が施されてきた。しかし，経済成長につれて，第二次産業や第三次産業に従事する雇用者世帯が増大し，それにともなって若年層を中心とした都市への人口集中によって，核家族世帯や高齢独居世帯が増えるのとともに，地域的な紐帯も弱くなり，もはや従来の家族や地域社会による相互扶助では生活の基礎的必要を満たし得なくなった。その結果，それを補うものとして民間部門や政府部門による福祉サービスが必要になり，福祉の混合経済モデルが成立したとされる。

このうち，民間の福祉については，公的な介入がなされなければ，十全なサービス提供がなされないことに注意する必要がある。その理由は，第一に，民間サービスではサービスを購入することが出来ない者が排除され，第二に，情報の失敗が生じるからである（Glennerster 1997：15-24）。情報の失敗は，サービス購入者側と提供者側の双方にとって起こり得る。このうち，サービスの購入者側に起こる情報の失敗とは，サービス購入者には，真に必要なサービスの種類，量，質について情報が不足する傾向があり，市場を通じて必要なサービスを適切に購入できるとは限らないということである。例えば，行政の規制を受けない無認可介護施設において，入所者の死亡や虐待がしばしば問題になるのは，サービスの購入者側にサービスの質に関する適切な情報が不足していることに大きく起因している。また，サービスの提供者側の情報の失敗としては逆選択が挙げられる。逆選択とは，民間保険において，保険事故発生の可能性の高い者が保険への加入を選択する傾向が高いことをいう。例えば，民間医療保険では，病気や傷病のリスクの高い人ほど積極的に保険に入る傾向が強いため，保険会社は収支の維持を目指して保険料を高く設定せざるを得なくなる。その結果，高額所得者でかつ，高い保険料でも保険に加入するインセンティブをもつハイリスクの者だけが保険に加入する傾向が生まれる。このような状況の下では保険会社はさらに保険料を上げざるを得ず，保険自体が成り立たなくなる恐れもある。そのため，保険会社には，そうした事態を防ぐために加入に際して健康診断書などの提出を義務づけ，病気や傷病のリスクが高い人を排除するインセンティブが生じる。こうした場合には，医療リスクの低い人のみが保険の加入を許され，そのリスクが高く真に保険の必要性が高い人が排除されることになる（クリームスキミング）。高山による第8章「米国における医療保険とセーフティネット供給者」では，2010年に民主党のオバマ大統領によってなされた，オバマ医療改革に関する分析がなされているが，そこでは，こうした事態が生じるのを防ぐために，私的医療保険に対する規制の強化が図られたことが述べられている。

　また，公的な福祉サービスについても，それがどのような制度形態の下で運

営されるかという点が重要である。鎮目による第2章「年金における公私ミックス」では，最低保障年金の給付水準や受給権，報酬比例年金の水準や運営形態によって，各国に貧困や不平等の発生度合いに大きな差が生じることが示されている。また，西野は第4章「介護における公私ミックス」で，公的な介護供給にも，公が積極的に介護サービスを提供しフォーマルケアを充実させているタイプと家族介護に対して現金給付や介護休業を保障し，政府が高齢者介護における家族を積極的に政策の中に位置づけているタイプでは，家族が介護を引き受けることによる「二次的依存」やジェンダー平等などの点で，その影響が異なると指摘している。さらに，長谷川による第6章「日本における医療のセーフティネットは擦り切れているか」では，職域保険と地域保険に分立した日本の医療保険制度の下で，職域保険から排除された不安定労働者や低所得層が国民健康保険に集中し，そこで無保険者が構造的に大量に発生している事態が描かれている。これと関連し，Steffen による第7章「普遍主義と私的財政」のフランスの普遍的医療給付においては，被雇用者，独立専門業者・自営業者，農業者といった形で日本と同じく分立構造をとっているが，不安定就労者，ワーキング・プア，若年失業者といった層も，社会健康保険機構と国家の規制により，制度に包摂されていると指摘されている。

　ここで示されているように，公的な福祉サービスといっても，その適用範囲や規制のあり方によって，制度内容やアウトカムは国や制度類型に応じて多様である。その結果，公私ミックスにおける公の役割には各国ごと，あるいは，制度類型ごとに違いが生じているのである。

　なお，この福祉の混合経済モデルに関しては，第3章「医療財政の公私ミックス」で松田が指摘するように，「国家でもなく，個人・私人・企業でもない」，共済組合や非営利団体といった中間組織としての「社会（共・協）」を組み込む必要があるだろう。小西による第5章「19世紀フランス社会のメディカリゼーション」では，フランスにおける共済組合の発展が歴史的に描かれているが，同組合は，時代とともにそのカヴァレッジを拡大し，救済機能を普遍化させ，個人と国家をつなぐ組織として社会保険の中に組み込まれてきた。第3章でも

詳しく分析されているように，現在でもそうした中間組織は自律的な供給セクターとしてユニークな役割を果たしている。

こうした福祉の混合経済モデルを考察する上で考えるべき点は，公，社，民，私といった福祉の混合形態が各国でどのように構築され，時代とともにどのように変遷したのかということであろう。

2　福祉の混合経済における各セクターの布置状況

（1）公私ミックスの実態：年金，医療，介護

本書では，先進諸国を対象に，年金，医療，介護に関して，公私ミックスがどのように構築されているのかが分析されている。それは以下の通りである。

まず，年金分野では，第2章で最低保障年金，報酬比例年金，私的年金の三つの年金のうち，どれが優位なのかということを基準に，八つの公私ミックスが類型化されている。それは，最低保障年金，報酬比例年金，私的年金とも高い「準世界銀行型」（カナダ），最低保障年金と私的年金が高く，報酬比例年金は低い「世界銀行型」（デンマーク，オランダ），最低保障年金と報酬比例年金が高く，私的年金は低い「ILO型」（オーストリア，イタリア，ノルウェー，スウェーデン），最低保障年金だけが高く，報酬比例年金と私的年金は低い「最低保障型」（フランス，ニュージーランド），報酬比例年金と私的年金が高く，最低保障年金は低い「準私的年金型」（アメリカ），私的年金だけが高く，最低保障年金と報酬比例年金は低い「私的年金型」（オーストラリア，アイルランド，スイス，イギリス），報酬比例年金だけが高く，最低保障年金と私的年金は低い「報酬比例型」（ベルギー，フィンランド，日本），最低保障年金，報酬比例年金，私的年金とも低い「準報酬比例型」（ドイツ）である。

次に医療分野では，第3章において，「供給」「規制」「財源」の三つの領域において，公（国家），社，民のうち，どのアクターが優位であるのかといった視点から，五つの公私ミックス類型が区分されている。それは，三領域とも国家が担う「国民健康サービス」（北欧諸国，イギリスなど），供給は民間でそれ以

外は国家が優位の「国民健康保険」(アメリカを除くアングロフォンの国など)，供給は民間でそれ以外は社会が優位の「社会健康保険」(ドイツ，オーストリアなど)，供給は民間，規制は国家，財源は社会の「国家主義的社会健康保険」(フランス，オランダ，ベルギー，日本など)，三領域とも私が担う「私医療機構」(アメリカ)，である。

最後に介護分野に関しては，第4章において，産業化とともに，公が福祉サービスを提供するようになったが，家族や地域社会といった私的部門による福祉の生産・供給も消え去ったわけではなく，家族介護が現金給付や介護休業といった公による政策手段によって依然として一定の役割を担っているということが明らかにされている。そして，そうした公による介護支援の仕方の違いを視野に入れて，四つの公私ミックス類型が浮き彫りにされている。それは，公が私の役割を全面的に代替する「ケア労働の社会化」と「ケア費用の社会化」が進んだ「政府主導の脱家族化」タイプ（北欧，オランダ），家族介護の費用を公的に負担する「ケア費用の社会化」が進んだ「財政支援のある家族主義」タイプ（イタリア），民間（企業）が中心となって家族介護を代替する「市場主導の脱家族化」タイプ（イギリス，フランス），そして，公的な「支援不在の家族主義」タイプ（ドイツ），である。

こうした公私ミックスの類型を評価する際には，タイプごとにどのような成果がもたらされるかというアウトカムに着目する必要があるだろう。上記のように，第2章では，年金の公私ミックスの類型と高齢者の貧困率との関係が示されているが，「(準)世界銀行型」や「ILO型」で貧困率が低く，「(準)私的年金型」で貧困率が高くなっている。前者では，最低保障年金の水準が高いことに加え，私的年金の給付水準と規制の程度が大きい。他方，後者では，最低保障年金の水準が低く，私的年金の規制が弱いという特徴が述べられている。医療の公私ミックスとアウトカムについては，第3章において，保険料等の事前支払い，利用者負担，医療アクセスの衡平，家計への影響，運営効率や手続き，適切な情報提示等に関するアウトカム評価の必要性が指摘されている。さらに，第4章の介護の公私ミックスに関しては，GDPに占める政府の高齢者

介護支出比率が週20時間以上の介護を行っている家族介護者の割合とどのように相関しているかが示され，政府の介護支出と家族介護時間が負の相関関係にあることが明らかにされている。そして，そこから，政府支出がケアの社会化に費やされている「政府主導の脱家族化」タイプでは，特に家族介護時間が少なくなっていることが示唆されている。

（2）公私ミックスの経路依存性

以上のような見取り図から見えるのは，国ごとに，政策分野によっても多様な公私ミックスが構築されているという点である。こうした公私ミックスが構築されて来た背景には，各論文で指摘されているように，各国の初期のサービス供給形態に応じて，その後の発展が決まるといった経路依存性（Path Dependency）が指摘できる。

経路依存性とは，ある時点の政策はその前の時点で成立した政策に規定されているということであり，政策策定において政策決定者が利用可能な選択肢は，予め存在する制度構造によって決められていることを意味する。Arthur (1988) に従えば，経路依存性が生じる理由は以下のように整理できる。

①政策学習効果（Policy learning effects）：ある制度の下に置かれた者は，その制度で生じた成功や失敗などを学習し，それがその後の制度の発展に影響を与える。

②情報効果（Information effects）：各人の行動は，学習の対象となる制度に関する情報の内容やその提供のされ方如何によっても左右される。

③ロック・イン効果：以下のような条件の下では，その制度の内での行動は規模に関して収穫逓増になり，制度の自己強化性（Self-reinforcing）がもたらされ，制度の存続が保障される。すなわち，既存の制度を維持させるようなインセンティブが各人に与えられる。

(1)巨額の創設・固定費用（Large set-up or fixed cost）：全費用に占める初期費用の割合が大きければ，追加的な投資により規模に関する収穫逓増がのぞめる。

(2)学習効果 (Learning effects)：制度が普及するにつれて，生産コストの引き下げや利用効率が高まり収穫逓増がのぞめる。
(3)協調効果 (Coordination effects)：多くの場合，ある個人が特定の行為から引き出す利益は他人の行為に依存しているため，（両者にとって利益となるような）ある特定の選択肢が選ばれるように他人との協調が促される。
(4)適合的期待 (Adaptive expectations)：各人にとって勝ち馬に乗ることが重要であるとすれば（広範に支持を得られない選択は後に不利益をもたらすと考えられるため），それに従うという適合的期待は行為者に自己満足 (self-fulfilling) をもたらす。

政策学習効果や情報効果は，端的にいえば，制度が社会集団にとって利用可能な資源や情報を提供し，その行動を左右するインセンティブを付与するということを述べたものであるが，ロック・イン効果は，それらをふまえて制度が行為者に与えるインセンティブの内容にまで踏み込んでおり，制度変化に対する頑健性をもたらす仕組みを解き明かしている。

例えば Pierson は1980年代の新保守主義下のアメリカとイギリスの社会保障政策を比較し，年金制度について，イギリスでは公的年金制度は民間の私的年金への適用除外が進展して縮小して私的年金の範疇が拡大したが，アメリカではそのような拡大は生じなかったとし，その理由として，アメリカの公的年金制度では成熟化が進展しており，私的年金への適用除外が80年代より前には進んでいなかったため，イギリスに比してロック・イン効果が大きかったことを挙げている (Pierson 1994：131-163)。

こうした公私ミックスの経路依存性は，本書でも示されており，第7章では，フランスの普遍的医療給付について，低所得者への医療サービスへのアクセスを保障するための関連機関の連携や難民や移民への適用が，改革への抵抗によって漸進的にしか進まないことが述べられている。また，本書の第8章におけるオバマ医療改革では，様々な改革——米国民に対する民間の適格医療保険への加入の義務づけ，オンライン上に設置された医療保険取引所の開設と医療保険会社に対する規制の強化を通じた医療保険市場への公的関与の増大，メディ

ケイドの受給要件の緩和による対象の拡大,医療改革のための新税の導入などによる医療財源の増大など——が実行されたが,それは,あくまで従来の私的医療保険上での経路依存的改革であって,公的医療保険の創設による国民皆保険体制の構築ではなかったことが指摘されている。その結果,改革後でも,アメリカの市民権をもたない者を中心に,2000万人余りが依然として無保険者として残されるという。このように,公私ミックスの変容は経路依存的にしか進まないと考えられる。

3 公私ミックスの変容

(1) ケインズ主義的福祉国家から新しい福祉国家へ

　各国における公私ミックスは経路依存性により,政治的要因や社会経済的な要因が変化したとしても直ちに変化するとは考えにくいが,それは,中長期的タイムスパンで見ても,大きな変化が生じないということを意味するものではない。

　加藤による第1章「福祉国家の変容から見る公私ミックス」では,第二次大戦後から高度成長期の福祉国家の黄金期に確立されたケインズ主義的福祉国家における公私関係は,中央政府が福祉の生産・供給において主体的な役割を果たしており,そこでは,男性稼得者モデルが一般的であったため,女性による無償労働によって担われる家族ケアが重要な位置を占めていたとされる。しかし,経済のグローバル化とポスト工業化への移行により,「新しい社会リスク」が生じ,再商品化や脱家族化が新たな課題となったため,従来のケインズ主義的福祉国家は「競争志向の福祉国家」へと変容し,競争による落伍者の社会的包摂を図るために,中央政府の役割は,市場メカニズムを活用するための条件整備,地方政府や独立公共機関への権限委譲,市民社会組織や諸個人の潜在能力を引き出すための環境整備など,諸調整の舵取り役へと変化したと述べられている。そして,市場,家族,市民社会組織,地方政府など様々なセクターは,中央政府と並んで,福祉生産・供給の直接的主体としての機能を担うようにな

ったと指摘されている。ここで明らかにされているのは，メガトレンドに押し流される形で福祉国家はケインズ主義的福祉国家から競争志向の国家へと移り変わり，その結果，公私ミックスのあり方にも変化が生じたということであろう。

今後の公私ミックスをめぐる分析課題として，第1章では，その特徴把握と因果関係分析，そして，規範分析の必要性が指摘されている。本書において，福祉国家における公私ミックスの特徴把握と規範分析に関しては，年金，医療，介護制度の類型化とそのアウトカムの分析，あるいは，フランス，日本，アメリカの医療保険の現状と問題点の解明を通じて一定程度達成されたのではないかと思う。しかし，因果分析については，途上であるといわなければならない。公私ミックスの変化をもたらすアクターは，政治制度，経済制度，家族制度，宗教，あるいは，社会保障制度ごとに異なると考えられる。例えば，第2章で取り上げた年金制度に関しては，近年，労働組合が私的年金や職域年金のカヴァレッジを広げる役割を担ってきたことや（Naczyk and Seeleib-Kaiser 2015），世界銀行やIMFといった国際機関が，独自の公私ミックスモデルを，先進国だけでなく途上国も含めて普及させる上で大きな力を有して来たと指摘されている（Orenstein 2008：171）。

こうした様々なアクターによって公私ミックスの変容がもたらされる上で，その重要な要因であると考えられる「アイディア・利益・制度の相互作用」について最後に簡単に触れておきたい。

（2）公私ミックスの変容における政治的言説，新しい政策アイディアの役割

旧来のケインズ主義的福祉国家で福祉の生産・供給の中心を担っていた中央政府が，その役割を民間や中間組織といった他の主体に移行させるには，中央政府による福祉給付の削減や中央政府以外のセクターへの負担を増加させる不人気政策の実行が不可避である。その際には，現行の中央政府による福祉生産・供給が将来的にも持続されると，将来世代により多くの負担がかかり，国際競争力も低下するといった「最悪のシナリオ」が提示された上で，公私ミッ

クスの変容をともなう制度改革が実行されれば，将来世代の負担が減じられ，公的制度も安定的に維持されるといった言説（discourse）が，改革を成功に導く上で大きな意味をもつことがある（鎮目 2013）。

　Schmidtによれば，そうした政策的な言説は政策アイディアやそれに関する価値などから構成され（Schmidt and Radaelli 2005 : 2），一定の制度的条件や利益状況の下で，利害関係者の利益に反するような政策でもそれを正当化し，大衆や政策のエリート集団からの支持を取り付ける上で有効に作用して政策形成に影響を与えるとされる（Schmidt 2000 : 233）。そこで，Schmidt（2002a）は，言説によってそうした制度変化のモメントが作り出される場面ごとに，中核的な政策集団が政策形成を行う際に準拠する認識枠組を作り出す「調整的言説」（coordinative discourse）と中核的政策集団が民衆を説得する上で用いる「コミュニケーション的言説」（communicative discourse）とに言説を類型化している。

　言説が改革において有効性を発揮するのは，言説によって政策プログラムの合理性が提示されることによって，それを正当化するのに役立つ「認識的機能」とその適切性が示されることによって合法性が付与される「規範的機能」が生じるからである（Schmidt 2002b : 209-256）。そのため，政策的言説理論は「言説的制度論」や「構成主義的制度論」とも評される。加藤（2012 : 167-189）はそうした言説・アイディアの政治的役割として，アクターの利益・選好の形成という局面（政策の目標設定局面）での役割（「アイディアの構成的役割」）とアクターがそれを利用して支持調達を図る局面での役割（「アイディアの因果的役割」）の二つを抽出し，それらが制度変化のダイナミズムを生み出すとしている。

　このような政策上の言説は，例えば，世代間の公正，ジェンダーニュートラル，あるいは，ジェンダーフレンドリーなどといったブロードな概念で表現されることが一般的であるが（Schmidt 2000 : 302），そうした言説を実現するのは政策手段である。新しい言説に対して，新たな政策手段が用いられれば（例えば，強制積立年金や私的年金への適用除外など），それは大規模な制度改革を意味し，公私ミックスの変容をともなうポリシーパラダイムの転換がもたらされる場合もある（Hall 1993）。つまり，こうした改革の際には，新たな調整的言説

と新しい政策アイディア（政策手段）が政策集団で固められ，それらがコミュニケーション的言説に翻訳され，それがメディアを通じて肯定的に伝達されることよって，メッセージの受け手は，改革によって最悪のシナリオを脱し，改革による痛み以上のものがもたらされると認識し，それに賛同するようになる（調整的言説，新しい政策アイディア→コミュニケーション的言説→改革）。

　経済のグローバル化やポスト工業化といったメガトレンドによってどの福祉国家も「競争志向の福祉国家」化への圧力にさらされ，本書で明らかにされたように，年金，医療，介護といった諸制度において，公私ミックスの変容をともなう不人気改革がすでに実行されている。その際には政策上の言説が大きな役割を果たしたと考えられるが，どの階層にどのような負担を課すのかといった公私ミックスの変化の内容には，例えばフランスと日本の医療保険制度の比較に見られるように，各国において大きな違いがある。今後，そうした中身の違いにも目配せしながら，変化の動態を分析する必要があるだろう。

参考文献
加藤雅俊，2012，『福祉国家再編の政治学的分析——オーストラリアを事例として——』お茶の水書房。
鎮目真人，2013，「2004年年金改革における政策アイディア・フレーミングの役割」『日本年金学会誌』32，150-159頁。
Arthur, W. Brian, 1988, "Self-Reinforcing Mechanisms in Economics," P. Anderson, K. Arrow and D. Pines (eds), *The Economy as an Evolving Complex Systems*, New York: Addison-Wesley, 9-31.
Glennerster, H., 1997, *Paying for welfare : towards 2000*, Hemel Hempstead: Harvester Wheatsheaf.
Hall, Peter A., 1993, "Policy Paradigms, Social Learning, and the State," *Comparative Politics*, April: 275-296.
Naczyk, Marek and Marin Seeleib-Kaiser, 2015, "Solidarity against All Odds: Trade Unions and the Privatization of Pensions in the Age of Dualization," *Politics & Society*, Vol. 43(3) : 361-383.
Orenstein, Mitchell A., 2008, *Privatizing pensions : the transnational campaign for social security reform*, Princeton: Princeton University Press.
Pierson, Paul, 1994, *Dismantling The Welfare State ?*, Cambridge: Cambridge University Press.

Rose, Richard, 1986, "Common Goals but Different Roles: The State's Contribution to the Welfare Mix," Richard Rose and Shiratori Rei (eds.), *The Welfare State, East and West,* New York, Oxford: Oxford University Press, 13-39. (＝木島賢・川口洋子訳，1990，『世界の福祉国家』新評論)

Schmidt, Vivien A., 2000, "Values and Discourse in Adjustment," Fritz W. Scharpf and Vivien A. Schmidt (eds.), *Welfare and Work in the Open Economy. Vol. 1: From Vulnerability to Competitiveness,* Oxford: Oxford University Press, 229-309.

―――, 2002a, "Does Discourse Matter in the Politics of Welfare State Adjustment ?," *Comparative Political Studies,* Vol. 35, No. 2: 168-193.

―――, 2002b, *The futures of European capitalism,* Oxford: Oxford University Press.

Schmidt, Vivien A. and Claudio M. Radaelli, 2005, "Policy Change and Discourse in Europe: Conceptual and Methodological Issues," Vivien A. Schmidt and Claudio M. Radaelli (eds.), *Policy Change and Discourse in Europe,* London; New York: Routledge, 1-28.

あとがき

　筆者の勤務する立命館大学産業社会学部（産社）が創設50周年を迎えるにあたり，学術企画と学術図書出版に取り組むという話を聞いたのは，2013年12月のことである。そのころ，筆者はちょうど産社の同僚研究者と協力して，社会保障の公私ミックスに関わる研究プロジェクトを立ち上げて取り組み始めたところであり，産社を拠点にして取り組まれている研究（プロジェクトの一つ）を発信するよい機会だと思い，取り組みに参加することにした。有り難いことに研究プロジェクトの同僚の方は，みなさん積極的に出版企画を受け止めていただき，本の構成は円滑に定まった。

　序章でも説明しているが，本書は筆者が関わる二つの研究プロジェクトの成果を中心として編纂されている。一つは，上で述べた社会保障公私ミックスに関する研究プロジェクトであり，これは産業社会学会助成を受けて2013年に立ち上げ，2014年より日本学術振興会科学研究費助成（基盤研究 B）（課題番号：26285140）を受け，現在も継続中である。第1章から第5章までの論文はこの研究会での報告をふまえて作成されており，研究プロジェクトに参加されている教員・大学院生のみなさんに改めてお礼を申し上げたい。なお，現在の所属からだけでは分かりにくいかもしれないが，いずれの執筆者の方も，過去において産社とご縁のあった方である。

　もう一つの研究プロジェクトは，上記のプロジェクトとも関わり，産社50周年の学術企画として2015年1月16日に実施されたシンポジウムが中核となっている。このシンポジウムでは，第6章から第8章までの著者が英文原稿を用意して報告するとともに，深澤敦教授（産社）とちょうど国際関係学部に客員教授として赴任していたジェームズ・ワーナー・ビヨルクマン（James Warner Björkman）教授（エラスムス大学ロッテルダム校国際社会科学研究所）に指定討論

者となっていただいた。同僚である長谷川千春准教授，そして髙山一夫教授（京都橘大学）にはいつもお世話になってばかりだが，今回も快く報告をお引き受けいただき，心から感謝している。

フランス国立科学研究センターの上席研究員であるモニカ・ステフェン（Monika Steffen）さんは，2013年度と2014年度に産社の客員研究員として赴任いただいた。ちょうど2014年度の赴任中にそのシンポジウムを開催することができ，大変興味深い論考をいただくことができた。もともと，筆者はビヨルクマン教授とステフェンさんとは，医療政策研究という共通点を通じて知り合っていたが，今回ともに学術的な会合を開催し，また成果を出版に結びつけることができたのは大変喜ばしいことであった。なお，シンポジウムでの報告をふまえて完成された英文での論文が，『立命館産業社会論集』第51巻第3号の特集として掲載され，そこには筆者による趣旨説明とビヨルクマン教授のコメントも含まれているので，ご関心のある方はご覧いただきたい。

本書はこうした経過で作成されたので，そこに収められている論文はかなり先端的な問題意識をもとに書かれている。その最大の特徴は，国際比較とそれを通じた普遍的論理の探求ということができるであろう。第1章から第4章では，福祉国家，あるいは福祉国家における年金・医療・介護という政策領域について，先進諸国で共通した普遍的な特徴とは一体何かが探求されている。第5章はフランスの歴史に焦点を絞っているが，そこで述べられる共済組合の意義は日本の公私ミックスを考える上でも示唆に富む。第6章から第8章までは，方法論的には多様であるものの，医療セーフティネットという共通の問題関心からそれぞれの国を質的に検討している。このような貴重な論考をよせてくれた執筆者にここで改めて感謝を表明したい。

本書の編集は主には筆者が構想したが，途中から鎮目真人教授にも編者として加わっていただき，大学院生の執筆支援を行っていただくとともに，本書の内容をふまえて今後の研究方向を検討する終章を執筆いただいた。多忙な中，快くこのような作業をお引き受けいただいたことに心からお礼を申し上げる。同じく大学院生の執筆支援をしていただいた深澤敦教授にもお礼を申し上げる。

あとがき

　中澤平さんには，ややご本人の専門とは異なるステフェンさんの論文の翻訳を引き受けていただき，感謝している。そして，本書出版に関わり，また学術企画実施にあたり，様々なご協力をいただいた産社事務室のみなさんに改めてお礼を申し上げたい。

　冒頭に述べたように，本書の構想や執筆は全体としては円滑にすすんだものの，特に筆者の担当部分の執筆が遅々として進まず，ミネルヴァ書房の中村理聖さんには大変ご心配をかけ，またご負担を増やしてしまったことをお詫びしたい。中村さんには，辛抱強くおつきあいいただき，言語表現を含めて様々なご指摘をいただき，本当に感謝している。

　筆者は近年日仏の医療制度比較を行っており，本書の筆者担当分の執筆ならびに編者としての作業は，2015年9月からフランス国立科学研究センターPACTE（Politiques publiques, Action politique, Territoires）研究拠点（グルノーブル・アルプ大学附設）にて行った。客員研究員として受け入れていただいく労をとってくださったモニカ・ステフェンさん，ニコラ・ブクレ（Nicolas Buclet）拠点長，そしてパスカル・トロンペット（Pascal Trompette）副拠点長に，厚くお礼申し上げる。

　最後になるが，各種用務が積み重なる中で，50周年の行事をすすめられた産社同僚の教員に心から感謝する。本書を含めた50周年記念の学術書出版が産社における研究・教育のさらなる発展に寄与することを願っている。

　　グルノーブルにて　2016年1月12日

　　　　　　　　　　　　　　　　　　　　　　編者を代表して　松田亮三

索　引
（＊は人名）

あ 行

ISSA　49
ILO　45, 46, 49, 66
アイスランド　80, 81
アイディア　12, 38, 205, 251-253
アイルランド　42-67, 80, 81, 88, 134, 246
アクター　38, 78-82, 101, 109, 110, 127, 153, 246, 252
アソシアシオン　137
新しい社会運動　29
新しい社会的リスク　29
新しい政党　29
アメリカ合衆国　8, 9, 42-67, 77, 80, 83-85, 88, 91, 101, 227-238, 246-251
アルバニア　95
安心　2-4, 6
イギリス　5, 11, 42-67, 76-86, 97, 98, 101, 111, 112, 117-119, 124-127, 130-133, 162, 200, 246, 249
医師　74, 76, 89, 98, 120, 150-158, 198, 201-204, 219, 239
医師の自由選択　155, 219
イスラエル　80, 81
イタリア　11, 42-67, 80, 81, 84, 122-127, 130-134, 246, 247
一部保険　234
一部保険患者（underinsured patients）　230, 238
一般社会拠出金（CSG: Contribution Sociale Généralisée）　221
イノベーション　97, 199
移民　199, 204, 213, 215, 220
医療アクセスの衡平　91, 92, 99

医療機構の類型　80
医療技術評価機関（NICE）　74
医療公私ミックスのモデル　77
医療財政制度　10, 82-85
医療財源の公私ミックス　100
医療セーフティネット（概念）　8, 9, 11
医療扶助　12, 139, 159, 190, 198-220, 222, 228, 229, 233
医療人道支援組織　211
医療貯蓄口座（medical savings account）　91
医療費　72, 76, 85, 86, 88, 91, 94, 98, 100, 101, 113, 115, 116, 139, 154, 163, 171, 173-176, 178, 179, 187, 190, 191, 193, 194, 208, 209, 235, 236, 238, 240
イングランド　74, 134
インフォーマルなケア・支援　6, 44, 109-133, 243
ウェルフェアミックス　6, 243
埋め込まれたリベラリズム　21
営利組織　77-79, 81, 87, 111, 112, 117, 118, 121, 125, 126, 131, 197, 198, 235, 236, 240
エーデル改革（Ädelreformen）　114
エストニア　80, 81
応益負担　176-180
応能負担　176-179
オーストラリア　42-67, 80, 84, 87, 89
オーストリア　42-67, 80, 81, 246
オバマ医療改革　227, 232-235
オバマ医療改革法（Patient Protection and Affordable Care Act）　232, 233
オランダ　11, 42-67, 79, 80, 81, 83, 84, 87, 89, 97, 111, 115, 124-127, 130, 133, 208, 246, 247
＊オランド大統領　208, 215, 222

259

か 行

階級・政党政治　22
介添手当（IdA：Indennitàdi Accompagnamento）　122
皆保険（医療）　9, 11, 76, 95, 121, 171, 172, 191, 193, 234, 238, 230
外来医療　89, 98, 174, 175, 218, 291, 235, 239
ガヴァナンス戦略　10
かかりつけ医　74, 220
カナダ　42-67, 80, 84, 89, 246
韓国　80, 81, 84
患者自己負担　（→利用者負担）
完全失業率　185
観念的確定拠出型年金制度　45
危機的負担保健（catastrophic insurance）　92
基礎普遍的医療給付（CMU-B）　198, 205, 212-214
基本的人権　4
供給体制における公私ミックス　5
共済組合憲章　148, 149, 159
共済補完健保組織　211
強制保険　3-5, 9, 12, 43-46, 53-56, 58, 59, 66, 67, 77, 81, 87, 88, 115, 116, 121, 159-160, 177, 180, 197, 198, 203, 207, 211, 212, 238
競争　10, 18, 25-36, 38, 51, 56, 58, 73, 80, 90, 97, 234, 250, 251, 253
競争志向段階における社会統合　31
競争志向の福祉国家　10, 28, 33, 34, 250, 253
競争志向の福祉国家における公私関係　32
協同組合　11, 78, 101, 138, 140
居住　101, 201, 204-206, 211, 215, 219, 220, 222
ギリシャ　95
グローバル化　10, 25, 27, 28, 34
ケア移住　222
ケア労働　11, 22, 24, 26, 29, 30, 32, 35, 109, 110, 123, 128-130, 247
経済開発協力機構（OECD）　1, 8, 42, 47, 66, 77, 80-90, 101, 111, 134

経済自由主義優位の国際経済体制　28
契約公（public-contract）モデル　77
経路依存性（path Dependency）　11, 12, 248
ケインズ主義的福祉国家　10, 12, 18, 21, 27, 34, 250, 251
ケインズ主義的福祉国家における公私関係　24
ケインズ主義的福祉国家における社会統合　23
＊ゲラン，アンドレ　138
権限委譲　199, 250
健康権　86
健康小切手（Chèque Santé）　198, 205-207, 212, 214, 217, 218
健康保険基金　207, 209
健康保険組合　173
権利　19, 21, 24, 32, 122, 123, 146, 200, 203, 204, 206, 220, 221
公医療制度　5
公医療保険（public health insurance）　73, 87
高額療養費制度　3, 9, 175
効果を生じている給付（effective coverage）　86
後期高齢者医療制度　173, 176, 179, 180
公私関係　10, 17, 18, 21-25, 28-39, 73, 290
公私の二分法　75, 78, 79
公私ミックス　17, 18, 34, 35, 37, 38, 202, 220, 227, 229, 231, 234
公衆衛生　2, 11, 96, 157, 158, 199, 204
公的介護保険（Pflegeversicherung）　121
公的負担　83
公費負担医療制度　74, 76, 77, 175
衡平　74, 85, 93, 96, 97, 99, 100, 102, 247
公平性　42, 55, 201
公民連携論（public-private partnership）　73
効率　74, 96
公立病院　219, 235
高齢者医療費　178, 179
国民医療費（日本）　176, 178
国民皆保険　（→皆保険）
国民保健サービス（National Health Service）

　　　　　　　　　　　　　　　　　　　　　索　引

74, 76, 81, 85, 117, 201
国民健康保険（National Health Insurance）
　（類型）　80, 81, 85, 102, 247
国民保健サービスおよびコミュニティケア法
　117
個人ケア給付（PGB：Persoongebonden
　Budget）　116
国家医療扶助（AME）（制度）　12, 198, 199,
　203-206, 213, 215, 219, 220
国家主義的社会健康保険（Etatist Social
　Health Insurance）　80, 81
国庫補助　67-69, 86, 118, 177, 207, 228, 232, 236,
　239
個別化自律手当（APA：Allocation Personnal-
　isée àl'Autonomie）　119
コミュニケーション的言説（communicative
　discourse）　252
雇用保険　1, 8, 187, 192
困窮　（→貧困）
コンセンサス　22, 34

　　　　　　　さ　行

再商品化（政策）　26-36, 230
最低所得手当（フランス）　200, 204, 213, 218
最低保障年金　10, 43, 49, 62-67, 69, 245-247
＊サルコジ大統領　215
私医療機構（Private Health System）　80, 82
私医療供給者　76
私医療保険　3, 73, 87, 90, 96, 98
歯科医療　76, 89, 101, 205, 219
資格証明書　187, 188
私強制医療保険（private mandatory health
　insurance）　88
私雇用団体医療保険（private employment
　group health insurance）　87, 88
私財政・私供給　76
市場的機構　6
市場と向き合う政治　6
市場に対する政治　6

慈善　45, 46, 79
市町村　113, 133, 147, 171-180, 184-193, 238,
　240
市町村国保　172, 173, 185-187, 192, 193
失業（者）　1, 13, 23, 26, 27, 29, 30, 48, 55, 148,
　154, 156, 157, 171, 185-187, 191, 203, 211,
　213, 221, 238, 245
私的補完健保　207, 209, 211, 219
私費診療　89
＊ジボー，ベルナール　138
私補完医療保険　89
私保険・供給（private insurance/provider）
　モデル　77
社会アクター　82
社会運動　27, 29, 138, 161
社会運動史　138, 162
社会衛生　165
社会健康保険（Social Health Insurance）　80,
　81, 198
社会健康保険の国家統制主義モデル　202
社会支出　1, 13, 26
社会自由型のガヴァナンス戦略型年金　55, 57,
　59
社会的共和国（République sociale）　200
社会的不平等　218
社会的連帯（論）　141-144
社会統合　35
社会保険　3, 4, 8, 9, 11, 72-81, 83, 84, 87, 89, 93,
　99, 101, 112, 115, 119, 121, 139, 140, 159, 160,
　171, 172, 181, 183, 191
社会扶助　120, 122, 200, 221
社会保険法（フランス）　159, 161
社会保険方式　171, 172, 191
社会保障公私ミックス　8
社会保障システム　197
社会保障制度　1, 3, 4, 6, 7, 17, 18, 22, 137, 139,
　201, 231
社会保障制度審議会　2
社会民主主義的ガヴァナンス戦略型年金　55,

261

57, 59
重症・長期疾病者優遇制度（ALD）198, 211, 217, 221, 223
主たる医療保険（primary private health insurance）88
＊ジュペ, アラン　203
ジュペ・プラン　204
情報格差　218
職域保険　11, 12, 42-45, 48, 52-54, 57, 60, 64-67, 95, 157, 160, 171-181, 183, 185, 187, 191, 192, 243, 251
職域保険への加入可能性　191, 192
所得階層性　68, 84, 188, 253
所得基準　198, 206, 207, 209, 210
所得再分配　4, 13, 66
所得調査　203
自律　7, 32, 34, 119, 120, 141, 144, 147, 149, 160, 246
シンガポール　91
新自由主義的ガヴァナンス戦略型年金　55, 56, 59
人道支援組織　204, 208
人道的医療扶助　199
診療登録制度　74
スイス　42-67, 77, 80, 81, 84, 87-89, 246
スウェーデン　11, 42-67, 80, 81, 84, 114, 115, 124-127, 246
スティグマ　208, 216
スペイン　80, 81
スロバキア　80, 81, 94, 95
スロヴェニア　101
生活保護（制度）172, 190, 195, 240
政策アウトカム　11, 100
政策目標　11
政治的言説　13
政治的反発　4
制度の適合性　216
性別役割分業　22, 24, 27, 34, 36
セーフティネット　8, 9, 11, 12, 171-173, 179, 185, 187, 191-193, 198-200, 202-206, 209, 211, 213, 216, 217, 219, 220, 221
セーフティネット（医療）供給者（Safety Net Providers）12, 227, 235-237
世界銀行　43, 44-47, 49, 62, 63, 66, 67, 101, 246, 247, 251
世界保健機関（WHO）222
責任　2-4, 6, 32, 34, 39, 55, 57, 95, 101, 117, 118, 122, 191, 192, 201, 203
積極的連帯所得手当（RSA）218
摂理＝福祉国家（l'Etat-providence）144, 145, 149, 162
全国健康保険協会　173
全国被用者疾病保険基金（CNAM）223
漸次的過程　200
漸進的　205, 221
選択の自由　7, 208
租税　2-5, 30, 43, 44, 47, 50, 53-56, 69, 72, 73, 75, 78, 79, 83-86, 93, 94, 101, 112, 113, 116, 118, 119, 133, 146, 175, 178, 187, 188, 192, 195, 197, 201, 206, 209, 211, 212, 232, 233, 250
租税化　78

た 行

第三者による支払い　207, 219
代替（substitute）私医療保険　90
ダイレクトペイメント（Direct Payment）118
多柱型年金　45, 68
脱家族化　29-33, 35, 36, 128-130, 247, 248, 250
脱商品化　5
脱商品化政策　23-25, 30, 34, 36
短期被保険者証　187, 188
男性稼得者モデル　22, 24, 26, 29, 32, 34, 36, 250
地域保険　95, 172, 173, 176, 177
チェコ　80, 81
中間集団（論）11, 141, 143-145, 147, 149, 159, 161
中国　91

調整的言説（coordinative discourse）　252
貯蓄　4, 43-46, 48, 49, 91, 97, 98
追加請求（extra billing）　92, 201, 204, 219
追加連帯税（Taxe de solidarity additionnelle）　211
低所得者　9-12, 65-67, 97, 175, 179, 180, 188, 192, 205, 249
帝政共済　154, 163
低保険　84
定率負担（co-insurance）　92
出来高払い　219
＊デュルケム，エミール　141-144
デンマーク　42-67, 80, 81, 84, 94, 246
ドイツ　1, 11, 42-67, 69, 74, 79, 80, 81, 84, 101, 121, 122, 124-127
統合公（public-integrated）モデル　77
統治の良好さ　101
都道府県　73, 113, 133, 173, 175, 178, 179, 193, 194
トルコ　80, 95
＊ドレフュス，ミシェル　138

な　行

ナショナル・ヘルス・サービス（NHS）
　　（→国民保健サービス）
＊ナポレオン3世　146, 147, 149, 159, 164
難民　101, 215, 216, 220
二重（duplicate）保険　88
日本　8, 11, 42-67, 80-87, 94-99, 112-114, 124-126, 131, 171-196, 227, 228, 238, 245-247, 251-253
入院医療　3, 76, 77, 89, 92, 95, 98, 101, 102, 113, 114, 117, 174, 175, 230, 231, 235, 239
ニュージーランド　80, 84
任意継続制度　185
任意保険　5, 11, 44-46, 55, 58, 68, 73, 75, 77, 87, 88, 90-91, 197, 208
ネオ・ビスマルク規制医療国家　202
ノーマリゼーション　208, 216

ノルウェー　42-67, 80, 81

は　行

はけんけんぽ　182
派遣労働者　181
バマコ先進事業　93
ハンガリー　80, 81, 95
非営利組織　17, 77-79, 82, 87, 111, 112, 115, 118, 121, 125, 137, 197, 235, 236, 240, 245
非公式の支払い　94
＊ビスマルク，O.　197
ビスマルク型　5, 201, 202
非正規雇用（者）　11, 180, 181, 183, 186, 192
非人称の連帯の「人称化」　4
費用共有分（cost sharing）　101
平等なアクセス　216, 220
平等な機会　201
非リスク対応型保険　9, 87
貧困　2, 10, 20, 43-47, 64-67, 157, 201, 203, 204, 216-218, 221, 222, 227, 232, 240, 245
貧困基準　208
フィンランド　42-67, 80, 81, 246
＊フーコー，M.　152, 153
フォーディズム的発展様式　21
フォーマルなケア　6, 109, 110, 243, 245
福祉国家　5, 8, 10-12, 17, 34, 37-40, 72, 73, 111, 128, 137, 138, 140, 141, 144, 145, 149, 159, 162, 230, 250-253
福祉国家の定義　19
福祉多元主義　6
福祉の混合経済　6, 12, 243-250
福祉の混合経済モデル　246
福祉の市場化　6
福祉ミックス　6, 243
普遍給付（universal coverage）　85
普遍主義　5, 6, 12, 44, 45, 94, 99, 130, 144, 197-202, 207
普遍主義的アクセス　197, 221
普遍的医療給付（CMU）（制度）　12, 198-200,

203, 204, 206-211, 213, 216-221
普遍的医療給付基金（フランス）　209-211, 218
普遍的医療給付法　207
不法移民（住民）　199, 204, 215, 220
フランス　8, 9, 11, 12, 42-67, 78, 80, 81, 83, 84, 89, 92, 97, 98, 101, 119, 120, 124-127, 130-132, 137-160, 197-221, 227, 245-247, 249, 251, 253
フランス革命　144, 145
ブルガリア　95
＊ブルジョワ，レオン　139
ベヴァリッジ型　5, 202
ベルギー　42-67, 80, 81
報酬比例年金　10, 60-64, 68, 245, 246
法定健康保険（法定健保）（フランス）　197, 202, 223
法的に認められている給付（legal coverage）　86
ホームレス　199, 240
ポーランド　80, 81, 95
補完（complementary）（機能）　89, 90
補完健康保険（補完健保）　9, 97, 98, 198, 202, 208, 210, 211, 217
補完給付　208
補完共済健康保険　198
補完健康保険組織　207, 210, 211
補完商業的健康保険　198
補完普遍的医療給付　205, 212, 214
保険外の負担　3, 94
保険からの実質的離脱　12
保険者　10, 53, 58, 76, 79, 80, 90, 91, 97, 113, 121, 139, 171, 173, 176, 179, 183, 191, 194
保険免責分（deductible）　91, 230, 231
保険料　3, 4, 8, 9, 11, 44, 50, 55, 58, 60, 66, 68, 75, 82, 84, 87, 88, 93, 99, 101, 102, 113, 115, 116, 118, 121, 122, 171, 172, 175-180, 185-194, 197, 198, 202, 203, 207, 211, 216, 219, 220, 232, 233, 240, 247
保険料滞納　187-189, 192, 240

保険料負担可能性　9, 171, 191-193
保険料負担軽減策　179, 181, 187, 188, 193, 194
ポスト工業社会　10, 34
ポスト工業社会への移行　25-28
ポストフォーディズム的発展様式　28, 29
補足（supplementary）（機能）　89, 90
補足医療扶助（ACS）　205-208, 212, 217, 219
ポルトガル　60, 80, 81

ま　行

マクロ需要管理政策　22
ミクロレベルでの競争力政策　30
民営化　10, 30, 48, 60
民間事業者　2, 6, 115, 118
無保険　9, 11, 12, 84, 93, 171, 191, 228-230, 234, 236
無料医療ケア　216
恵まれない住民　216, 218
メディカリゼーション　11, 149-153, 164
メディケア（Medicare）　227, 230, 231, 235, 237, 239, 240
メディケイド（Medicaid）　227, 228, 230, 233-235, 237
モラル・ハザード　90, 92, 93

や・ら・わ　行

401K　55, 57
ラトヴィア　94, 95
リースター年金　67, 69
リスク選択　90, 102, 198, 244
リスク非連動（加入者割）私医療保険（private community-rated health insurance）　87
リスク連動型私医療保険（private risk-rated health insurance）　87, 88
リトアニア　95
リベラルな普遍主義（liberal eniversalism）　202
利用者負担　9, 10, 82-86, 89-99, 101, 102, 113,

118, 121, 174, 247
ルーマニア　95
ル・シャプリエ法　145, 162
ルクセンブルク　80, 81
例外的医療費法（AWBZ: Algemene Wet Bijzondere Ziektekosten）　115
＊レオナール, J.　150
連帯　4, 120, 139-144, 160, 197, 201, 209-211, 218, 222

連帯拠出金　120, 210
連帯主義　139, 140, 161
労働市場　5, 13, 20, 22, 29, 30, 50, 203
＊ロカール, M.　204
＊ロートガング, H.　79
ロシア　95
ロマ　199
賄賂への態度　101

執筆者紹介

松田亮三（まつだ・りょうぞう）執筆分担：序章，第3章，第7章監訳，あとがき
　編著者紹介参照

加藤雅俊（かとう・まさとし）執筆分担：第1章
　現　在　横浜国立大学国際社会科学研究院准教授，博士（法学）。
　主　著　『福祉国家再編の政治学的分析――オーストラリアを事例として』御茶の水書房，2012年。
　　　　　『福祉＋α　福祉レジーム』（共著）ミネルヴァ書房，2015年。
　　　　　『比較福祉国家――理論・計量・各国事例』（共著）ミネルヴァ書房，2013年。
　　　　　『福祉＋α　福祉政治』（共著）ミネルヴァ書房，2012年。

鎮目真人（しずめ・まさと）執筆分担：第2章，終章
　編著者紹介参照

西野勇人（にしの・はやと）執筆分担：第4章
　現　在　立命館大学大学院社会学研究科博士後期課程，修士（社会学），日本学術振興会特別研究員DC。

小西洋平（こにし・ようへい）執筆分担：第5章
　現　在　京都大学大学院博士後期課程，修士（人間・環境学），日本学術振興会特別研究員DC。
　主　著　「フランス第二帝政期における共済組合――防貧とモラル化のためのプレヴォワヤンス」『社会政策』第6巻第3号，2015年。

長谷川千春（はせがわ・ちはる）執筆分担：第6章
　現　在　立命館大学産業社会学部准教授，博士（経済学）。
　主　著　『アメリカの医療保障――グローバル化と企業保障のゆくえ』昭和堂，2010年。
　　　　　『アメリカの分権と民間活用』（共著）日本経済評論社，2012年。

モニカ・ステフェン（Monika Steffen）執筆分担：第7章
　現　在　フランス国立科学研究センター・PACTE研究拠点（グルノーブル・アルプ大学附設）・上席研究員。
　主　著　*Health Governance in Europe : Issues, challenges, and theories*, (editor), Routledge, 2005.
　　　　　Les Etats face au Sida en Europe, Presses Universitaires de Grenoble, 2001.

中澤　平（なかざわ・たいら）執筆分担：第7章訳
　現　在　立命館大学大学院社会学研究科博士後期課程。

髙山一夫（たかやま・かずお）執筆分担：第8章
　現　在　京都橘大学現代ビジネス学部教授，博士（経済学）。
　主　著　『健康と医療の公平に挑む――国際的展開と英米の比較政策分析』（共著）勁草書房，2009年。
　　　　　「自由貿易協定と医療――環太平洋パートナーシップ協定が医療制度に及ぼす影響」『日本医療経済学会会報』第31巻第1号，2014年。

《編著者紹介》

松田亮三（まつだ・りょうぞう）
　　1964年　奈良県生まれ。
　　京都大学医学部卒業，修士（ロンドン大学医療政策・計画・財政），博士（医学），医師．
　　現　在　立命館大学産業社会学部教授．
　　主　著　「普遍主義的医療制度における公私混合供給の展開――スウェーデンにおける患者選択制
　　　　　　の検討」『海外社会保障研究』第178号，2012年．
　　　　　　『健康と医療の公平に挑む――国際的展開と英米の比較政策分析』（編著）勁草書房，
　　　　　　2009年．

鎮目真人（しずめ・まさと）
　　1967年　東京都生まれ。
　　大阪府立大学大学院社会福祉学研究科博士後期課程中退．
　　現　在　立命館大学産業社会学部教授．
　　主　著　『比較福祉国家――理論・計量・各国事例』（共編著）ミネルヴァ書房，2013年．
　　　　　　『社会福祉学』（共著）有斐閣，2011年．

　　　　　　　　　　立命館大学産業社会学部創設50周年記念学術叢書
　　　　　　　　　　　　社会保障の公私ミックス再論
　　　　　　　　　　　――多様化する私的領域の役割と可能性――

　　2016年3月31日　初版第1刷発行　　　　　　　〈検印省略〉
　　　　　　　　　　　　　　　　　　　　　　　定価はカバーに
　　　　　　　　　　　　　　　　　　　　　　　表示しています

　　　　　　　　　編　著　者　　松　田　亮　三
　　　　　　　　　　　　　　　　鎮　目　真　人
　　　　　　　　　発　行　者　　杉　田　啓　三
　　　　　　　　　印　刷　者　　江　戸　孝　典

　　　　　　　　　発　行　所　　株式会社　ミネルヴァ書房
　　　　　　　　　　607-8494　京都市山科区日ノ岡堤谷町1
　　　　　　　　　　　　　　　電話代表（075）581-5191
　　　　　　　　　　　　　　　振替口座　01020-0-8076

　　　　　　　　© 松田・鎮目ほか，2016　　　　　　共同印刷工業・兼文堂
　　　　　　　　　　ISBN978-4-623-07596-6
　　　　　　　　　　　　Printed in Japan

立命館大学産業社会学部創設50周年記念学術叢書
（Ａ５判・上製・本体5500円）

労働社会の変容と格差・排除
　　　──平等と包摂をめざして──
　　　　　　　　　　　　　　　　　　櫻井純理／江口友朗／吉田　誠 編著

現代社会理論の変貌
　　　──せめぎ合う公共圏──
　　　　　　　　　　　　　　　　　　日暮雅夫／尾場瀬一郎／市井吉興 編著

社会保障の公私ミックス再論
　　　──多様化する私的領域の役割と可能性──
　　　　　　　　　　　　　　　　　　松田亮三／鎮目真人 編著

ポスト工業社会における東アジアの課題
　　　──労働・ジェンダー・移民──
　　　　　　　　　　　　　　　　　　筒井淳也／グワンヨン・シン／柴田　悠 編著

メディア・リテラシーの諸相
　　　──表象・システム・ジャーナリズム──
　　　　　　　　　　　　　　　　　　浪田陽子／柳澤伸司／福間良明 編著

──────── ミネルヴァ書房 ────────
http://www.minervashobo.co.jp/